宋振熙 著

事件与景观

Event
and
Spectacle

中国当代策展的价值体系
Evolution of Value and Targeted Research
in Contemporary Chinese Curatorial Practice

湖南美术出版社
全国百佳图书出版单位
长沙

目 录

概要	001
序言	003
第一章 作为呐喊的源起	**018**
第一节 前策展时代的学术背景	022
一、公共展览机制的萌发	022
二、艺术机构与策展意识的崛起	031
第二节 当代艺术策展概念的明晰	044
一、时代的"立场"	044
二、策展的"态度"	052
第三节 关于策展方法的探索	060
一、立体的"文本"	061
二、主观想象的叙事	062
三、事件的营造	063
第四节 作为文化输出的当代策展	066
一、内传外输的全球化艺术语境	066
二、当代艺术策展的国际话语	070
第二章 问题的策动与景观的策划	**080**
第一节 觉醒的艺术态度	083
一、自觉的策展行为	083
二、实践中探索策展的形状	090
第二节 构建中的策展进行式	096
一、策展人身份的认知	096
二、全球化与在地性的博弈	100
三、艺术资本与策展的交汇	105
四、坐标性的上海双年展	111

第三节 问题意识与策展阐释　　118
　　　　一、实验边缘的力量　　118
　　　　二、寻找在地文化认同　　122
　　　　三、田野行走中的边界　　126
　　　　四、艺术史的自留地　　128
　　第四节 走向"问题"策展的景观时代　　132
　　　　一、媒体艺术的双刃剑　　133
　　　　二、资本消费的展览　　135
　　　　三、年展机制的活跃与"板滞"　　138

第三章　凝视展览价值的内核　　143

　　第一节 展览阐释的内在意义　　145
　　第二节 展览认同的本质所在　　157
　　第三节 展览展示的存在机制　　173
　　第四节 展览资本的演变逻辑　　186

第四章　超验的现实切入　　199

　　第一节 建构阐释价值的中国策展案例　　202
　　　　一、后感性的任务　　202
　　　　二、以"上海"阐释"海上"　　206
　　　　三、行走着的写作　　211
　　　　四、一场"解释意义"的展览　　214
　　第二节 认同价值在矛盾中的策展策略　　216
　　　　一、运动中的认同　　217
　　　　二、个体重启的"再见"　　222
　　第三节 展示价值时代的到来与策展的回应　　228

一、合成现实下的展示文化	229
二、解压"展示"的魅力	233
第四节 隐匿的资本价值与策展实践	238
一、寻找资本的源头	239
二、城市创造力的"展示资本"	246
三、狂欢的小镇	249

第五章 从策展景观中解放　254

第一节 面对科技未来的策展视野	256
一、策展的"人工"智能	256
二、公共社交的策展沃土	259
三、策展的线上与"下线"	262
第二节 重塑"事件"的行动	268
一、策展与群体性创作	268
二、重回日常的艺术事件	271
第三节 叙事的新逻辑	274
一、讲故事的人	274
二、总体艺术的架构	277
第四节 合并"同类"项	280
一、建构混合现实	280
二、博物馆＠当代艺术	283

后记   292

参考文献   298

概 要

当下社会文化消费中,展览已然成为大众不可缺少的重要文化内容,在中国的当代艺术展览中,策展行为往往重要而神秘。策展人作为实践者不断推动国内展览生态的发展。本书正是将策展实践作为研究对象,从人类现当代的历史文明中的展示方式出发,简要阐述了西方策展的本源与发展脉络,并针对中国当代艺术自由思想的觉醒,梳理中国策展实践的发展脉络中的各个重要节点。本书将论述重点放在总结和归纳展览生产的本质价值,即阐释价值、认同价值、展示价值与资本价值之上,以重要的展览事件为案例,剖析这些价值生成的内在逻辑,并表明价值体系之间存在的相辅关系。与此同时,面对不同时期所呈现出的展览价值样貌,国内策展人也在不断变化,给予不同情境下的实践回应,这些策展时刻将充分地向我们展示出策展行动的本质内核。在中国当代艺术策展实践的30年中,策展实践从展览本质的事件性到展览成为产业与消费品,走向了景观化,我们需要在急速发展的过程中,寻找到清晰的展览价值演化路径,以找到应对当下策展危机的方法。同时,本书立于当下的策展景观现实,针对客观存在的展览生产问题与策展实践的境遇,提出不同路径的策展方法,建立批评展览的基本标准。最后,本书希望阐释与补充策展作为新兴学科,不断推动社会思想前行的重要思想内容,激活策展的教学职责。

序 言

我们常常怀有某种特定的神秘感,去接近策展理论和实践工作,首先因为策展只是一个发展不足一个世纪的实验性领域,而其内部尚未建立起属于自身的理论支撑;其次是因为在实践过程中,策展工作所展现出来的强大综合能力,往往超出了旁人的想象。因而要想拨开烟云见其真身,还得做大量的研究工作,联结时空,从头梳理策展的周遭世界。

研究"策展",主要谈论的是三个对象,即"人""事",以及人和事之间的特别"关系"。"人"是指策展人,"事"则是指"展览"[1]或"事件"。人和事之间,围绕整个艺术价值体系存在某种内在的相互关联。首先,先从"人"说起。策展人(curator),学界一致认为其词源来自拉丁语cūrātor,意为"照管"。这个词的词根部分含有"照料、医疗"的本义。而以"or"结尾的单词,在西方语系中往往强调与人相关的职业,是一种对行为实施者的强调。这个词的出现,最早是和皇室博物馆分不开联系的。出于对文物、收藏品的看管、整理、保存、照顾、研究,"curator"的工作内容便具体化了。1792年,法兰西第一共和国成立,他们将皇家的博物馆转换成为面向公众的国立博物馆,公共性的建

---

[1] 这里的展览是统称概念,由于策展方式的多样,我们常常理解为事件、艺术项目或展览。

立让策展人的服务对象成为公共群体,而他们也逐步成为未来可以建构"事件"的策动者。而在国内,对"curator"的翻译,最早来自20世纪80年代台湾策展人、艺术史家陆蓉之[1]。当时的翻译将偏向于博物馆馆长或艺术机构管理者的意向削弱,而强调策展本体工作职责,这也让国内不少博物馆体制工作中的学者感到不满。其原因来自国内博物馆的文化策划工作与当代艺术策划工作的方向不同,两者缺乏西方对"curator"同源概念的发展背景。可以发现,国内大量博物馆理论与实践领域的学者从"curator"的词源本义出发,希望策展人的翻译贴近对博物馆文物的照顾与研究工作,希望其能激活文化之物的内在知识。而当代艺术理论与批评的学者们,强调的是基于"curator"词根的象征意义,完成对当代人精神观念的照看与研究,强调文化语境的创造,以及激发个体的思想自由与表达。无论是何种理由,最重要的是对人文价值的预期与理解。

其次,我们要谈的是"事",即从展览(exhibition)[2]这一事件方面来说。词根"exhibit",有着"向外"、表达、展示、不断表现的意思,而"hibit"则为"持有"之意,大致可以理解为把握主观本意不变,向外展示表达是"展览"真正的核心意义。基于此,我们会发现展览在一开始便与公共事件(event)息息相关了。例如,1863年,发生在法国的"落选者沙龙"展览[3]事件。展览由于其形式特殊而在法国轰动一时,引来大量关注。从表面上看,事件产生的原因是参展作品所表现的新艺术流派,形成了一种艺术风格上的冲突。而从内部来看,参展艺术家群体以一种新的艺术理想和与传统展览相违背的观念举办展览,这一行为成为事件。这个众所周知的事实告诉我们,策展活动是特有主体理念态度不断向外表达的过程,展览和无数客体发生碰撞的火花,将其彰显在更

---

[1] 陆蓉之."策展人"最早的翻译者[M]//赵文民.中美策展人访谈录.北京:中国文联出版社,2015:2.
[2] 这里的"展览"将在本书后文进行更为全面的定义。
[3] 1863年,法国皇帝拿破仑三世(Napoléon III)批准成立以学院艺术为主流的大型沙龙展。这引起了大量以非学院艺术为主流的艺术家们一致不满,印象派等新艺术流派人士对抗展览,最终获得了胜利,迫使皇帝在巴黎工业宫为其举办展览。

广阔的认知下,使之成为公共性的艺术项目(art project)和艺术事件(art event)。所以,"exhibition"一词本身承载的意义远超于表面所看见的内容。

最后,在厘清"人"和"事"各自的意义之后,该探讨这二者之间的"关系"问题了。如果说策展人是起因,事件是结果,那么可以发现这二者之间的关系与连接因果的某种价值过程有关。从思想到形式,等同于是策展人的艺术结果走向价值实现的具体落地的过程,并且其核心以"价值"(value)为主。从展览发展史的角度讲,无论是近现代欧美博物馆体系展览演变,还是现当代中当代艺术展览发展,其主要的价值系统的建构都可以概括为以下四个方面:阐释价值系统(value system of explain)、认同价值系统(value system of identity)、展示价值系统(value system of exhibiting)以及资本价值系统(value system of capital)。这四部分也与社会文化情境、社会意识形态、社会经济发展阶段以及社会心理诉求等社会因素相关。在这四个价值的共同构建中,不同时代的策展主体完成其各自情境中的具体诉求。这些价值不仅影响着展览事件的客观生长,同时也塑造了策展个体的思想形态与实践方法。所以,作为价值体系的两端,"人"和"事"的讨论最终还是围绕价值观的演变,以及文化附属于社会价值之下的切实存在,也是在社交交换行为中,所产生的关联意义。

新中国成立以来,我国的方方面面都处于巨大变革中,策展方面同样如此。40年来,策展在中国从无到有,从自发到集体,完成了西方策展史无法用短暂时间量化的文化景象。因此,我们可以围绕这一时代阶段特色,将中国本土的策展发展作为样本,对艺术策展各方面做一个全面的剖析与探讨。也就是说,我们可以以"人"和"事"作为研究的现象主体,价值体系演化作为核心的论证对象,基于此,形成在这样的时间脉络中,对策展实践围绕价值体系所形成的方法论,完成归纳、梳理、总结和提炼。中国当代艺术策展的发展,是以一块"压缩饼干"式的方式而存:从萌芽自治到资本机制,从内部实验到全球景观……这注定了其过程的先锋性、复杂性、遮蔽性、批判性。

在此，我们仍然要再次强调本书对于策展领域的讨论范围，即在当代艺术的视野之中。因为在中国特殊的文化发展线索下，策展在自上而下的体制下形成了博物馆和美术馆两条不同的策展脉络，其形成的生态和策展意识也有所不同。虽然在国外两者是紧密的衍生关系，但在国内，这种衍生关系往往是两条不怎么相遇的平行线，各自寻找着自身的轨迹。直到近些年，两者之间的策展意识的壁垒才逐步打通。这里，本书的第五章，会有专门讨论。回到讨论当代艺术策展历程视野下，它大致有四个重要的发展阶段：第一个阶段是策展意识的萌发期，基本从20世纪80年代开始，国内逐步诞生了大量当代艺术展览或事件，随之而来的大量策展工作迫切地需要具有相关知识体系的人参与。在此种背景下，当时具有先进艺术史思想，艺术批评意识的理论学者自发地承担起这样的工作。以这一时期的"星星画会""伤痕美术"为开端，直到"八五美术新潮"运动，展览的生产走向了第一次艺术文化思潮[1]。在如火如荼的思想解放与前卫运动的指引下，全国各地都自发组织、展示各类艺术运动和艺术事件。到了20世纪80年代后期，在1989年"中国现代艺术展（China/Avant-Garde）"中，栗宪庭、高名潞、费大为、侯瀚如、范迪安等人，作为展览的策展组织团队，试图推动部分策展工作"专业化"。这代策展实践者们在引进西方策展实践模型的过程中，逐步摸索着专属于中国的策展方法，为后来人的策展活动找准了方向。

第二个阶段是策展环境成型期。1989年"中国现代艺术展"之后，中国的当代艺术策展实践主要工作集中在对艺术市场资本与展览机制的构建上。1992年由艺术批评家、美术史家、策展人吕澎组织的"广州·首届九十年代艺术双年展"成为亚洲地区第一个双年展，这场展览奠定了以展览为形式、学术为支撑的当代艺术市场。随后，1993年1月，同样与艺术市场和国际资本接轨的展览"后八九——中国新艺术"展在香港艺

---

[1] 八五美术新潮运动是指中国80年代中后期，在全国范围内针对现代主义艺术为讨论范围，反对传统苏联社会现实主义美学价值的重要艺术思想和先锋创作运动。

序　言

术中心开幕。策展人张颂仁、栗宪庭客观深入地研究了"中国现代艺术展"以来中国当代艺术生产的理论，并且梳理了当时的国际展览形式，向世界传播中国特殊时期背后的文化符号、面相以及征候。这一时期，国内外艺术市场通过新艺术作品为载体形成了内外链接，串联起日后的中国当代艺术展览在全球资本下的运作。与此同时，一大批偏地下自治类型的策展活动，也围绕北京等多地展开，成为这一时期一种特别的线索，"侧写"着未来中国策展面貌的形成。1996年前后，中国当代艺术策展实践的主要工作内容是对西方的策展认知及理论建立完善的知识梳理，并且形成了全球化语境下的中国策展话题和方法。在这个时期里，上海双年展的出现成为策展实践上某种意义上的标志性事件。到上海双年展第三届的时候（2000年），中国策展实践进入到新的时期——策展实践的蓬勃发展期。

2000年到2008年间，是策展职业化的过程，也是中国当代艺术整体发展最快的阶段。这段时间内，策展工作完成了中国自我化模式以及对国际化策展情境的探索。从对策展生产机制的突破来看，上海双年展的策展机制构成了国内首个国际化策划展示平台，让中国的艺术生态与国际当代艺术舞台全面对接；从艺术资本的构成上看，2007年，北京尤伦斯当代艺术中心（UCCA）[1]建立，盖伊·尤伦斯和米莉恩·尤伦斯夫妇（Guy Ullens & Myriam Ullens）[2]携带资本进驻中国市场，又是另一艺术策展发展的信号。在10年的经营中，他们扶持了大量重要的艺术家，并走上了艺术市场的高峰地位。尤伦斯当代艺术中心成为中国当代艺术学术定位的某一重要参考机构。从艺术机构兴起和发展的角度看，在这近10年的发展过程中，涌现了如长征空间[3]、今日美术馆[4]等不少致力于推

---

[1] 成立于2007年，在2017年随着尤伦斯夫妇退出中国艺术市场而易主。
[2] 尤伦斯男爵以家族企业起家。他于2000年退出商界，和妻子一起从事慈善文化活动。现在担任古曼东方美术馆、英国泰特美术馆等博物馆和艺术中心董事。
[3] 长征空间成立于2002年，由策展人、批评家卢杰创办。
[4] 中国第一家民营非企业公益性美术馆，自2002年由张宝全先生创建并首任馆长。其后历任馆长为张子康先生、谢素贞女士、高鹏先生与张然女士。2006年7月，成功转型为真正意义上的非营利机构。

动中国当代艺术发展的机构。其以机构为载体，策展为动力，面向艺术行业内外不断发声，活跃策展实践工作，提供策展实践的实际机遇。从策展人个体上看，如早期伴随中国策展实践萌芽的费大为、侯瀚如先生都以成熟的视角以及丰富的经验在国际舞台活跃起来。国内，则以艺术史批评为背景的吕澎、栗宪庭、高名潞先生为主，继续形成策展方法建构展览项目；以机构和学院为背景的新生力量，如皮力、高士明、鲍栋，初登策展实践舞台，寻找未来中国策展行动方向，并开始做出节点性策展探索。同时还有一件重要的事件持续影响着未来策展理论和实践的发展，即2003年中国美术学院建立策展专业。这是全国第一个直接以"策展人培养"为首要目标的学院，这一举措将策展的未来和学院教学捆绑在一起，形成学科前沿。2008年9月11日，在第三届广州三年展上，策展人高士明、萨拉·马哈拉吉（Sarat Maharaj）与张颂仁在以"与后殖民说再见"的主题直面当代艺术现实，开启了后奥运时代中国策展界的新视野。摆脱了国际化符号与想象，中国当代艺术策展也在成熟的资本运作背后，逐步走向产业化时期。

第四个阶段出现在2008年之后，在全球金融危机的资本洗牌之后，策展实践在中国逐步形成了模式化，从当初的文化批评事件走向了策展展示经验的景观性。大量的商业资本开始涌入展览生产机制之中，层出不穷的私人美术馆，如上海龙美术馆、上海余德耀美术馆、上海chi K11美术馆、深圳OCT当代艺术中心等，促使展览本身的商品化、产业化。这使得策展人的策展实践与理论建构也出现了多元并存、各自为营的尴尬境地。此外，随着大众商业性消费诉求提升，展览的受众下沉与降维，令策展实践也走向了某种价值动因上的分裂。再者，国内学术机构随着与全球当代艺术情境关系的改变，想要摆脱西方当代艺术的影响，进行独立探索，这都让策展理论和实践的迷茫期到来，成为不可避免的结果。

如果说，还有第五个阶段，在笔者看来，则是在2020年前后，全球疫情下开启的人类新纪元，加速发展的互联网工业时代，使得策展从以亲历性为根本的生产之"物",逐步转向了对"非物"性体验的观念"编程"。我们已然很难在近些年欣赏到具有"学识"类的大型展览,反而在迎合"科技"话语的时髦下,制造出令人"混沌"的策展行为。当下,一方面,如今的国内艺术策展行为形成了一套完整的快消生产系统,以配合"非物"性的互联网信息消费。另一方面,全新的人工智能、元宇宙、大数据下的策展,重新让这个时代的策展人去思考,策展的价值何在。所以,我更愿意把这个正在孕育的第五阶段称为混合蜕化期。是混合现实交织下的"蜕化"还是"退化",现在看来都不明朗。回过头来看笔者写书的意义,是希望以建构策展下生产的价值体系作为重点讨论,来应对中国当代艺术生态圈发生的多轮变迁,以及艺术策展的领域随之产生的巨大变化。这种变化并不仅是策展实践本体的问题,它更多时候关联着整个艺术生态的情境与内在逻辑。本书试图通过梳理对比,在理论的基础上分析中国策展未来实践的方法论。在文化艺术行业迅速变迁发展、策展成为消费景观的今天,滞后性研究不利于策展实践工作的发展,更会影响将策展行动作为知识生产本质的引导。笔者志在给雾里看花的策展未来,找到一方可供观看的洞天,无论其形貌是否扭曲,它都有可能是一种真实的文化存在。

此外,笔者想来谈谈关于策展理论研究的工具。任何研究必须基于事物的发展脉络和现状,从基础中寻找延续理论的可能,在前人的构建中寻找创新和突破。当代艺术策展实践研究工作在国外的研究早于国内,特别是近20年的学术生产颇多,但针对中国当代艺术生态与策展实践关系的理论研究却十分匮乏。而且这些研究中的视角,一部分停留在对中国当代艺术市场的现象分析上,另一部分则围绕中国当代艺术发展的意识形态以及现象本体进行。二者都没有从针对策展实践角色在中国当代艺术发展中所起到的作用这一角度进行研究,以及对国内策展实践的发展脉络和问题给予足够的研究。关于国内的策展研究,由于当代艺术策展实践起步较晚,相关研究的理论工作尚未成型,出现理论体系发展滞后的现象。

国内的大部分关于策展的研究文献停留在针对国外的策展个案分析及方法阐述上。例如余可飞在2016年的论文《第十一届卡塞尔文献展研究》[1]中针对德国卡塞尔文献展的发展历史和策展方法进行了研究，梳理这一策展史中重要的学术阵地如何撬动全球策展理论和实践发展，但并没有完全联系整个西方策展脉络中的思想问题演变及客观执行困境。日本学者南条史生在2004年针对日本策展生态完成的研究《艺术与城市——独立策展人十五年的轨迹》[2]一书，也是围绕策展个案展览系列讨论，针对中国的策展20年提供一些写作方法上的参考。诸如此类的文章颇多，一方面多以国外展览策划个案研究为主，并没有将视角移向国内策展生态；另一方面则是在面对国内策展生态个案中，没有摸清具有价值的线索。高士明在2012年出版的《行动的书：关于策展写作》，完整且深入地依据自身策展工作提出了自己策展的方法论，对策展方法和知识生产内在模式给予了详细的阐述，这对当代艺术策展研究提供了很大帮助。2012年邱志杰在《总体艺术论》中，把艺术创作的多维性和当代性放在了新的高度，归纳总结了艺术家的创作方法，涵盖了策展实践和艺术创作的紧密关系，为策展实践讨论工作提供了理论依据。2013年侯瀚如和汉斯·乌尔里希·奥布里斯特（Hans Ulrich Obrist）所撰写的《策展的挑战：侯瀚如与奥布里斯特的通信》一书，从全球化思潮到文化认同，将策展的问题放置在社会文化冲突和共存之上，把理论建构在文化身份思考及文化生产的多维之中，这是当代艺术的策展核心内容和方法之一。然而中国近些年来面对的新策展课题，需要有新的"挑战"进入视野。最重要的是，研究者们需要跳脱某种"舒适"的研究格式，例如针对策展实践研究大多以研讨会、访谈的方式完成论述，就是最为简单的方法，其方便之处在于内容的丰富性、素材的多样性，但缺点在于材料的繁复性和有效性，未能达到深入归纳、总结以及思考的程度。例如2004年巫鸿与王璜生共同主编的《地点与模式：当代艺术展览的反思与创新》就是

---

[1] 余可飞.第十一届卡塞尔文献展研究[D].北京：中央美术学院，2016.
[2] 南条史生.艺术与城市——独立策展人十五年的轨迹[M].台北：田园城市出版社，2004.

序　言

一次研讨会的成果汇总，但在清楚表明策展生态背景以及态度方面则有所欠缺。再例如著名的策展人汉斯·乌尔里希·奥布里斯特在他的《策展简史》一书中，完成了对多位在策展史中具有重要作用的人物的采访和对谈，有效地将策展历史拉到一条时间脉络中，也涉及了大量策展实践发展的问题。但是，这种方式过于主观地选择了采访对象，对带出来的策展问题并未进行深度剖析。2014年，由蔡影茜翻译的策展人保罗·奥尼尔（Paul O' Neill）的《策展话题》一书邀请多位国外知名策展人对策展人的工作进行评价、讨论、批评，在策展问题意识核心点上给予展示，但问题在于后续学者尚没有立于本书的这些"抛砖引玉"，深入树立新的核心态度和观点，并指导策展未来的实践工作。

　　另外，在对策展实践操作性方法论的研究上，国内亦有不少著作。2016年，蓝庆伟在《美术馆的秩序》一书中，涉及美术馆机构的策展实践研究，将策展实质操作问题进行了归纳，并提供解决方法。2017年阿德里安·乔治（Adrian George）所写《策展人手册》一书，也是从策展实践的操作环节出发，归纳其处理方法，但并未涉及策展本质和实践理论方法。至于我国的策展研究，几乎都是从博物馆体系出发，缺少对当代艺术策展实践的讨论。2010年姚安老师的《博物馆策展实践》一书详细介绍分析了博物馆体系多年来的策展实践案例、方法，让我们全面了解了博物馆作为知识生产机构在策展发展上的实践之维，但当代艺术策展则在此论述中缺失了。2020年，周婧景在《博物馆现象的内在逻辑及其研究价值初探》一文中也把策展方法研究放在了博物馆体系内，但其视野未曾涉及当代艺术的策展生产领域。2012年北京博物馆学会编的《策展：博物馆陈列构建的多元维度》将博物馆策展案例作为讨论基点，将策展在其体系内的作用和方法给予了高度归纳。此外，如2018年中国美术学院出版社出版的《国美之路大典·艺术策展卷》，是从艺术策展理论教育和实践个案出发，建构策展理论思想体系，以实验案例为基点，讨论策展本体重要的问题。综上所述，在这样的研究动态之下，本书的研究角度以中国当代艺术策展实践发展历程为线性结构，当代艺术生态作为研究情境，策展个案作为实践基点，人文学科的跨知识体系作为理论支撑，完成具有专项、深度并具有厚度的策展学研究课题。

后文中的"人""事""价值"三个视角，对近40年的中国当代艺术范畴内的策展进行归纳与梳理，并不以个体案例的方式逐个深入"击破"，也不以某种策展方法和阐释作为同一论调，更不是用简单的线性历史观的手法给予策展史以"盖棺定论"。本书希望通过历史材料与理论交叉，找到策展背后的"价值系统"，在这种系统运转的特征下，置于历史中去看待其中不同阶段的策展事件与策展人。策展实践作为一个支点，给当下的策展现实提供某种路径，寻找解决当下策展景观现实问题的思路，将中国当代的艺术生态中的各个机制环节与之以相关联系。本书期望于深入研究其发生的关联、内在逻辑，让策展的理论声音不仅仅基于策展实践个案，而是在问题意识下将个案嵌入理论思考之中，形成多维度的归纳。后文论述中，将大量西方策展理论研究的文本作为参考，将这些理论在"价值阐释"的前提下和中国的策展实践结合研究。

这本书的论述结构与逻辑主要分为五个章节，寻找策展实践与理论在展览价值演化背后的转变，以及策展实践应对演化所带来的策展方法上的转化。第一章作为开篇章节，首先确立全书的讨论概念以及讨论范围。笔者将以两个方法聚焦论述，并且解决四个节点性问题。第一节，通过艺术史中具有展示性的两个故事，即阿尔布雷特·丢勒（Albrecht Dürer）创作的《马克西米利安的凯旋门》（*The Triumphal Arch of Maximilian I*）版画，引出西方对展示性价值的主观思想，再以西园雅集的故事作为引述，带入东方对展示价值的秉持态度，由此切入所要进行的论述部分，阐释策展行为的延续性与部分文化内涵，最终在价值观上形成同一事的当代艺术策展现实。随后，文章主要讨论策展在西方语境下的概念确立以及发展脉络，围绕以下四个方面：第一、确立西方策展的定义概念及其发展，并集中讨论当代艺术策展的历史语境；第二、梳理策展理论体系，将策展学目前的发展理论构建阐述清楚；第三、阐述策展机制与体例的形成,对20世纪60年代当代艺术策展的形成做归纳性阐释,对后续讨论的策展实践研究中所要讨论的机制问题,如独立策展、机构策展、商业策展等以及双年展、艺术节、文献展等体例问题做一些概念厘清;最后,讨论以文化输出为目的的策展如何进入非西方世界语境中,如在非洲、亚洲等地区,策展机制逐步建立,为其在中国的发展讨论做前序铺垫。

在第二章中,本书将主要讨论中国策展实践的案例和策展特征。研究内容将解决以下四个问题:首先,关于当代艺术策展概念的引入问题;其次,讨论探索策展实践的维度和方法问题;再次,讨论作为策展核心的时代背景,以及如何在全球化和在地性之间寻找策展的行动轨迹;最后,针对前文的历史梳理,提出当下策展实践的问题及反思。本章将根据史料研究官方美术馆体系支持下的策展实践、非营利机构推动的策展实践、学院教育滋养的策展实践、艺术市场资本推动的策展实践等现象,剖析此阶段的策展实践在各个艺术生态中被拉扯的形状以及意义。最后一节中,本书将回到一个总结章节,回到开章引用的两则故事中去,挖掘中国策展在近40年的飞速形成到膨胀的过程中未曾改变的价值系统,对四个展览价值系统进行简要阐述。这些系统在不同时期成为引领策展实践生态成长的重要原因。这些论述都将在进入本书重点讨论范围内后逐步被解决,也作为一个引子进入下一章节的讨论。

本书第三章中,正式进入核心概念的研究和阐述,通过不同的方法论,具体介绍阐释价值、认同价值、展示价值、资本价值这四个概念的内涵。第一节中,本书将针对"阐释价值"给予策展理论的建构,强调展览所建构的是"话语"阐释系统,价值在阐释中被策展主体建构,传递给观者。从德国哲学家威廉·狄尔泰(Wilhelm Dilthey)的诠释学[1]构建阐释系统开始,到苏珊·桑塔格(Susan Sontag)对阐释机制的批判,不可脱离策展从人出发再到展览事件本身,都在不断构筑阐释语境中,

---

[1] 洪汉鼎.论哲学诠释学的阐释概念[J].中国社会科学,2021(7):114-139.

在传递话语权力中生产。在第二节中,运用澳大利亚学者迈克尔·A.豪格(Michael A. Hogg)与英国学者多米尼克·阿布拉姆斯(Dominic Abrams)所提出的"社会认同过程"(Social Identifications)这一方法,将展览的"认同价值"归结于一种社会心理学下的价值体现,作为共建群体性的价值外显。展览在群体间相互进入、互相博弈的过程中,成为一种特殊的文化艺术语言,在阐释机制的推动下,完成集体行为,从而成为"事件"的可能性。在中国策展实践的发展之中,离不开认同价值上的被塑造,而这一点也是未来策展时代的重要价值趋向。第三章,本书论述将"展示价值"作为对象,明确展示性的定义,从艺术的感受力(receptivity)与展示性(exhibiting)角度出发,将展示价值的多重范畴,以及展示性与艺术作品之间的关系陈述清晰,并从艺术展览的公共性角度,将展示性的表述引向价值的塑造上来。同时,将瓦尔特·本雅明(Walter Benjamin)关于艺术品的展示价值问题的概念,延伸到展览的展示性价值当中来。正是这种展示价值的建构,对后来当代艺术展览景观化的成型形成了重要的触发。本章最后一节则针对"资本价值"的概念进行论述。在消费时代4.0[1]与工业社会3.0[2]的共同冲击下,展览的生产价值无处可逃地被纳入资本价值。资本对文化的全面操控,使得展览形成了产业链条,文化产业的资本化发展,更是让展览的资本价值得以凸显。原本以反资本为宗旨兴起的西方当代艺术独立策展思潮,已然成为资本运作体系中不可脱离的重要部分。消费对象的确立,让展览不再有单纯的"思想身躯",影响文化形态的最有效建筑还是来自社会经济的资本形态。

在阐述清研究核心概念之后,展览价值演化的形貌,将在第四章节完成,论述与第二章节中国策展实践概况介绍遥相呼应,构成此章节的核心是一桩桩载有展览价值演化特征阶段的重要策展个案研究。本书

---

[1] 其定义来自:三浦展.第4消费时代[M].马奈,译.北京:东方出版社,2014.
[2] 其定义来自互联网百度百科。"所谓工业4.0(Industry4.0),是基于工业发展的不同阶段作出的划分。按照共识,工业1.0是蒸汽机时代,工业2.0是电气化时代,工业3.0是信息化时代,工业4.0则是利用信息化技术促进产业变革的时代,也就是智能化时代。"

将结合第三章内容完成对个案的情境化分析，以点带面，以案例带动背景。第一节中，文章讨论在20世纪90年代前后，特殊背景下的展览生产机制中，对阐释价值的运用，从而引出策展实践成熟之后，阐释价值的具体演化。我们将着重介绍侯瀚如在1997—2000年间，策划的"运动中的城市"系列展览，他在不同文化的城市里寻找阐释价值系统，构建文化认同关系，体现展览价值演化中阐释价值的重要性，以及与认同价值相互配合逐步推进的策展方法。其次，本节还将提及策展人卢杰关于"长征计划"的历史性艺术事件，同样通过对策展方法的讨论来深入阐明阐释价值在策展目的中的存在。在第二节里，作为建构认同价值的展览，广州三年展，2008年"与后殖民说再见"是极具代表性的案例。策展人通过策展作为艺术事件，将不断挣脱西方话语情境的目标交给了艺术家们，通过"排演"的方式，摸索中国当代艺术生产的新出口。2010年，作为上海双年展——"巡回排演"，策展人高士明同样建构起新的展览认同价值，将两年前的亚洲新思想发展在展览的策展方法之中。第三节中，展示价值成了面对个案重点讨论的内容。在这里，我们将近些年来不断被绑架或扭曲的展示价值案例作为研究对象，整理出从2015年"雨屋——兰登国际大型装置展"开始，到"Team Lab"[1]艺术团体在国内系列展览生产现象中所隐藏的社会对展览消费中展示价值的迷恋。面对这一现状，如".zip：未来的狂想"今日未来馆在内的一些新媒体展览策展人，用策展问题意识来和技术景观下的策展主流进行博弈，坚守合理的展示价值同时，形成新型的认同价值关系，并坚守阐释价值的生产。与此同时，就展览价值的单一化这一现象出发，本节末将论及当代艺术展览景观化背后，展示价值与资本价值在消费本质下的"共谋"。两种价值观的秉持，使得策展实践普遍面临单一化的挑战，展览的事件性已经悄然远离艺术本质。第四节里，论述最终将阐述"资本价值"在各个阶

---

[1] "自2001年起开始活动的艺术团队。通过团队创作来探索艺术、科学、技术和自然界交汇点的国际性跨域艺术团队。由艺术家、程序员、工程师、CG动画师、数学家和建筑师等各个领域的专家组成。"引自团队官网介绍。

段中国策展实践中的分量。通过此节的案例，我们可以看到20世纪90年代资本价值的构建通过展览平台的完整化而起，在国外资本的迅速催化下，资本价值将展览平台本身、策展实践本体进行了资本化改造。2015年之后，至此策展景观的日益出现，资本价值从策展意识服务艺术市场走向了艺术市场要求策展产品消费。即使如此，策展人仍然有不少策展行动建立在知识生产和文化思想上，并将这个阶段的中国当代艺术策展事实理论化。本节将选取个别案例来阐述策展人应对此展览价值现实的重要方法。

  本书最后一章则是以策展的方法作为主要探究的内容，为当下策展景观、策展实践僵化的问题提出解决办法，并且讨论此阶段策展实践注重的学科交叉不同于过去的知识生产方式。比如，社会学、人类学进入策展视野，社会经济学逐步指导策展人进行社会话题的生产，哲学观念逐步从艺术家创作的背景理论中走向策展人的世界观讨论，科学技术也给策展人的问题意识带来新的想象等。诸如此类的理论让本身没有固定理论模板的策展学丰富了起来，从而指导策展实践。此外，本章首先将针对被"套路化"的策展方法提出重要的实践案例分析，这些案例中有些将策展本身作为"反"的方式，再者以群策来消解策展人权力问题，或者走向公共空间接受策展行动的挑战。通过这些方法论的讨论，可以想见未来策展将以更具活力的方式出现。其次，文章结合笔者策展案例——当代艺术与博物馆跨界的方式，重新将策展背后的两套知识系统捏合在一起，再次带领大家体会策展如何解决知识阐述和研究的问题，让当代艺术策展更为踏实地解决自身问题。最后，本书将策展方法和技术的未来作为讨论中心，因为随着技术的发展，线上展览以及虚拟社交策展都是未来策展实践突破瓶颈走向更广阔文化生产的重要方式。至此，本书得出一个结论：批评或者品评一个展览时，我们要清晰地了解上述四个价值体系在展览结果上的呈现，要不断运用策展方法平衡四个价值体系的内部存在。只有这样，我们的策展方法才能在推演中前进，艺术展览才能在鲜活中迸发。

以上为全书的讨论基础、写作初衷、所用方法及内部结构,希望能够在这样的絮絮之言下,让接下来各个章节的阐述清晰明朗,故作为总引,向读者说明。基于对现有策展研究理论成果的学习与分析,本书找到了尚可立足的阐述角度,但远远不够,更需要更多热爱策展工作,源于艺术至诚的同行们共同努力。

第一章
– 作为呐喊的源起 –

第一章 作为呐喊的源起

在本书论述开始之前,让我们重提艺术史中两则耳熟能详的故事,它们在这里的出现,或许让人感到意外。但是,故事却能让我们这次的漫长讨论有一丝底味。第一则故事发生在16世纪的神圣罗马帝国,显赫一时的神圣罗马帝国皇帝马克西米利安一世(Maximilian I)[1],在晚年为了彰显自己一生的赫赫功绩,决心将它以一种极具想象力与艺术的办法永久地展现出来。于是,他邀请王室专用设计师、建筑师约尔格·科尔德雷(Jörg Kölderer)设计了"凯旋门",一扇由195幅版画所组成的木刻"大门"(图1-1)。这座"大门"高357厘米,宽295厘米,形态像极了古罗马帝国的凯旋门,上面的图像则由马克西米利安一世亲自指定。随着阿尔布雷特·丢勒(Albrecht Dürer)及其学生的加入[2],凯旋门的设计成了一个"总体艺术"。建筑、版画与之上的装饰相互渗透融合,整个设计宏伟至极。凯旋门的平面世界,展示出了"荣誉与权力""赞美""高贵"联合者马克西米利安一世的日常生活情景,围绕这一中心绘制了政治与忠诚、婚姻与家庭、战争与时刻等一系列内容。同时整个画面叙事不仅保留了真实生活,例如皇室家谱,还包括了对弗朗西亚、锡坎布里亚和特罗亚神话王国的描绘,虚实结合的场景营造了若隐若现的混合世界。1515至1518年之间,在设计部分大致完成的前提下,约有700套作品被印刷制作出来,它们被马克西米利安一世作为礼物赠送给了其他城市的统治者。在其看来,这些作品应当由不同城市的权力者张贴在宫殿或市政厅的公共区域,用以展现马克西米利安一世的权威与荣耀。在他死后,"凯旋门"被持续地印刷制作,直至19世纪仍不断地在历史中被建构与展示。凯旋门版画在这个故事里仿佛成了一个活在平面中的展架,"策展人"马克西米利安一世与艺术家丢勒共同解决了可以通过技术所能解决的一切展示问题。这个在"平面国"中的展览,超越时间性地向后人传递着艺术内涵与魅力。它是永不闭馆的展览项目,而

---
[1] 马克西米利安一世(Maximilian I, 1459—1519),德意志地区文艺复兴运动的推动者、诗人、学者,酷爱艺术,是当时诸多艺术家的赞助人。
[2] 详细研究请查阅,Ervin Panofsky. The life and art of Albrecht Dürer[M]. New York: Princeton University Press, 2023.

直至今天，这场展览已然成了艺术作品，传达着西方人对公共展示的理解，存放在大英博物馆中。

第二则故事，让我们回到东方，走近北宋时期"西园雅集"的现场，在文人雅士的"朋友圈"社交里找寻艺术展示性的身影。宋神宗元丰初，北宋驸马都尉王诜[1]力邀十六位知名文人雅士，其中包括苏轼、苏辙、黄庭坚、米芾、李之仪、张耒、王钦臣、刘泾、僧圆通、道士陈碧虚等人，齐聚驸马的花园——西园，展开了"文艺大比拼"（图1-2）。从画面中可以看出，文人们在山水中交际逢会，以墨会友，抚琴唱和，吟诗赋词，面坐道禅。整个西园变成了一个展览现场，这次艺术活动在今天看来便是一次艺术事件，展示的内容在不断发生，颇有些行为之感。他们不仅仅是展出艺术作品，其实要展出的是艺术才学之后无形的文人品质。与会者既是观众，也是参展艺术家，不仅展示自己的才识风雅，也同时向同样具有才华的挚友表示学习与尊重。在我们看来，要想在古代的中国观看一个如此高品质的展览，其前提是要获得组织者们的一致认可，这是公开进行艺术展示的先要条件。在这则故事中，王晋卿以文人趣味、品德地位为标准，构筑认同群体的方式，邀请友朋以极为私密而不可公之于众的态度，形成了"策展"的东方逻辑。[2]此后，雅集形式，逐步形成了中国文化精英内部的展示机制，以另一种方式挑战了时间和空间，参与人的"在场"成为展示的唯一感受者，"阅后即焚"成为文人精神永驻的策展方法。

---

[1] 王诜（1048—1104）字晋卿，北宋中后期政治人物，擅书画。
[2] 薛颖.元祐文人集团文化精神的传播——以《西园雅集图》的考察为中心[J].美术观察,2009(8):97-100.

图 1-1 约尔格·科尔德雷所设计的"凯旋门"草图
（图片来源：美国大都会艺术博物馆）

图 1-2 北宋时期"西园雅集"现场
（图片来源：中国台北故宫博物院）

第一节 前策展时代的学术背景

一、公共展览机制的萌发

两则看似没有什么关联的艺术史故事,让研究工作显得有些难以下手。马克西米利安一世和王诜描绘的艺术事件看起来并不是一次完整的现代展览,但是从他们的诉求、方法以及结果来看,往往都已达到甚至超越了艺术展览在当下的作用。这两位"策展人"对艺术的创作引发了我们的思考。如果策展的行为可以拓展到非展览的形态,那么策展的概念与对象又从何说起呢?如今的我们怎么去看待策展作为展示文化的行为,它如何实现展示界面的价值呢?

再举两个例子,从中摸索我们从何谈起的问题。一个是米开朗基罗(Michelangelo)的西斯廷教堂(Sistine Chapel)的天顶画。这是人所皆知的地方,是文艺复兴艺术时期米开朗基罗的《创造亚当》(*The Creation of Adam*)存世的现场。西斯廷教堂中,富丽堂皇的艺术品随处可见,这里的雕塑、壁画和建筑融为一体,当时的信徒们走入教堂,感受到的是来自宗教极富感染力的沉浸展示。这何尝不是一次面向公众的展览

第一章 作为呐喊的源起

呢？再看看敦煌莫高窟[1]，历经多朝代的共同打造，现存的492个洞窟结合4.5万多平方米的壁画，以及3000多尊彩塑，打造了一场不闭门的艺术展示。信徒们来到这里，阅读佛教经典，传递展示文化背后的精神所得。这两则案例之间有这样的共同特点：第一，它们都是在公共空间发生的具有展示性的文化事件。第二，两个不同时空艺术展示的动机完全相同，那就是以艺术的感染力制造精神信服。而我们唯一看到的是展览作为"事件"（event）本身，并未从中看到策划者个体的影子。但是，策展从展示的起源看必须追溯到宗教时期的公共艺术作品展示上。从这时起，人们都在想方设法地制造文化事件来获得社群的信仰认同，实现意识形态上的共同体。"策"与"展"由此不可分离。

在序言中我对"策展人"的词源的表述，表明我们要把研究对象之一的概念拉回到18世纪中专门看管皇室艺术收藏品的人身上。这是西方宗教改革之后，资本主义发展初期带来的某种新的需求。这时期博物馆的建立带来了大量研究管理收藏品的人，他们开始接触这些代表当时重要文化内容的信息资源。早在16世纪意大利美第奇家族就在有偿支付的前提下将博物馆对公众开放。此后历经数百年的发展，直到1743年，意大利佛罗伦萨的乌菲齐宫（Palazzo degli Uffizi）获得美第奇家族大量的绘画收藏，又用50多年的时间，成了一座对绘画流派进行梳理的美术馆。其中，归纳和组织艺术作品工作由贵族和博物馆管理者共同完成的。1773年，罗马教皇克雷芒十四世（Pope Clément XIV）对外公开开放了皮奥·克莱门蒂诺博物馆（Museo Pio-Clementino）。三年后，绘画艺术家约瑟夫·罗萨（Joseph Rosa）对贝尔维德宫（Belvedere Palace）中的藏品重新进行了整理。他邀请了瑞士巴塞尔的克雷蒂安·德·梅歇尔（Chrétien de Mechel）共同完成。他们按照时间对作品进行排序，并最终整理出藏品目录，公开藏品给公众。最早的策展人工作已经悄然介入社会化的生活之中了。但"早"并不是某种优势，那是一个靠资本扩张的时代。法国的

---

[1] 莫高窟，坐落在敦煌。相传始建于前秦建元二年（366），后历经隋唐以至元代，均有所修建。

博物馆体系，虽然对外开放的时间较晚，但影响最大。随着法国大革命的到来，从路易十四（Louis XIV）开始精心经营的巴黎卢浮宫于1793年8月10日对公众开放。当时盛况轰动整个法国，不久，卢浮宫的管理与维护进入拿破仑时期，有许多随着对外扩张而来的展品进入卢浮宫，形成了对新收藏品的展示需求。在此期间，拿破仑的亲信拜伦·多米尼克·维旺-德农（Byron Dominique Vivant-Denon）成为打理帝国艺术品收藏与管理的重要人物。欧洲的艺术品收藏形成了大流通，国家与国家之间的藏品在不同原因[1]下互通往来，博物馆也在这一时期涌现出来。

拿破仑帝国开启了19世纪整个欧洲博物馆发展的黄金时代，主要是因为：第一，社会变革后，皇室收藏品的对外展出使得博物馆有了公共性展出的需求。第二，在整个欧洲资本主义发展下，不断对外殖民扩张后，产生的大量新艺术作品加大了对艺术博物馆以及学术研究人才的需求。第三，这一时期的艺术学院教育兴起也带来了专业的人才，进一步推动了社会公共文化教育的稳步提升以及博物馆不断细分化、前卫化。半个世纪之后，经济上积淀已久，向上蓄势待发的英国也开启了自己的公共艺术展示的行业。1824年，英国人建立了自己的国家美术馆。这所美术馆的推动与建立者并非英国皇室，而是英国皇家学院和英国精美艺术促进协会。它于1838年对外开放，并带来了巨大的影响力。而在德国，普鲁士的霍亨索伦家族（Hohenzollern family）赞助建造了"博物馆岛" [Museumsinsel (Museum Island)][2]，五座博物馆相互辉映，成为德国现当代文化艺术的核心重镇。

此后，随着现代艺术的发展，大量专门关注现代艺术收藏和展览的艺术博物馆不断涌现。如法国巴黎的卢森堡博物馆，于1818改造为"在世艺术家博物馆"；德国慕尼黑新绘画陈列馆（Neue Pinakothek）于

---

[1] 这里的流通原因主要来自几个方面，即资本主义殖民扩张、皇室频繁联谊、原始资本市场的文物交易等。
[2] 博物馆岛 [Museumsinsel(Museum Island)]在柏林市中心，由柏林老博物馆、新博物馆、国家画廊、佩加蒙博物馆、博德博物馆组成。因位于施普雷河的两条河道的汇合处，故有博物馆岛之称。

第一章 作为呐喊的源起

1853年建立；英国伦敦的国立英国艺术美术馆（National Gallery of British Art）[1]于1897年建立等。除此之外，和当时公共展览最为紧密的一类博物馆也随之诞生，且致力于关注装饰艺术（如建筑、铁器、陶瓷、玻璃、纺织、家具等）。1851年在英国伦敦南肯辛顿区举办的"万国工业博览会"就是最早的世界级博览会，展出所获得商业收益成了未来当地几座博物馆成立的初始资金。在海的另一边，由于不像欧洲具有悠久的文化历史，当时建国仅有100多年的美国，也在寻求在艺术博物馆的发展中找到自己的位置。18世纪80年代，美国的艺术博物馆稀缺，展览仅面向公众展出历史自然及文化材料类别的文物，艺术作品并未独立展示。19世纪初期，费城的宾夕法尼亚美术学院带动了当地的艺术展览出现，波士顿图书馆和耶鲁大学美术馆的出现成为艺术博物馆的初期萌芽机构。1870年，美国艺术博物馆发展史中最为重要的两所机构诞生了——纽约大都会艺术博物馆及波士顿艺术博物馆。随后十年中，多个城市多家艺术博物馆的出现，让美国的文化事业突飞猛进。纽约大都会艺术博物馆和波士顿艺术博物馆有自己的管理模式，主要的展览来源还是基于大量的收藏策略。这为20世纪初期，全球现代艺术展览机制的到来提供了资源前提。

纵观19世纪全球艺术博物馆的建立与发展，我们将其放置在当时的艺术时代发展背景当中。现代主义艺术思想逐步萌发，以印象派和后印象派为前卫风格，为摄影带来了新技术的冲击，传统收藏的展示内容需要这些艺术博物馆给予更新。参与和管理这些艺术博物馆的人开始从简单的修复、整理、管理的工作中走出，大量拥有艺术史背景的人开始从事艺术博物馆的管理工作。博物馆兴起后，对展览策展专业人员进行了大量培养，并逐步突破原有博物馆收藏陈列展示。

可以说19世纪公共文化事业的解放促使欧洲博物馆、展览馆的发展，其中有如下几次重要的展览事件值得关注。这几场展览的出现带来

---

[1] 如今美术馆更名为泰特美术馆。它有4个分馆：泰特英国美术馆、泰特利物浦美术馆、泰特圣艾弗斯美术馆、泰特现代美术馆。

了现代主义展览的发展，以及未来新艺术发展的可能。

第一，法国沙龙系列展览的崛起。酷爱艺术和时尚的法国国王路易十四在1667年发起了第一次皇家绘画与雕塑学院沙龙展，内容是一位皇家绘画雕塑学院院士的作品。因为作品展出空间在卢浮宫的阿波罗厅（阿波罗沙龙），所以简称为沙龙展。随后到1737年，展览的举办时间定为一年一次，1748年增加了作品的评定制度。在法国大革命之后，皇室贵族的权力瓦解，带来了艺术公共性的解放，沙龙展也应对社会变革，开始面对全法国的绘画艺术家。但实质上，在原有的贵族系统下学院派仍然把持着沙龙展的话语权。学院的艺术家们建构了三种沙龙展制度。第一，沙龙展建立评审委员会，以最高权力的方式决定参展艺术家人选，评委人选则由学院派艺术家担任。第二，沙龙展的评审制度由政府任命的官员担任。第三，展览配有展览介绍册，用来阐述展览目标和宗旨，增加大众影响力。其中大部分都是符合学院派评委趣味的，以风景、历史和民俗为题材的作品。从展览的空间上看，展览作品数量超出了展厅所能承载的展出空间，并排堆积，层层靠近天花板成了没有办法的办法，而好、坏位置的分配权也掌握在评审委员会手中。1855年，巴黎举办世界博览会，这也是第一次国际美术大展，于是沙龙展的评审团将斐迪南·维克多·欧根·德拉克洛瓦（Ferdinand Victor Eugène Delacroix）和让·奥古斯特·多米尼克·安格尔（Jean Auguste Dominique Ingres）带入了展厅，独立地展出他们的作品，与此相反，古斯塔夫·库尔贝（Gustave Courbet）则被拒绝。于是艺术家个人在展区外自筹经费举办了"现代主义：库尔贝40件作品"展。[1] 这是对官方展览体系提出批判与挑战，也是具有深远意义的近现代独立展览雏形。但是，沙龙展仍然是当时唯一的艺术公共展示方式，是艺术话语权的凝结之所，许多非学院的艺术家不分风格和派系的都以参加沙龙展为荣。这不得不让我们想起了

---

[1] 1855年他创作的大型油画《奥尔南的葬礼》和《画室》遭万国博览会评选团否决，于是他在博览会附近搭起一个棚子，举办了名为"现实主义：库尔贝40件作品"的展览，并发表声明阐述自己的艺术观点，对保守的艺术话语权提出挑战。

中国文人雅集的前提是要认同彼此的学识背景与阶级身份，沙龙展本质上是认同的共享平台，是艺术权力集中的表现。

但社会的艺术进程终究会朝着艺术平衡的生态前进。1857年，沙龙展览区域移到了香榭丽舍大道上的万国博览会中，展览空间扩大了，但仍然满足不了艺术家的需求。1863年，评委在5000幅作品中除去了近3000幅作品，皮埃尔-奥古斯特·雷诺阿（Pierre-Auguste Renoir）、爱德华·马奈（Édouard Manet）、卡米耶·毕沙罗（Camille Pissarro）、简·弗雷德里克·巴齐耶（Jean Frédéric Bazille）、保罗·塞尚（Paul Cézanne）等当时具有前卫性的印象派艺术家都无法参与展览。这些落选者和学院派矛盾激化严重，当时活跃的公众艺术批评制造社会舆论，政府权力象征者拿破仑三世决定出面平衡，将巴黎展览工业宫（图1-3）交给艺术家们，于是开启了艺术家们自由参展，拿破仑三世专门前往观看展览的制度。随后十几年中，艺术家们开始不断削弱学院派组织的沙龙展的影响力。1881年，法国艺术家协会成立，取代原本的学院派评审委员会，对沙龙展进行组织和展示工作。它的出现使得前卫艺术家们有了更多独立展出的机会。[1]

可以说，"落选者沙龙"是19世纪展览史上最重要的事件之一，改变了此前艺术展览的风貌。首先，它动摇了沙龙展览艺术话语权被学院垄断的现实，推动了现代展览组织制度的发展。其次，展览为先锋艺术形式的展示提供了更多机会，推动人们艺术趣味的多元化。最后，无论是学院派，还是先锋艺术家群体，他们在展览生产匮乏的年代无法形成很好的组织机制，依靠权力体制进行博弈，这也推动未来的现代主义艺术工作中"策展"职业的诞生。

第二个值得关注的展览就是1895年首届威尼斯双年展。[2] 此后的100多年间，它的系列展览将跳脱不开艺术展览史的研究视野。故事要从18

---

[1] 1874—1886年间，沙龙展一共举办八次印象派展览，可以说，先锋派艺术家们赢得了当时展览展示的话语权。
[2] 首届威尼斯双年展被取名为威尼斯国际艺术展，相关内容查阅：成都当代美术馆，王洋，历史之路：威尼斯双年展与中国当代艺术20年[M]．北京：中国青年出版社，2013:8．

图 1-3 举办"落选者沙龙"的工业宫
（图片来源：美国国会图书馆）

图 1-4 1895 年首届威尼斯国际艺术展海报
（图片来源：意大利威尼斯双年展图书馆）

第一章 作为呐喊的源起

世纪到19世纪间说起。靠航运来连接欧洲和世界的威尼斯，随着新大陆的发现从而失去了原有的经济本色。特别是1850年之后，破败萧条的城市景象使得政府希望用新的方式来激活这个城市的未来。在英国的万国博览会和法国的沙龙展系列之后，威尼斯看到了文化艺术成为城市发展的希望，因而威尼斯悠久的艺术底蕴成了这个城市举办艺术活动的深厚基础。1887年，威尼斯举办了全国性的绘画雕塑大展，获得诸多好评。这让正在受到经济收支压力的威尼斯市市长里卡多·塞韦蒂科（Riccardo Selvatico）看到了希望。于是，他在国王和王后的王室活动中，提出希望每两年举办一次展览的构想。得到国王的允许后，他参照1888年的德国慕尼黑艺术展，提出了方案。1894年，塞韦蒂科成立了"双年展基金会"，并修建展馆。展览设立特别委员会，以国际化平等为宗旨的委员会邀请了150位意大利艺术家、150位国外艺术家以及特委会审核通过的其他150位艺术家。同年，威尼斯双年展上任命了第一位展览策划人安东尼·弗拉德里（Antonio Fradeletto），并且他连任了十一届的展览策划。1895年4月30日，首届威尼斯国际艺术展（图1-4）盛大开幕，国王出现在现场参与活动剪彩，共计有224327位参观者前往参观，展览有285位艺术家参展，其中156位来自国外，共计516件作品展出。由130年后的今天来看，本次展览的意义应该更加清晰地得到总结。其一，从塞韦蒂科的出发点以及首届展览的主要目标——创建新的艺术市场来看，双年展的本质意义是寻求威尼斯城市的经济收益方式，即文化艺术的资本价值。本次展览成立了"业务部"协助艺术家销售作品，双年展将向艺术家收取10%的佣金作为平台费用。从这一点看，直至今天，威尼斯双年展和城市经济发展以及市场资本的捆绑都密不可分，展览的有效性一方面来自国际的学术影响力，另一方面则是各国资本与文化品牌在此的相互展示。其二，首届威尼斯双年展定位准确，强调国际化。在艺术的学术性上，他们并不保守，特别委员会和策展人在选择艺术家方面都不断突破前卫思想，邀请具有新艺术语言的艺术家，希望优秀的欧洲艺术家都能来到这样一个展览之中。这也是当时最为重要的实验性展览之一。

其三，展览大胆采取策展的个人制，策展人前身出现在20世纪初期，展览策划人的出现提供了很好的案例。其四，首届展览的策展组委会尽力配合，在获奖作品《最高会议》的事件上，拒绝了威尼斯最高主教的干涉，以保证展览的艺术权威性。其五，相较其他地区在19世纪的展览来看，首届威尼斯国际艺术展是最为完善的。市长塞韦蒂科邀请哲学家乔凡尼·波蒂嘎（Giovanni Bordiga）参与展览的组织工作，把握展览的艺术性、学术性，同时建筑师恩里科·特雷维萨纳托（Enrico Trevisanato）对展览空间的设计，可谓为展览量身定做。学术、展示空间、艺术家、艺术品、展览销售、宣传推广等，现在看来展览的方方面面在首展中都得到了最大值的发挥，不得不令人称赞。就这样，世界展览史上"双年展"机制就在19世纪末的最后几年里，得到正式确立，而其竞争对手卡塞尔文献展在半个多世纪后才悄然出现。

前文已经提及过，英国举办了万国博览会。1851年，借着英国在世界范围内强大的经济实力以及先进的工业革命成果，维多利亚女王的丈夫阿尔伯特（Prince Albert）亲自组织万国博览会，亨利·科尔（Henry Cole）被任命为展览的制作人。展览在5个月的展期中吸引了6039195名参观者，可谓空前浩大，尽管展品以工业科技与设计产品为主，与艺术相关性不大。然而，就本次展览的空间设计而言，又是极具艺术性的。设计师约瑟夫·帕克斯顿（Joseph Paxton）将整个展览馆设计成为玻璃主体，后世称其为水晶宫。这次博览会是人类历史上的第一次博览会，其机制完善，规模庞大，给未来不少艺术博览会的兴起，提供了制度上的参考。此外，本次博览会的收益也被政府用于修建艺术博物馆，为支持英国未来的艺术展览发展给予了很大帮助。42年后，1893年在美国芝加哥世博会上，策展组织方一伙人加上文化产品和文物的方式塑造了一个真实生活场景，人的行为和物品一同展示，让展览有了日常生活的场景解读，这突破了传统分类学陈列方式，为后世展览展示方法提供了新思路。

总而言之，值得单独关注的19世纪发生的展览都是工业革命之后的资本主义发展带来的。展览的内容开始从皇家和贵族的收藏品展示走向面对公众的资本式营销，艺术家们的新艺术对展览提出更高的要求，传统的展览制作人和管理者开始进入新的时代去应对社会进步，以及文化消费所带来的新难题。展览从多个世纪前的马克西米利安一世的凯旋门版画中立体了起来，复制、展示、炫耀权威的目的被拆解为不断阐释艺术信仰的内容和向外生产的文化认同群体目的，它成为公共事件在展示价值的推动下不断生产"意义"，供资本主义社会发展来进行精神消费。在这个时期，策展工作对于理想的公众进行了某种意义上的塑形，自上而下的权力给予，让展览对象的公众，几乎是来自策展主体所给予的想象。也就是说，公众在面对展览的时候，是绝对被动，而被带入文化消费的诉求中，展览成为单向的文化内容的传递。观者要什么，由展览制作者们决定。这正如马克西米利安一世想象着别人对他皇威的膜拜，所以以版画的展示性来完成这个单向的想象。策展人终究要走上历史舞台去获得如同马克西米利安一世那样的某种权力，只不过皇权无形地换成了隐匿的艺术话语权。

二、艺术机构与策展意识的崛起

19世纪欧洲资本兴起为现代艺术的发展提供了可以燃烧的"原料"。在这即将成熟的土壤里，我们将会在20世纪初期看到策展意识在各个艺术机构中的崛起。通过长达几十年的积累，它们为20世纪60年代独立策展工作的出现书写了重要背景。从时代本色上看，这一时期是欧美世界的巨大动荡期，两次世界大战占据了这50年的近一半时间，世界经济中心开始向没有战事的美国转移。文化艺术在欧洲的变革下随之而来。从人的角度看，遭受前所未有的精神打击，包含种族主义、怀疑主义、民族主义的思想状态加剧了时代的危机，在19世纪飞速发展的经济之后，到来的却是毁灭性的现实世界。就在这里，艺术家们开始质疑社会体系和社会制度，并开始怀疑一切可以怀疑的对象。颓废和消极、亢奋和极端形成了两种不一样的处世特征，乌托邦和图腾帝国在这里形成了两种世界观，拉扯着各自的文化艺术，走向撕裂后的对峙形状。就在此情境中，艺术同样被卷入到拉扯、碰撞的旋涡。它们被疯狂地表达出来，这种"表达"归根结底来看就是一种"展示"。只有在展示中，来自社会的各种欲望才能从个体到群体，从群体到权力中相互消解。所以，美国纽约现代艺术博物馆策展人克里斯蒂安·拉特梅尔（Christian Rattemeyer）在采访中说，"现代艺术史是一部展览史"[1]。展览的策划承担起了理解艺术家思想多样性的重要职责。其实，现实往往告诉我们，现代艺术史，更是一种表达史，在宣泄与辩驳中为艺术立传。

在19世纪末期，法国沙龙展的艺术话语权逐步崩塌，威尼斯国际艺术展以及慕尼黑国际艺术展这样的大型展览平台的出现，不仅提供了更好的市场资源给艺术家，同时还表达了对新艺术的接纳态度，更多的艺术家开始去尝试先锋艺术。19世纪初到20世纪初，传统学院美学逐步衰落，新技术和城市化的发展，要求新艺术对社会生活的各个方面给予新的经验创作，这一时期诞生了诸如"印象派""后印象派""野兽派""立体派""浪漫现实主义""批评现实主义"等流派。这些艺术形式都是不同自由意志的表达，对世界价值观和艺术观的不同理解。但随着第一次世界大战的到来，残酷的现实让所有欧洲人都回到了清醒之中。"达达主义"[2]则是对一切事物的否定，对无政府主义的向往。解构和虚无化的理念让先锋艺术开启了另外一扇通往未来的大门，马塞尔·杜尚（Marcel Duchamp）、曼·雷（Man Ray）、雨果·巴尔（Hugo Ball）等都改变了后续现当代艺术的发展。处于反对传统艺术绘画风格的德国，又受到弗洛伊德心理学的深刻影响，艺术家们开始形成新的前卫艺术团体，"桥

---

[1] 克里斯蒂安·拉特梅尔.最重要的是有激情[M]//赵文民.中美策展人访谈录.北京：中国文联出版社，2015:6-46.
[2] "达达主义"，是指1916—1923年，即第一次世界大战期间及战后出现的艺术流派运动，一种以无政府主义为主张的艺术运动。他们希望通过反对、抵抗、消解传统的美学形式来发现真实的艺术意义。起名字"达达"就以一种毫无意义的"是的、是的"内涵来暗指艺术流派对资本主义社会在一战之后的价值观的崩塌。

第一章 作为呐喊的源起

社""青骑士"的出现集结了大量以"表现主义"(expressionism)为核心绘画思想的创作者,其中包括瓦西里·康定斯基(Wassily Kandinsky)、奥斯卡·柯科施卡(Oskar Kokoschka)、爱德华·蒙克(Edvard Munch)在内的知名艺术家。二战期间,由于他们的绘画内容及风格不为统治者所接纳,相关的作品被批判为"堕落艺术"。但二战过后,艺术群体迅速地重新崛起,并造就了如约瑟夫·博伊斯(Joseph Beuys)这样未来的当代艺术重量级人物。

一战过后,艺术学院教育也走向了新高峰。德国的"包豪斯学校"(Staatliches Bauhaus)[1],集结了一批欧洲前卫思想的重要艺术家,他们完全颠覆了原有陈旧的欧洲艺术教育机制,以艺术和技术为结合方式,倡导自我表达与表现,开启了现代主义设计之路。这里是当时艺术的乌托邦,是整个先锋艺术和设计的实验场。然而,不久之后,纳粹主义迫使学校关门,艺术家们纷纷逃离德国,但其影响巨大。第二次世界大战之后,经过20世纪40年代末的阵痛期,欧洲开始恢复经济建设,人们从伤痛中走出,极其渴望回到艺术中的精神修复中来。这时,已经通过两次大战不断沉淀文化艺术资源的美国开始崛起。相对稳定的社会生活,让这里集结了从欧洲移民而来的大量艺术家、批评家、艺术史家以及艺术机构的管理人才。他们开始不断地重新回到艺术生产的轨道中来,以美国抽象表现主义为代表的先锋艺术成了这个年代的主流。此外,随着经济的恢复,人们消费生活的重新崛起,20世纪50年代末期,波普艺术在美国兴起,理查德·汉密尔顿(Richard Hamilton)和后来的安迪·沃霍尔(Andy Warhol)又一次通过艺术的方法,改变了社会文化的格局。

梳理了欧洲在前两个世纪中繁复混杂但又璀璨辉煌的艺术现实后,我们可以看到一个非常迫切的需求——各种不同的艺术形式不断出现,使得传统展览形式不能够满足艺术作品的展示要求。如杜尚、达达主

---

[1] 德国包豪斯学校,1919年4月至1933年7月。它的建立带来了现代设计教育的诞生,对世界现代主义设计的发展产生了巨大影响。在其存在期间,有如康定斯基在内的大量现代主义艺术家前往任教,成为当时重要的艺术运动载体。

图 1-5 美国纽约现代艺术博物馆
（图片来源：美国 MoMA 官网）

义等，艺术家们注重表达的艺术创造目标超过了此前对于客观现实的再现。"表现"超越了"再现"，观念从无形的思想走向了物化的可能。作品形式开始多样，就连绘画的视觉也在发生前所未有的改变。可以想象当美术馆、艺术博物馆、画廊主理人看到新艺术的作品时，他们既兴奋又焦虑。兴奋的是他们看到了艺术的未来可能性，焦虑的是按以前的策划思路来看，完全不能应对这样的作品，也就无法通过传统的展览筹划模式为公众举办展览。

为应对现代主义新艺术的情境，欧美地区的艺术机构也随之发生了结构性转变。因欧洲国家在财富累积的过程当中，注重城市文化建设，故艺术博物馆和美术馆在这一时期进行了深入建设（两次世界大战期间区域低潮）。特别是在美国，20 世纪 30 年代，纽约市就相继成立了三个重要的博物馆,其中就有支持现代艺术发展的纽约现代艺术博物馆(简称：MoMA,1929年)(图1-5)。三位时代女性,莉莉·P. 布利斯(Lillie P. Bliss)、约翰·洛克菲勒夫人(Mrs. John D. Rockefeller)和玛丽·奎恩·沙利文夫人(Mary Quinn Sullivan)筹备了这一艺术机构,并让这座博物馆在全球现当代艺术发展中持续发挥重要作用。开馆伊始,博物馆就收藏了法国大量的后印象派和包豪斯现代主义画派作品,以及电影、建筑、设计等多个领域的作品。随后,1931年惠特尼美国艺术博物馆(Whitney Museum of American Art)诞生,这座艺术机构从一开始就为美国本土的激进现代主义画家提供展示平台。1937年,所罗门·R. 古根海姆博物馆(The Solomon R. Guggenheim Museum)成立,这座美术馆致力于展出抽象派艺术作品和其他在全球具有先锋实验性的艺术作品,如今其也已成为当代艺术最高学术地位的象征。欧洲的地方性美术馆与艺术博物馆不断出现,虽然在一战和二战期间损失了不少,但艺术机构数量的趋势仍然是不断增加,不过这种趋势尚不能满足欧洲及美国大众对现代艺术文化消费的需求。1942年,二战期间,巴黎东京宫(Palais de Tokyo, Paris)在法国的建立就印证了这点。然而由于艺术机构定位不同,面向的社会群体不一样,来自赞助人的资本也不尽相同,所以,这些机构从收藏的策略到展览的策划方向都拉开了差距。这也给策展意识的兴起带来了全新的土壤。

面对现代艺术创作生态的多样性,艺术语言的前卫性,不少艺术机构开始思考自身的角色,并规划起未来发展的方向。策展本身也从原本对收藏品的风格分类、归纳、整理、布置等简单工作中抽离出来,开始将现代艺术和事实发生的艺术事件、作品纳入他们的展示系统策划中,部分艺术博物馆或美术馆的主理人开始认为,公共展示性必须基于艺术史的研究、艺术藏品的管理以及对当下艺术创作现实的关注。当时,汉诺威艺术博物馆馆长亚历山大·杜尔纳(Alexander Dorner)曾经提出：博物馆应该成为"发电站"(Kraftwerk),随时都能自然应变。[1]然而,艺

---

[1] 详见：汉斯·乌尔里希·奥布里斯特.策展简史[M].任西娜,尹晟,译.北京：金城出版社,2012:51.

术机构的策展生产在20世纪头50年，展览还是基于传统的艺术史研究收藏以及对艺术家创作风格的分类研究。如策展人维尔纳·霍夫曼（Werner Hofman）在接受采访时说，20世纪40年代其刚毕业时，并未有适合的工作，主要工作还是围绕艺术史批评研究协作，并进入传统艺术博物馆进行管理研究工作，这也是当时艺术的主流策划方向。转向策展方法的研究还是在二战之后，特别是在美国地区，人才的聚集及多个艺术博物馆的推动下。战后的欧洲与美国在经济基础上的重大差距，使得欧洲国家政府需要文化艺术的复兴来带动城市的重建，特别是法国与德国，如卡塞尔、威斯敏斯特、波恩、汉诺威等在战火中受尽摧残的城市，需要从工业废墟的定位中走向独特的文化发展之路，所以艺术展览策划有欧洲政府的大力支持。随着两次大战的结束，欧美的人文思想理论也有了重大突破，艺术史学、人类学、哲学、心理学、社会经济学等理论影响着现代主义艺术家们的发展，新艺术的理论和批评逐步成熟起来，给策展探索提供了思想"弹药"。具体将在下个章节详细阐述，这一章节中单独分析这个阶段的独特展览策划案例，从而归纳这个阶段策展思想的特点与突破。

首先，我们将目光还是放在放威尼斯国际艺术大展上。在早期的展览制度中，虽然有自主选择艺术家的权力以及突破艺术风格边界的新艺术思路，但整个特别委员会和策展人对于当时流行于欧洲其他地方的先锋艺术还是比较排斥的。1902年，佩萨罗画廊的成立，让接下来的十多年里，威尼斯双年展逐步走向现代艺术。20世纪初，展览总策划安东尼奥·弗拉德勒托（Antonio Fradeletto）决定各国自行搭建展览馆，逐步向博览会的形态迸发。比利时作为1907年第一个修建国家馆的国家开启了威尼斯双年展国家艺术群像时期。1930年双年展成立自治董事会，处理行政和文化事务，展览权力不冉落在市长手中。20世纪30年代，整个双年展从艺术的范畴走向了大文化的概念。在这里，戏剧节、音乐节都开始了自己的发展历程。二战之后，1948年，艺术史家鲁道夫·帕鲁奇尼（Rodolfo Pallucchini）邀约了大量印象主义的画家，毕加索也参与到展览

第一章 作为呐喊的源起

中。在这届展览中,佩吉·古根海姆(Peggy Guggenheim)来到威尼斯,带来了纽约著名的收藏品,其中包括蒙德里安、保罗·克利、马格里特、杜尚等,使得威尼斯双年展的国际性在战后重新得到提升。之后10年,威尼斯双年展都在帕鲁奇尼带领下,围绕现代主义艺术作品,进行推崇和研究,成为学术和商业都有巨大收获的展览品牌。这个阶段的威尼斯双年展,其实主要是在现代艺术进程的策展思路中不断推进,摆脱传统的意识形态,和国际艺术环境接轨,形成国际化的展示内容。

国家经济发展水平不断提高,财富积累到过剩,势必要使得一个国家的战略投入在文化影响力的争夺上。垂涎欧洲层出不穷的博览会和展览会,美国政府希望也能够举办自己的展会项目,予以梳理自身的文化艺术力量,万国博览会和威尼斯双年展成为其参考的重要对象。1913年,纽约市第69兵团军械库内举行了国际现代艺术博览会,主办机构来自美国画家与雕塑家协会。原本以美国艺术家为邀约对象,后涉及了大量欧洲艺术家,共展出1300多件作品,涵盖了野兽派、立体主义、后印象派、印象主义等范围的作品。类似《走下楼梯的裸女》(*Nude Descending a Staircase*)等的作品在当时引起了现场极大轰动。本次展览除了促成美国艺术市场的收藏之外,更重要的是促成了美国青年前卫艺术家们对欧洲先锋艺术的学习与模仿。之后,大量的欧洲艺术思想与风格进入美国,促成了其现代艺术的大发展。直至今天,军械库艺术博览会仍是国际上最具影响力的艺术商业平台。1924年,维也纳新剧院技术国际展览上弗里德里希·基斯勒(Friedrich Kiesler)作为策展人组织了本次展览,参加展览的作品形式主要是来自全欧洲各地方知名的舞台模型、海报、服装设计和装饰等。这些在当时看来极具实验性的作品,吸引了大量的先锋艺术家、批评家到场观看,这里已然成了前卫思想交流的平台。展览在这里继续充当思想集合与碰撞的社交场所。此外,在展览中使用了一种叫做轨道支架(Leger und Trager)的展架(图1-6),可以独立灵活立体地展出平面艺术作品或小型空间装置,突破了当时的策展展示方法。

1929年,纽约现代艺术博物馆(MoMA)的首任馆长阿尔弗雷德·巴尔(Alfred H.Barr)筹划了开馆展。面对美国的经济危机到来的第十天,艺术博物馆迎难而上,在纽约第五大道上开馆。首展仅有六个小空间的展区,以欧洲印象派为主题内容,凡·高、塞尚、修拉、高更等人的作品都在这被美国人所详细认知,这是有史以来规模最庞大的印象派展示事件。在其持续了一个月的展出中,有47293名观众来到现场一睹这些名家的作品。这次展览有不少人抱怨,作为美国现代艺术的展示平台,居然没有一个美国艺术家,但这正彰显了MoMA特殊的立馆眼光,以及策展脉络的定位。在开馆展的致辞中,馆长表明了MoMA未来的策展态度和立馆宗旨。一方面博物馆关注对当下艺术的批评和思考,另一方面,他们对任何有先锋性、实验性的艺术作品都有收藏的态度。馆长阿尔弗雷德·巴尔把这里形容为"实验室",永远坚持对新事物的探索,和公众的共同交往,以及不断突破创新。这次展览仅仅是一个开端,1931年,举办第一个艺术家个展"亨利·马蒂斯"。1932年,第一个巡展"现代建筑:国际展览"在这里生产并走向外地。1935年,"非洲黑人艺术"展览成为最早在西方世界展示非洲文化精神的艺术事件。1936年,"立

图 1-6 轨道支架
(图片来源:荷兰文学数字图书馆)

第一章 作为呐喊的源起

体主义和抽象艺术"展览也随之举办。

1929—1939年,博物馆举办了百余场展览,多元艺术形式和实验先锋精神得以彰显。1939年,MoMA彻底重建,扩大了其展示面积,建立了更完善的公共空间。图书馆、小剧场的条件都得到了扩充,MoMA走向了新的开始。二战期间及战后10年,这里成为欧洲艺术家向往展示自己艺术创作的殿堂,而博物馆也彻底地走向了国际化。MoMA早于欧洲其他的艺术博物馆,开始建设展览制度,如馆长推崇建立国际交流部门,和其他地区艺术博物馆合作,同时设立不同艺术语言的研究、策划部门,如绘画、雕塑、表演与媒体部门等。博物馆还不断扩大其基金会的影响力,使得艺术机构多年来能够持久发展。

还有一个展览常常被展览史和策展史所忽视,那就是1931年波兰罗兹艺术博物馆(Muzeum Sztuki in Łódź)首次展出先锋艺术收藏作品。弗拉迪斯洛·斯特尔泽明斯基(Wladyslaw Strzemiński)、卡塔尔齐娜·考布罗(Katarzyna Kobro)和亨里克·斯塔泽维斯基(Henryk Stazewski)合力创建了波兰罗兹艺术博物馆,他们的大胆举动引起了不小轰动。但由于波兰并不在当时的欧洲艺术活跃的语境之中,其影响力难以达到很好的效果。从这次展览中可以看到:第一,先锋艺术收藏已经开始,将不断有更多资本投向先锋艺术,未来基于收藏的欧洲艺术博物馆需要开始对这样的新艺术作品进行梳理和策划;第二,当时的活跃思想给了波兰特殊的文化身份,来自欧洲的前卫思想与苏俄多年来的先锋艺术态度相碰撞,这里的艺术展示生态相对稳定又充满活力。

1942年,"当代艺术之父"马塞尔·杜尚组织了首届超现实主义大展。1942年10月14日,超现实主义首批文件展在曼哈顿中城怀特洛·里德大厦城中开幕。[1]毕加索、考尔德、夏卡尔、蒙德里安、基里柯、保罗·克利、马克思·恩斯特等人参展。展览的内容是逃离二战战场区域而来美国的艺术家们随身所带的艺术相关文件。整个展览的策展人除了

---

[1] 详见高艺玮.杜尚的麻线:"超现实主义首批文件展"[J].传媒论坛,2018(11):155.

杜尚，还有安东尼·布雷顿（André Breton）。5年前，两人在巴黎举办过国际超现实主义大展（图1-7）。游客用手中的电筒，在充满假人模型和针织物件的空间里观察作品。杜尚已经开始将展览作为自己的创作，观众也成为他作品的一部分，展览充满了和公众的互动性，这也是现在策展人都一直追求的策展思路。

展览中，杜尚改用麻线作为空间互动材料，构建了一种迷宫式的空间，在作品和空间之间增加了策展人的不明意图，这种意图是之前展览中不曾有过的"玩法"。观众和批评家们揣测策展人杜尚的意图，也有艺术家对展览中的这些麻线表示反感，但仍有一些艺术家开始对这个空间表示好奇与兴奋。

在这个策展案例中，我们可以发现几点空前的突破。第一，策展人开始脱离艺术史研究语境，摆脱作品流派分类方法，从具有创造性的展示空间中去探索观看展览的可能。第二，策展人为艺术家，将艺术创作本意和展览的空间性表达联系在了一起，都意味着一种策展的当代性的到来。第三，艺术作品和艺术家之间的关系被策展人放到了新的位置，无论将其称为联合创作，还是服务性策展，都让展览第一次成为艺术事件，所有人的关系边界都模糊了起来。第四，展览开始不再是单向的信息传递，或者只有阐释性的展示界面，它和观众的互动关系更加微妙，策展作为艺术品和观看群体之间的位置需要重新得以思考。总之，杜尚的此次展览在近80年后的今天，仍旧不"过时"，前卫的策展思想让我们不能不佩服这样一位当代艺术启蒙者的创造力。

进入到20世纪中期，"此即明日"的展览在策展方法上带来了新的内涵。战后的英国集合了一批"独立团体"的艺术家、批评家和建筑师，他们否定现代艺术的艺术理念以及学院教育思想，扎根于现实生活和社会消费现实。埋查德·汉密尔顿（Richard Hamilton）组织了"此即明日"的画展。展览现场充满了随意性和图像文化，其中的作品《究竟是什么使今日家庭如此不同、如此吸引人呢？》（*Just what is it that makes today's homes so different, so appealing?*）成了艺术史上重要的作品。这个展览

图 1-7 超现实主义大展邀请函
（图片来源：美国大都会艺术博物馆）

本身规模不大，在当时不具备特别的影响力。但是，这个展览明确的问题意识，加之以在策展上由美术史陈列场逐渐转变为时代艺术的试验空间，对20世纪60年代的策展思维有着重要的开拓性。可以看到，"反抗""批判"总是成为现当代艺术发展以及策展理念前进的原动力。

最后，值得一提的是1958年，阿诺德·吕丁格（Arnold Rüdinger）在巴塞尔艺术馆（Kunsthalle Basel）主办的大型美国艺术家展览。这同样是一个容易被忽视的展览案例[1]。策划人、博物馆学家阿诺德·吕丁格深刻意识到美国当时艺术的重要意义，1957年，他将大量实验艺术材料带到纽约，并建立起了和美国艺术家们的重要联系。当时二战已经过去10多

---

[1] 详见汉斯·乌尔里希·奥布里斯特.策展简史[M].任西娜,尹晟,译.北京:金城出版社,2012:168.

年，整个美国现当代艺术的发展已经相当成熟，然而欧洲艺术界仍怀有对自身的自信，以及对美国艺术的不解。

次年，展览作为纽约现代艺术博物馆的巡展计划，因为吕丁格而来到巴塞尔，同时展览带来了大量美国知名艺术家的作品，如德·库宁、弗朗茨·克兰、克里福特·斯蒂尔、马克·罗斯科等。此外，阿诺德·吕丁格还促成了本次展览的艺术作品在欧洲的收藏，巴塞尔艺术馆首次获得了重要的美国艺术家的作品。在策展界看来，这次巡展对于欧洲的艺术市场极为重要，对于美国彻底建立自身现当代艺术的地位也具有极关键的意义。MoMA在选择艺术作品的时候，也体现了其战略性的眼光。

综上观察，在即将到来的当代艺术策展概念确立的前夕，策展思维的状态有如下特征：

第一，艺术机构作为权威，对展览的组织、研究、策划有绝对权力，无论是MoMA的馆长，还是威尼斯双年展董事会，抑或者是来自政府官办，策展的权威话语权由体制牢牢把控，这使得整体艺术发展都受着强烈的限制。

第二，展览在展示方法和技术手段上都有了长足进步，如沙龙展那样的陈列方法慢慢退出历史舞台。

第三，艺术市场机制的完善对于策展的要求逐步提高，商业展览和艺博会的发展，使得展览的策划团队需要完全获得更多的商业资本，展览的资本转化成为衡量艺术展是否成功的重要标准。

第四，整个展览发展逐步国际化。欧洲和美国的互动，逐步建立起了西方现当代艺术的语境。这样一来，策展的文化语境在西方内部得以打通，艺术研究和策展生产有了可通融性。同时，美国成了当代艺术世界的中心。

第五，传统艺术思想继续瓦解，从不断兴起发展而来的艺术机构来看，他们多把新艺术、新展示作为未来的立馆宗旨，大量的传统艺术形式作品也在展示平台上开始萎缩，这为实验性策展的登场做好了准备。从20世纪30年代到这个时期，二战前后塑造了现代主义语言的机制，在冲突和矛盾中建构出新的艺术语言体系。这为出现现代之"后"建立了一系列良好的基点。西方在此之后不断出现的后现代国际语言，在全球化当中形成了独特的链接，让策展走向了可以兼容、批判和自由的道路。

第二节 当代艺术策展概念的明晰

一、时代的"立场"

在这里,我们改变之前按照时间线梳理策展雏形出现的方法,以独立策展人哈罗德·史泽曼(Harald Szeemann)策划的"活在你的脑中:当态度成为形式"展览,作为重要的当代艺术策展事件,以其为节点考察和梳理其前后事实,明确策展概念。汉斯·奥布里斯特在《策展简史》中,采访了这位20世纪60年代美国和欧洲著名的策展人,通过口述交谈,多角度地介绍了这个时间段策展概念的形成。

1969年瑞士伯尔尼美术馆举办一场名为"活在你的脑中:当态度成为形式"的展览[1]。它的出现绝非史泽曼的个人偶然性的行为,更不是横空出世的艺术事件。在此前的十年间,整个欧美现当代艺术界已经发生了从艺术生产方法本质走向展示文化本质的逐步转变。史泽曼正好站在了时间的节点上,让质变呈现了历史之中。

20世纪60年代的十年是欧洲思想与社会变革的重要时间段。世界冷

---

[1] 后文将详细介绍展览内容与意义。

战格局开始进入白热化的阶段。随着社会主义国家的迅猛发展,东西阵营的意识形态冲突深入欧美社会各阶级结构当中。马克思主义思想向资本主义社会提出挑战,欧洲左翼思想运动掀起波澜,美国的保守主义兴起,政治上自由主义和保守主义展开相互对抗的状态。欧美社会之中的青年们开始对社会现实与资本主义社会本质提出批判和反抗,要求更为自由、平等的思想,希望获得更多的引领社会变革的权力。这十年也被称为欧洲第三次思想大变革时期[1],大背景下所带来的艺术变革无疑也是巨大的。代表现代主义的艺术语言、观念和权力受到了全面挑战。"后现代主义"的出现带来了艺术家们透过艺术的形式表达其对社会意识形态的实验性批判。极少主义、女性主义、贫穷艺术、大地艺术等新的艺术创作流派不断出现[2],冲击着现代艺术在整个领域的话语权。当代艺术的逐步确立使得他们在社会思想的影响之下,介入社会,推动思想变革,怀揣批判和反思性走向了前卫艺术性的未来。

应对社会思想给艺术带来的新变革,以传统的现代主义艺术为耕耘内容的艺术机构手握艺术批评和展示的话语权,但僵硬的策展思路,缺失艺术社会功能。新的年轻一代怀着批判和反叛的精神出现在了时代舞台之上,与此同时,美国的艺术机构为先锋阵营,大量的商业资本随之推动这股新的反叛力量,使其更加壮大。然而在这个阶段,艺术的展示与价值评判话语权仍然在传统的艺术博物馆及美术馆中。要想开启颠覆之旅,必须从艺术机构内部发起开端。在当时,有三个艺术博物馆率先引领了策展革命的到来,即斯德哥尔摩现代艺术博物馆、汉诺威艺术博物馆及阿姆斯特丹市立博物馆。其代表人物有瑞典斯德哥尔摩现代艺术博物馆馆长蓬杜·于尔丹(Pontus Hultén)、汉诺威艺术博物馆馆长亚历山大·杜尔纳(Alexander Dorner)、阿姆斯特丹市立博物馆的威廉·桑德伯格(Willem Sandberg)。他们影响了20世纪60年代起的一批活跃于策展实验情境之中的重要策展人,其中包括哈罗德·史泽曼。

---

[1] 前两次是14世纪开始的自欧洲文艺复兴运动及17世纪开始的欧洲启蒙运动。
[2] 林春田,张海涛.20世纪60年代中西的革命冲动及其艺术后果[J].粤海风,2005(6):55-59.

这几位策展先驱的重要作用是：第一，将艺术博物馆的属性从知识教育的课堂变成进行艺术先锋研究的"实验室"[1]，威廉·桑德伯格早在20世纪初就开始制作不同领域的现象汇集展览，给当时的人们带来极大思想上的冲击。策展人希望这里可以发生联结社会、推进艺术未来的场所。第二，以威廉·桑德伯格为首的策展人，希望开启的是多领域多知识的策展行为，让更多的人加入展览展示文化中来。第三，要求博物馆给更多年轻的艺术家予以机会，策展需要集结青年艺术家，共同提出思想问题，建立社会文化和艺术的批判体系。

在这样的影响下，20世纪60年代与70年代的策展人开始活跃于实验，以策展为行为，推进社会文化与艺术的运动。近100年的艺术机构策划人员大多数以艺术史、考古学、文献学等知识为背景，这主要因为其面对的研究对象来自各大博物馆的传统文物收藏与现代主义作品，研究艺术风格、归纳艺术特点、管理艺术藏品、呈现艺术发展线索关系成为策划展览的主要内容。但进入20世纪60年代，一切都在发生变化。随着对传统艺术机构权力的挑战，后现代主义艺术颠覆性地发展，策展人也被要求拥有丰富的知识结构与背景，策展实践开始成为一个综合性的领域。美国著名独立策展人沃尔特·霍普斯（Walter Hopps）在做策展人之前，是一位音乐经理人和组织者；MoMA策展人勒内·德·哈农库特（René d'Harnoncourt）起初是主攻化学的自然科学人才；让·里尔宁（Jean Leering）则是主修建筑的工程师，而露西·利帕德（Lucy Lippard）则是一名作家。

由此，自由思想在这段时期的发酵让跨知识领域的研究成了策展动力源泉之一。例如，让·里尔宁基于其建筑工程师的身份，早在1958年就开始策划建筑师的作品展，其中还包含了一部分艺术家的艺术品[2]。随

---

[1] 威廉·桑德伯格最早提出艺术博物馆不仅是一个展示艺术的孤立场所，而且更应该是艺术创作实验与表达的"实验室"。它具有艺术先锋性和实验性的场域意义。这类思想影响了大量当代艺术策展人，包括后辈策展人汉斯·乌尔里希·奥布里斯特。
[2] 其中包括当时兴起的零运动（Zero Movement）、特奥·凡·杜斯伯格（Theo Van Doesburg）等人的作品。

后1965年，他策划了建筑师兼艺术家埃尔·利西茨基（El Lissitzky）个展，随后，在1967年策划了系列展览"指南针"（Kompass）。1969年，里尔宁与建筑师凡·登·布鲁克（Van Den Broek）、雅各布·巴克玛（Jacob Bakema）策划了一次对城市发展来说重要的展览，即"城市规划"（City Plan），展览为艾恩德霍芬市提供了一份城市规划书。规划模型摆满了展厅现场，可以说这是最早的沉浸式展览，同时又是一次依托策展方法的跨界知识讨论。斯德哥尔摩现代艺术博物馆馆长蓬杜·于尔丹在馆策展期间，长期运用多种艺术形式语言作为内容，将展览作为一个总体艺术的界面，其中包括：舞蹈、戏剧、电影、会谈等。

拥有了庞大知识体系基础，策展人进一步需要获得的是一种艺术权力的确立以及合作的对象。所以，他们开始考虑和艺术家之间的多重关系。策展人不仅仅只是一个展览内容的制定者与服务者，他开始强烈地确立自己的展览权力，以一种"指挥家"[1]的姿态和艺术家们共处。沃尔特·霍普斯在1995年12月策划基诺尔兹的回顾展中强调，"是杜尚教会了他策展的首要准则：策展时，作品不能挡道"。如此凶狠的口号，不难看出策展行为在当时对绝对权力所持有的急切欲望。同时，他们又要求和艺术家长期合作、共同创作，保持同步成长的关系。这时期的展览往往都是由两者在这种矛盾关系中完成的。

策展的核心动力问题意识的出现，是确立策展当代性的重要标志。这一时期，策展人不再客观遵循艺术品本身的价值以及展示需求安排展览。走向社会性的当代艺术创作及展览，需要带来的是给予观者以社会性思考，解放思想观念的引子。基于跨领域多知识体系的贯穿，这种问题意识成为制作展览的核心动力。如1968年，蓬杜·于尔丹受邀前往MoMA策划展览。作为当时较欧洲来说更加保守的现代博物馆，策展人拒绝了以动态艺术（Kinetic art）为庞大策展主题范畴的要求，从而说服

---

[1] 沃尔特·霍普斯在接受汉斯·奥布里斯特的采访时，强调策展人和艺术家更像是音乐家与乐队指挥的关系。详见汉斯·乌尔里希·奥布里斯特.策展简史[M].任西娜，尹晟，译.北京：金城出版社，2012:4.

博物馆的负责人阿尔弗雷德·巴尔，以"机械时代末期的机器"（The Machine as Seen at the End of the Mechanical Age）为策展理念，完成具有批判性的展览。策展人从达·芬奇设计的飞行器出发，到20世纪60年艺术家白南准为结束点，讨论这一段大机器时代里，艺术家对机器的态度，以及人类社会与技术之间微妙的关系。1969年，独立策展人露西·利帕德在纽约视觉艺术学院策划了一次实验展——数字展。它探讨了艺术家策展文本与艺术家参与之间的深层关系。利帕德通过向艺术家传递"指令"，一个个传递下去，去延续展示游戏规则和内容，最终以一个艺术家的作品为结束，这在当时极富前卫性。她同时是一位具有极强女性主义观念的策展人，带着"女性主义"问题意识，策划了大量相关展览，如"c. 7,500"就是1973年其在美国加州艺术学院发起，巡展欧美各地的。问题意识成为策展批判性构建、权力性解构等多重当代艺术策展概念的深层存在，直至今天都是策展最为重要的概念。

这个时期的策展实践需要着重解决的问题是向艺术权力所属权发起挑战，重新建立属于新时代下艺术思想展示的话语权关系，这牵扯到了艺术的批判与建构机制。1972年，让·里尔宁又进一步策划了"街道：聚居的方式"（The Street: A Form of Living Together）展览，进入了偶发艺术和环境艺术，让公众参与讨论关于艾恩德霍芬的城市建设问题。策展人的力量不仅在于对艺术作品的研究，更重要的是调动了公众能量，让当代艺术展览成为"事件"介入社会，让艺术推动社会思想的营造。同时，要获得这种跨界领域的研究及公共社会性的发生，必须挑战的是传统艺术话语权的存在，以及社会意识形态的压制。沃尔特·霍普斯在1978年实验性地策划了"36小时"展览，在大街上与参与者互动。在36小时里，任何人可以向他送来"作品"。他们可以是艺术家，也可能是流浪汉。接收到作品的"策展人"需要帮助他们在大街上找到展示这件作品的地方，完成"策展"工作。从这里可以看出，策展已经不再是在具有绝对权力机构的"白盒子"中发生，策展人希望策展率领艺术介入公共空间，介入社会现实，拆除知识压迫性的围墙，还给大众以享受艺术的权力。独立策展人露西·利帕德则是一名自由撰稿人和作家，当她1966年在MoMA策划"怪诞抽象"（Eccentric Abstraction）展览时，身份遭到质疑，于是，具有反叛精神的利帕德坚持用独立策展的行动反击这种权力意志的压迫。

对艺术话语权权力挑战的目的是改变博物馆体制，让艺术机构所把持的艺术话语权可以松动，让新兴艺术思想和创作有更多可以推动的力量。传统守旧的策展思维，以及资本主义教条下的文化现实，需要得到解放。在此时期，很多策展人都提出了自己的观点。里尔宁在对博物馆的定义上，有自己的看法，他认为："……我曾写过一篇文章，提出博物馆如何向公共图书馆学习……图书馆收藏哪些书不由公众口味决定——这由专家拍板——但公众知道图书馆是供自己使用的……"[1]可以看出，里尔宁认为，原有的博物馆体系陈旧是因为基于博物馆传统收藏的趣味来给公众单向教育的内容，而现在，艺术博物馆应该开放引进多种文化艺术的可能性，让观众自己使用没有边界的知识能量。无独有偶，反叛博物馆体制的策展人不止里尔宁一个，独立策展人赛斯·西格尔劳布（Seth Siegelaub）则非常直截了当地提出了当时博物馆体制的问题。他认为："……博物馆的结构同样指向这种活动：历史化，对于艺术来说，这就是坟墓——我肯定在哪儿听过这句话——无用、僵死之物的天堂……"[2]在他的策展中，也很少与博物馆打交道。

关于批判性的构建，是这个时期策展人策划理念上的方法论。1968年，赛斯·西格尔劳布策划了"施乐书籍"（Xerox Book）的展览，他和艺术家共同合作讨论和展示不同方式、语境、空间可能性，展览中策展人以书为容器，指定游戏规则，让艺术家根据这个规则来完成艺术观念的创作。展览的策展语言已经非常完整地表达出其对传统博物馆策划的一种批判，策展是以问题意识先行的艺术行为，它不限于任何媒介，可

---

[1] 详见汉斯·乌尔里希·奥布里斯特.策展简史[M].任西娜,尹晟,译.北京:金城出版社,2012:115.
[2] 详见汉斯·乌尔里希·奥布里斯特.策展简史[M].任西娜,尹晟,译.北京:金城出版社,2012:116.

以走出白盒子空间，走向社会公共场域。策展人运用自己的观念规则，与艺术家一同完成展示语言上的构建。1971年，赛斯·西格尔劳布又与鲍勃·普罗扬斯基（Bob Projansky）策划了展览"艺术家的契约"。这个展览批判的是艺术作品与资本主义关系的社会话题，反思艺术本体和市场的问题。"艺术不是服务"已然成为策展人的态度。保护艺术家，尊重艺术本质成为展览批判背后所要树立的旗帜。作为艺术史家出身的策展人，维尔纳·霍夫曼表现得就相对温和。他在创立维也纳20世纪艺术馆的时候希望博物馆的合理体制应该像纽约现代博物馆那样怀有创造力，注重艺术未来的发展，强调研究的实时性与阐释性。此外，露西·利帕德在1969年至1970年间策划了"558,087"和"995,000"两个以数字为题的展览。它们在西雅图和温哥华展出。很多作品在当时是即兴创作，不是传统意义上的艺术品，它们因环境而生，切实地介入社会属性和空间意义。展览中，观众可以随意扔东西，参与干预展览的论述中来，策展人颇为大胆地将艺术展示价值交给观众。博物馆和城市的边界在这里被消解，展览延伸到公共区域，展览也在不断地生长。

策展人在通过权力批判的同时，以此为契机推动艺术新力量的崛起。这些新力量是当代艺术适应时代思想的新阶层，也是构成当代艺术未来发展的中坚力量。1962年，桑德伯格和蓬杜·于尔丹联合策划了"动态迷宫"（DyLaby, the Dynamic Labyrinth）的展览，大量先锋装置艺术与雕塑艺术被推于公众面前。借此机会，四年后，于尔丹联合艺术家让·汤格利（Jean Tinguely）、尼基·德·圣法勒（Niki de Saint Phalle）、佩尔·奥洛夫·乌尔特韦特（Per Olof Ultveldt）共同完成了公共艺术项目。此时，策展人和艺术家的关系已然发生了微妙变化。于尔丹要求艺术家不要提前准备方案，他希望和艺术家们进行即兴讨论，共同完成作品方案的设计。于是，在三天里他们不断设想、不断否定，最终以一个"性解放"形象的女性雕塑作为作品。在这里，艺术家和策展人达成了平等关系，共同合作的团体，这也预示着策展人机制的新特征。此外，于尔丹在1959年前往纽约调研美国艺术家生态时，认识了大量前卫艺术家，如罗

第一章 作为呐喊的源起

伯特·劳森伯格、罗伯特·惠特曼等。回国后他策划了1962年和1964年两次介绍美国波普艺术的展览，推出了一些重要艺术家，成为新艺术力量的重要推手。他通过策展也颠覆了大量艺术机构只滞留在现代主义的保守眼光。

坚守传统策展知识背景的策展人，开始重读艺术史，找到"看不见的历史"，用新视角来推动机构策展的方法语言。于尔丹在20世纪60年代的策展中，注重对文献资料的调研和考察，以另一种方式介入关于新历史观的构建。这里有一丝客观原因的存在，当时保守主义和左派思想的冲突使得不少艺术机构选择了自己的生存方式，于尔丹就用研究性的策展方法为博物馆找到了当时最为合适的角色。与此同时，也发现了艺术史策展走向文献研究策展的新方法。另外一个案例则来自维尔纳·霍夫曼在1974至1981年间完成的"1800年前后的艺术"（Art around 1800）系列展。从这次展览的策划里，可以看到与以往博物馆传统策划不一样的方法。霍夫曼将历史中的研究对象设置成专题话题，强调艺术品单体在历史中的情境，把重点放在艺术品的语境构建中来，而非讨论作品的风格形式。在他的展览里，如"路德时代的头脑""路德与艺术影响"等，把问题意识带入展览的艺术观看之中，让观者重新多样地思考历史。

需要补充说明的是，这个时期的策展人，大多开始对征服空间产生兴趣。20世纪60年代开始，建筑领域的发展让许多策展人都有了极大的空间感受欲望，他们在展览中要求和建筑与空间发生合谋关系，希望在新的空间属性中完成对艺术品的阐释工作。策展人安妮·德·哈农库特（Anne d'Harnoncourt）对东方的空间性着迷，在展览中强调空间的设计与观众的观看延伸。沃尔特·霍普斯无疑是在征服空间上颇有自己风格的策展人。"100000"件影像作品展是针对新开馆的纽约现代艺术博物馆P.S.1分馆（下文简称P.S.1）所策划的方案，用作品充斥整栋楼，以数码时代的生物象征占领巨大空间，强调了艺术的个体与总体之间的关系，让空间在"量"的概念下被完全消解。另一个案例是他早在1955年做的展览"行动1"(之后还有"行动2")。展览在圣莫尼卡海滩的一个游乐园举办,各行各业不同身份的人前往一个旋转木马展厅内和艺术项目相遇。策展人频繁和建筑产生关系,与空间发生对话,让展览原本成为博物馆"平面"知识写作的行为,走向了空间感知、情境表现的新时刻。

所以,哈罗德·史泽曼这位独立策展人的鼻祖人物从来都不是英雄式的横空出世,而是在时代的变革下、群体的作用下,脱颖而出的。在以上诸多策展概念的确立中,史泽曼的"活在你的脑中:当态度成为形式"(下文简称"态度展")较为全面地包含了上面几乎所有的当代艺术策展特征,更是将其发挥到了极致。接下来,我们要为大家揭开"态度展"名扬天下的原因了。

二、策展的"态度"

关于哈罗德·史泽曼以及"态度展"的研究在20世纪90年代中后期大量出现,也颇有深度,我们在此仅从他这次展览以及其建立起的当代策展概念意义上做出分析,寻找它对中国策展发展脉络的深入影响。20世纪50年代到60年代,求学阶段的史泽曼开始受到德国和法国的左派思想和批判的影响,包括赫伯特·马尔库塞(Herbert Marcuse)以及居伊·德波(Guy Debord)等人。年轻时期的他喜爱绘画,并对戏剧充满热爱。他参加戏剧剧本写作和表演工作,不难想象这样的经历对他后期认知策展的当代性探索有如何的影响。在进入伯尔尼美术馆工作后,他于1957年策划了雨果·鲍尔(Hugo Ball)逝世三十周年的回顾展。鲍尔这位达达主义的代表人物,其开放、自由、解构性、无意识形态诉求的思想,或许让史泽曼深刻地明白了,艺术的思想性能让其走得更远。自此史泽曼开始从戏剧创作进入"总体艺术"的展览创作中来。

1961年,28岁的史泽曼接任伯尔尼美术馆馆长一职。面对阿诺德·吕丁格和弗朗兹·梅耶两位优秀的馆长积累下来的伯尔尼美术馆厚重的现代艺术氛围及收藏,深受激进博物馆理论思想影响的他,决定如亚历山大·杜尔纳和威廉·桑德伯格那样,将艺术馆带入社会实验室的未来方向中。史泽曼开始有计划、有态度地经营艺术馆。他挑选有问题意识的展览主题做艺术语境性的策划,如"玩偶"(Puppets)、"科幻"(Science Fiction)、"12种环境"(12 Environments)等展览,再给优秀艺术家做个展,如马克思·比尔(Max Bill)、让·德瓦斯纳(Jean Dewasne)等。在他的策展里,现场的即时性效果显得尤为突出,这博得了当时的青年艺术家的青睐。此外,他还结合各种展览形式,让展览看起来成为一个跨领域形式的总体艺术现场。例如他邀请纽约的"生活剧团"在这里完成瑞士站的首演。就这样经过8年磨合,伯尔尼美术馆和史泽曼已然成了默契的"情人"[1]。

"态度展"就在这时发生于情理之外、却在意料之中。1968年夏,菲利普·莫里斯公司出资邀请史泽曼策划一场国际性展览,并提供了一大笔展览经费。得到资本支持的这位策展人开始在欧洲寻找不同寻常的艺术家及作品。当他来到荷兰画家瑞内·卢卡森(Reinier Lucassen)工作室访问时,艺术家介绍了他的助手简·迪比特(Jan Dibbets)。据其回忆,"迪比特从两个桌子后面向我们打招呼,一张桌面上有霓虹灯,另一张铺满了青草,他还给那些青草浇水。这些举动给我留下了深刻的印象"。史泽曼对这个场景记忆犹新。于是他开始确定自己对展览形式和态度的方向。与此同时,艺术家、理论家罗伯特·莫里斯(Robert Morris)在1968年4月发表的文章中提出,"反形式"的核心观点是对材料的重视将带来新的形式,反对空虚的对事物本体形式的迷恋。这一点和史泽曼不谋而合。策展人开始反思艺术家个体的创作动机,认为艺术创作的当下目的不是讨论视觉美学经验,而是一种对社会生活日常的思考和态度。这种态度是无形的立场,但需要策展人和艺术家联合使其成为可展示的内容,一种被阐释的形式。这个时刻,艺术家创作的过程

---

[1] 来自哈罗德·史泽曼自述。参见修亚男.探寻"痴迷"——哈罗德·史泽曼早期策展实践研究[D].杭州:中国美术学院,2018:37.

以及个体的信仰超越了艺术作为技法本身,观念至上的时代悄然而来。艺术创作者的"呐喊"成为表达,需要由策展人组织并向观众传达。所以,最后在主题上,gesture 和attitude 在史泽曼脑海中纠结,两者均指通过身体的动作或举动表现人的情感、想法或意图,即将内心情感和主意通过外在肢体语言传达的一种过程,一切不确定的形式是最具有力量的艺术。因为史泽曼早期受到达达主义的影响,保留着具有破坏力和激情的艺术态度。所以,展览的副标题呈现了整个展览的核心内容,"作品—概念—过程—情境—信息"。

"态度展"是一个作品被生产和想象的高强度的自由的场所,展览本身也是一个巨大的作品。参展艺术家在1969年均为年轻的艺术实践者,而今天已经成为20世纪艺术的代表性人物,包括约瑟夫·博伊斯(Joseph Beuys)、迈克尔·海泽(Michael Heizer)、布鲁斯·瑙曼(Bruce Nauman)、伊娃·海瑟(Eva Hesse)、理查德·塞拉(Richard Serra)、劳伦斯·韦纳(Lawrence Weiner)和巴里·弗拉纳根(Barry Flanagan)等。这里聚集了一系列极少主义、观念艺术、贫穷艺术、大地艺术等不同问题意识的作品。展览现场在他者看来是:"一片狼藉"(图1-8);罗伯特·巴里(Robert Barry)照射了屋顶;理查德·朗(Richard Long)在山上散步;马里奥·梅尔兹(Mario Merz)完成了他的第一座冰屋;迈克尔·海泽"开启"了人行道;沃尔特·德·玛丽亚(Walter de Maria)制作了他的电话;理查德·塞拉展示了铅雕塑、皮带和飞溅片;劳伦斯·韦纳从墙壁上取下了一平方米的墙漆;约瑟夫·博伊斯做了一个油脂雕塑,伯尔尼美术馆成为一个"有组织的混乱"实验室。"滑稽和荒诞"成了展览给公众形象的代名词,瑞士民众激烈抗议。史泽曼的策展被认为是"对人类而言毁灭性的行为",其不仅仅是一个要把握住那个时候艺术的主要方向的展览,还需要在没有艺术藏品展示的前提下,将想要表达的思想展现出来。这不仅是哈罗德·史泽曼光辉事业的启程,也是新兴展览策划方式的开端,同时宣称了所谓"策展人时代"的到来。从未有过的艺术作品和艺术现场在这里出现。政府和观者同时施压,展览结束

图 1-8 1969 年"态度展"现场
（图片来源：瑞士伯尔尼美术馆）

后，史泽曼辞去馆长一职，这位策展人走向"独立"。

回看"态度展"，我们可以从 8 个方向来确立当代艺术策展的概念叙述。第一，展览选择了很多被主流艺术排斥在外或者说是反主流的前卫艺术家，赋予了展览一定的批判色彩，为当代策展注入了"反叛"的基因。第二，策展人试图通过主动邀请特定艺术家参加展览，以间接的方式表达自己对年轻一代行动与立场的积极态度，以展览的姿态对当时社会变革作出一种回应。第三，史泽曼把艺术的生产置身于社会情境之中，为策展打开了跨知识结构，铸就了"知识合维"[1]的策展方法。第四，摆脱当时操纵艺术生产与艺术流通的三角关系：工作室、画廊、博物馆，推崇艺术新力量成为策展的重要影响方向。第五，改变了市场先行的现状与博物馆知识生产的面貌，铸就了实验性前卫艺术的地位。第六，挑战了博物馆的展示空间，彻底突破了策展的空间局限，建构艺术

[1] 在这里翻译为"encircle dimension of knowledge"。

家场域概念，全面诠释艺术品发生的过程与时刻，凸显时代策展人对空间建筑的征服欲望。第七，在策展过程中，建立策展人的权力结构，对展览进行全面掌控。第八，这也是最重要的一点，即当代艺术策展走向了问题意识建构的方式、语境的生产，策展人在策展过程中需要表明立场和态度，需要有观点的阐释，策展走向了主观研究和表达的新阶段。哈罗德·史泽曼用"态度展"表明了策展未来的"独立"态度。

换个角度看，史泽曼通过此次策展事件建立起了自己的独立策展方法。首先是在策展空间上，艺术作品摆脱传统的"架上"区域概念，它们散落在艺术馆的墙壁、楼道、角落、地面等各个地方，艺术作品不在独立场域内"干净"地陈放。策展人将自己的展览展示绝对权力转移给艺术家，由艺术家根据其作品的观念来选择最想要展示的方式，将艺术创作延伸到展示终端。这些新艺术本质是一种反叛的态度。混乱赋予艺术家自由，结构性就是策展人对展览的一种把握。其次，在对公众的态度上，他打破审美传递的阶级性，重新构建艺术展参与者的关系结构，强调任意要素间都是平等的，并且所有参与者都通过艺术作品互相表达话语权。他将展览的阐释系统部分交给了艺术家和观众，重新组织了展览生产各个角色的权力关系；组织者的能力也不再体现在对艺术选择的品味上，而是在于对展览流程本身的突破，以及赋予参与者的自由度。策展人把展览作为一个艺术作品去创作与打磨，让其作为一个紧密的展示主体激活其创造力。另外，策展工作要从"作品—概念—过程—情境—信息"五个要素出发，只有考虑到了这五点，一个艺术展才算完整。对于艺术家来说，这五点是将"态度"转变为"形式"的载体。观众也是通过这五点来体验艺术家的"态度"，而非被现有的艺术知识说教。史泽曼的成功不仅仅是因为他对展览本体的另辟蹊径的思考，也源于他认真严谨的工作习惯。他收集了大量资料，建立了自己的艺术档案馆，几乎任何艺术资料的蛛丝马迹都能在他的档案馆中被找到。他个人通过其档案馆链接了整个艺术界。最后，史泽曼还基于展览实践了一种

第一章 作为呐喊的源起

瓦格纳式"整体艺术"的构想,[1] 与艺术家建立特殊的工作关系,成为艺术家们的拍档而不是领导者,并且发动观众表达他们自己的见地。在多重关系美学[2]的建构中,让展览具有生命力。

史泽曼的独立策展工作,是始于对独立机构的创建——"脑力客工事务所"（Agency for Intellectual Guest Labour）,以颇为讽刺的方式宣告其新的策展身份。在这里,没有资金和人员,史泽曼"作品化"了自己的策展工作。这种做法充分体现了他个人受左派思想的感染,以及对资本主义权威性的抗议。史泽曼的"态度展"像发酵一样,迅速席卷欧洲的艺术界。1972年,卡塞尔市市长卡尔·布兰纳（Karl Brunner）任命史泽曼为第五届卡塞尔文献展(Documenta 5)策展人。此举彻底改变了卡塞尔文献展的命运,也让这位"没有依靠"的策展人成为世界的焦点。此前的卡塞尔文献展都是阿诺德·博德（Arnold Bode）主要负责,展览更像是艺术博览会,通过邀约展示的方式进行展览组织。到了史泽曼这里,他将个人论点与艺术作品构建为一个凝聚的整体,年展成了讨论社会现实的思想盛会,文献展将艺术现场和观念作为时刻发生的"文献"交给观众。拉丁语"Documenta"是"文献"的意思,其深层次是传递精神的意思。不同于沙龙展,卡塞尔文献展从1955年创办开始,就讨论新的艺术、观念和思想。首届文献展"20世纪的艺术：1905—1955年的绘画、造型艺术和建筑"就可以看到展览的性质与立场。1968年,展览以"百日事件"为内容,从展示现成的绘画作品走向了行为表演等多种艺术形式。

---

[1] 瓦格纳认为的"整体艺术"思想是指全能的人的艺术,是音乐、诗歌、歌剧放弃独立存在,形成"三位一体"表现的整体艺术,而他对后现代"总体艺术"的影响在于放弃艺术的单一形式语言,形成全方位感知的当代艺术创作。具体参见段文会.瓦格纳"整体艺术"观形成与发展研究[D].长沙：湖南师范大学,2013:12.
[2] "关系美学"一词来自法国理论家、策展人尼古拉斯·伯瑞奥德（Nicolas Bourriaud)阐述90年代艺术样貌的新观点。他认为艺术活动的本质是一种人与人之间制作、引发的某种游戏,在这种关系中产生某种"传递"形式和方法的美学。具体参见尼古拉斯·伯瑞奥德.关系美学[M].黄建宏,译.北京：金城出版社,2013.

这为哈罗德·史泽曼扫清了一些保守思想上的障碍。他继续大刀阔斧的改革策展思路，以"质疑现实——今日图像世界"（Questioning Reality-Pictorial Worlds Today）为主题。此概念依托德国艺术理论家巴宗·布洛克（Bazon Brock）的理论为文本，即"视觉表现的真实性""主体的真实性""两者之间的同一性或非同一性"，他希望艺术家能够从这些方向来解读艺术理解世界的方式。而史泽曼以百科全书般的手法，通过他和"态度展"的一代艺术家们，用艺术的边缘及艺术的态度传递艺术眼光下的世界生活。策展团队在他的引导下设计了一个构成世界的多元图像之岛，希望观者在其中来判断作品的艺术与否。参展作品包括罗伯特·贝希特勒（Robert Bechtle）、查克·克洛斯（Chuck Close）、理查德·埃斯蒂斯（Richard Estes）和弗朗兹·格尔采（Franz Gertsch）的照相写实主义绘画，约翰·德·安德里亚（John De Andrea）、杜安·汉森（Duane Hanson）、爱德华·金霍尔茨（Edward Kienholz）和保罗·泰克（Paul Thek）创作的展现逼真生动场面和环境的雕塑作品。这些"个人神话"（individual mythologies）与"平行的视觉世界"的作品群并置：虔诚的世界、政治宣传、微小的现实主义（艳俗）、广告和产品美学，以及"精神疾病的艺术"。日常琐事和个人沉迷平等地并存，更有马歇尔·杜尚（Marcel Duchamps）1935—1941年创作的《手提箱里的盒子》（*Boîte-en-valise*）和艺术家的美术馆特展部分加以补充。特展部分包括克莱斯·奥登伯格（Claes Oldenburg）创作的《老鼠博物馆》（*Mouse Museum*）和马塞尔·布达埃尔（Marcel Broodthaers）的《现代艺术博物馆——鹰馆》（*Musée d'Art Moderne, Département des Aigles*）。

然而，史泽曼对于"为艺术而艺术"的职业信仰在1972年被认为带有挑衅意味。许多艺术家，包括参展和非参展的艺术家，都表达了对于第五届卡塞尔文献展的严厉批评，说它是"展览的展览"，并把自己神圣化为艺术品，利用艺术为己用。这也回应了我们之前所提及的关于策展权力与艺术家权力之间的博弈问题。自此，这一问题开始贯穿于策展史发展的脉络中。总之，第五届卡塞尔文献展对于史泽曼的重要性毋庸置疑。他在这里独立提出了"个人神话"[1]的概念,真正庞大而独立地策划了展览空间,参与了设计工作,不断地和社会文化界进行调解、论战。他把展览看作一种媒介,自我的一种剧场化创作。艺术策展在史泽曼这里开始成为"事件"(event),爆发了争议和批判,激起社会思潮。在这里,值得我们关注的是,史泽曼开始以艺术理论文本作为策展的核心内容日益凸显,这对于策展理论的后期逐步完善起到了至关重要的推动作用。

---

[1] 详见修亚男.探寻"痴迷"——哈罗德·史泽曼早期策展实践研究[D].杭州:中国美术学院,2018.

第三节 关于策展方法的探索

在"态度展"前后,还有其他一些策展人的案例同样在诠释一个问题,即托马索·特里尼(Tommaso Trini)所说的"博物馆的非常时刻"[1]。其中如1968年在罗马乌龟画廊举办的展览"剧院展示"(Teatro delle Mostre),1969年阿姆斯特丹市立博物馆举办的"螺丝松动:情境和秘密结构"(Op losse schroeven: situaties en cryptostructuren),同年在美国纽约惠特尼艺术博物馆举办的"反错觉:程序/材料"(Anti-Illusion: Procedures/Materials),纽约MoMA举办的"空间"(spaces)展览等。在本章节中我们将粗略地归纳出策展方法。这其实是20世纪60年代到70年代之间,后现代语境下的策展人从当代艺术创作背景中得到了思想的解放。同样正如罗伯特·巴里(Robert Barry)所形容的那样,"艺术一词正在更加趋于动词而非名词"[2]。策展人从个体的文化知识的新跨越中找到了自我态度的觉醒,策展人的所有策展方法都是以自我"问题意识"为先决条件提出的。生产"问题"的方法有很多,每个策展人都能在社会现实与艺

---

[1] 博物馆的非常时刻,原文为"Museographical Emergency",是托马索·特里尼针对60年代美术馆的传统美学与当代先锋实践冲突之间的术语。参见保罗·奥尼尔. 策展话题[M]. 蔡影茜,译. 北京:中国青年出版社,2014:160.
[2] Alexander Alberro. Conceptual art and the politics of publicity[M]. Cambridge: MIT Press, 2004:56.

术本体中找到问题的内容,而面对问题,如何将其进行"事件"写作与展示表达,则是这一代策展人亟须解决的问题。

一、立体的"文本"

哈罗德·史泽曼在1972年使用艺术理论家巴宗·布洛克(Bazon Brock)的理论文本作为策展的核心阐释,整个展览构筑成了一篇重要的"文本",理论观点在策展人和艺术家的共同努力下走向了"立体"。之后,很多策展人都在学习和利用这种文本化的策展方法来组织当代艺术的展览。其实,早在史泽曼所策划的第五届卡塞尔文献展之前,许多艺术机构内的策展人已经开始使用理论文本进行展览的研究和策划工作。维尔纳·霍夫曼在他的策展之中,常常运用法兰克福学派的艺术理论文本,与此同时,他极为偏爱夏尔·皮埃尔·波德莱尔(Charles Pierre Baudelaire)的文学创作,并在展览中引用或折射波德莱尔的经验观念。此外,这个时期,许多艺术展览和创作者们都在以语言学或者哲学的著作作为他们的思想来源,如莫里斯·梅洛-庞蒂(Maurice Merleau-Ponty)、路德维希·维特根斯坦(Ludwig Wittgenstein)、A.J.艾耶斯(A. J. Ayers)等。而像露西·利帕德这样文学批评出身的策展人则常常把文学文本作为策展的理论材料来使用。1968年,她归纳了自己的策展理念和方法,发表了名为《艺术的去物质化》一文[1]。这篇文章后来又对不少策展人产生了巨大影响,成为他们的策展文本及理念。

1975年,史泽曼策划了展览"单身汉机器"(Bachelor Machines)。整个展览源起于1954年米歇尔·卡鲁热(Michel Carrouges)在理解杜尚作品时所运用的弗朗兹·卡夫卡(Franz Kafka)的小说《在流放地》。随后,1972年,红极一时的法国哲学家吉尔·德勒兹(Gilles Deleuze)与心理学

---
[1] Lucy R. Lippard, John Chandler. The dematerialization of art[J]. Art international, 1968, 12(2): 31-36.

家费利克斯·伽塔利(Felix Guattari)合作出版了《反俄狄浦斯》(*Anti-Oedipus*),本书用精神分析理论和哲学方法阐述了革命欲望被消解的原因,从中重新阐释了"单身汉机器"。这本书是1968年法国"五月风暴"的特殊产物,其思想的挑战性让后来的德勒兹塑造的大量理论词语成为策展人和艺术家们最为热捧的文本缩影。受到《反俄狄浦斯》的影响,史泽曼运用其拿手的策展方式,构建了"单身汉机器"里的病态世界,整个展览都是对文本的再次深入理解。展览犹如详细的注解,运用艺术家的创作、策展人的组织,将不可触达的文本转变为可以讨论、发散的对象,使理论文本得以在现实延续。

关于"文本"的生产,在这里需要强调一个延伸的内容,那就是地域性文化差异所带来的文本叙事。1973年,蓬杜·于尔丹在蓬皮杜艺术中心策划了系列展览"巴黎—柏林""巴黎—莫斯科""巴黎—纽约""巴黎—巴黎"。展览以巴黎作为区域坐标,不停地以东西轴线为交流方向,以区域二元的方式对比着构筑展览的文本。"巴黎—纽约"中,以格特鲁德·斯泰因(Gertrude Stein)的沙龙展为叙事开端,然后经过蒙德里安纽约工作室再到激浪派和波普艺术为结束。"巴黎—柏林"则是集中国家社会主义时期对魏玛共和国时期的艺术进行全景写照。"巴黎—莫斯科"展出的是大量由法国艺术家制作的、十月革命前期在莫斯科展出的艺术品。这种方法将区域艺术发展的历史和问题意识结合,展览成了一种聚焦问题和分析问题的合理方法。

二、主观想象的叙事

史泽曼的策展方法是多样的,不仅有对理论文本的执着探索,也有不断营造艺术现场的"态度"抒写,还有充满想象的虚构叙事。1973年,他创建了"痴迷博物馆"(The Museum of Obsessions)项目。这是一个只有史泽曼自己才能够清晰描述,一个结合他的主观经验、语言和符号才能进行展览生产的能量世界。与卡塞尔文献展和"态度展"那样依托文本解读或批判性动作所不同的是:史泽曼建构起重要的策展叙事,依托自己的主观理解,完成了这个项目的构建。1974年,作为对第五届卡塞尔文献展的回应,史泽曼在一间公寓里策划了"祖父:如我般的先驱"展。史泽曼的祖父曾是一名理发师,这一展览陈列了理发师使用的工具,试图让观众理解策展人祖父的职业。这种极富个人化的展览主题让个体成了符号,从叙事中去体会展览的作用及情境魅力。随后,1978年,史泽曼又策划了"真理之山"(Berg der Wahrheit)的艺术展览。展览主题以意大利的托斯卡纳附近的真理山作为地域叙事,将最伟大的乌托邦代表人物从中挖掘出来,策展人希望构筑一个吸引艺术家们的社会乌托邦,提出对资本化世界对于乌托邦的无情消灭的层层反思。展览在这里构建了地方志和人类学的叙事,300多人的参与让无数的乌托邦思想在这里发生碰撞。史泽曼构筑了一段新的中欧乌托邦历史,没有权力干预的纯粹历史。史泽曼的策展叙事中,往往以非机构空间作为展区,这些另类空间往往为展览的叙事提供了特殊的空间属性以及独特的叙事。空间也是策展的素材和办法,无论是别墅、公寓、体育馆、剧场还是神殿等,空间本身也是一种特殊叙事,和策展人的想象与经验合谋了一场独特阅读的事件。

三、事件的营造

走进20世纪70年代,当代艺术的独立策展不再是"新鲜"的事,独立策展人纷纷涌现,平衡着西方世界当代艺术话语权。策展人和艺术家的关系更是出现了前所未有的紧密。独立策展机制补充了艺术机构的策展所力不能及的艺术"事件",在迎接着冷战时代的最后时刻,这些艺术"事件"将陪伴着艺术运动的高潮,走向下一个阶段的策展现实。例如1969年,策展人兼机构主理人蓬杜·于尔丹以洛特雷阿蒙(Comte de

Lautréamont)的名言"人人可以写诗歌！人人可以改变世界！"为题，在斯德哥尔摩现代艺术博物馆内举办了一次事件性展览。这个展览尝试将具有革命意识的团体和前卫艺术实践相结合。展览现场没有原作，只有一面墙壁，任何个人或团体都可以往上张贴自己主张的信条以及口号、诗句等。1971年他又策划了"乌托邦和空想家：1871—1981"的展览。这次展览在露天空间举办，部分展览是为了纪念巴黎公社百年，室外有模仿当年生活的工作区、交易区、学校等社会环境。博物馆内则有一个印刷厂，提供给观者印刷自己的海报和创作，将图片和画作夹在树杈之间。展览在工作室区域安装了一台电报机，随时提供给人们发送电报给东京、孟买、纽约的人，向他们互动提问。每个参与者都必须描述1981年（即10年后）世界的样子。整个展览都像是在不断和观众发生共谋的事件，每天都有不同的情况及内容生产出来，一切不确定成了新的艺术期待。展览变成了遭遇，个体在这里得到了最大限度的自由。这也正是当年策展人从不断试验中总结出来的策展方法。另外一个最好的例子来自史泽曼所提出来的"百日事件"取代"百日博物馆"的概念。第五届卡塞尔文献展中，策展人将展览现场变成事件不断发生的现场。尽管展览理念并非以最激进的形式呈现，但在整个"百日事件"活动里，一系列以行为艺术形式激活的作品仍然成为展览亮点：其中有约瑟夫·博伊斯的"全民公决直接民主组织"（*Organisation für direkte Demokratie durch Volksabstimmung*）、吉尔伯特和乔治（Gilbert & George）的作品、本·沃捷（Ben Vautier）的《活体雕塑》（*Living Sculpture*）、詹姆斯·李·拜尔斯（James Lee Byars）的《呼唤德国人的名字》（*Calling German Names*）、简尼斯·库耐利斯（Jannis Kounellis）的小提琴家和芭蕾舞者的表演。

其实，还有很多策展实践方法也已在这一时期出现，例如前文所涉及的跨知识领域的策展方法，即通过建筑、设计、科技的方式一起探讨解决策展问题写作的方法就是重要的方法。此外，如史泽曼建立自己的档案工厂，长期收集、梳理、收藏艺术家工作的素材、研究过程、文献以及作品等。策展人依此形成了可以不断提供思考问题的知识库，也是不断轰击经验感受的记忆库。然而方法再多，也无法在此刻固化策展的实践方式，作为学科的边缘、思想的边界，策展实践才刚刚为后来的人们提供艺术的能量。

第四节 作为文化输出的当代策展

一、内传外输的全球化艺术语境

和资本主义的发展阶段如出一辙,当后现代艺术的观念形成到一定阶段时,往往在欧美世界中就会形成溢出的局面,那些流出的部分,注定要注入它不曾去过的地方。1984年,纽约现代艺术馆举办轰动一时的展览"20世纪艺术中的'原始主义':部落与现代的联系"("Primitivism" in 20th Century Art: Affinity of the Tribal and the Modern,下文简称"原始主义展览")。[1]"非西方"(non-western)概念的逐步凸显,在文化群体或民族共同体看来,1978年出版的萨义德《东方学》中的"东方主义"(Orientalism)带着"后殖民"的争议和批判成为其重要的文化讨论的内容。20世纪初,大量介绍"非西方"的艺术展览通常是由博物馆举办的,其策划方向都带有一些异国风情与特殊的民族主义。此外,以西方为中心的艺术价值观也暗含着某种文化殖民的特征。同年,艺术史家阿瑟·丹托发表文章《艺术的终结》,从艺术的历史观来诠释当代艺术的语境,希望弥合艺术品和非艺术品之间的关系。在这样的理论背景下,策展人

---

[1] 详见罗伯特·戈德华特.现代艺术中的原始主义[M].殷泓,译.南京:江苏美术出版社,1993.

威廉·鲁宾（Willam Rubin）判断西方的视野即将以后现代的视角转向东方，去除传统的文化假想。"原始主义展览"分为"观念""历史""当代开发""关系"四个单元。展览中的"原始主义"被作为讨论的核心，重新给予西方人看待"非西方"文化艺术现象的态度。展览融入了影像艺术和行为艺术，形成了对当代艺术语境的探索。策展人认为这些"非西方"的物品和西方语境内的现代艺术并置，其实是对"非西方文化"做出了一次平等性的判断。"非西方"出现在非博物馆体系的展览空间，向观众提出更高的要求，希望他们能够具有反思性的文化态度。然而"原始主义展览"也遭到了抨击。他们认为策展人仅仅是把"非西方"的艺术作为支撑西方现代主义艺术的材料和推动艺术现代性发展的一个因素，展览并没有带来"非西方"地域和文化的独立性面貌，更没有对它们的自主性和在地性提出思考。批判者认为，这种策展的理念就是粗暴地将第三世界的艺术作品强行纳入西方现代主义体系当中，是一种后殖民文化的体现。

总的来看，本次展览有积极的意义，那就是它试图将"非西方"的艺术内容以最"亲切"的、可理解的方式展示给西方观者，并尝试从艺术史的形式与风格中找到理由，这确实是一次大胆的尝试，但是展览带来的反思确实毋庸置疑。展览并没有还原"非西方"艺术发展的真实面貌，没有找好正确客观的切入角度，使得"后殖民"批评理论家们找到了可以批判的理由。但整个文化的趋势已不可逆转，在大的全球化经济建立的开始，我们有理由相信"西方中心主义"所带来的争议将推动策展研究和实践的未来方向。

1989年4月，就在柏林墙即将倒塌的前夕，法国蓬皮杜艺术中心举办了名为"大地魔术师"的展览，策展人让-于贝尔·马尔丹（Jean-Hubert Martin）大胆地邀请了"非西方"艺术中心的艺术家参加展览，将这些期待进入当代艺术语境的各国艺术家们"请了进来"。此后，面对冷战的结束，当代艺术语境迅速扩散而全球化，其策展仿佛也成了迅速在不同国家文化语境中构建西方艺术玩法的实践"事件"。这次展览也是彻底回应1984年MoMA举办的"原始主义展览"。策展人构建"大地魔术师"展览用以反击当代艺术界广泛的种族中心的实践。展览站在以霍米·巴巴（Homi K.Bhabha）、加亚特里·查克拉沃蒂·斯皮瓦克（Gayatri Chakravorty Spivak）为"后殖民"批评的理论之上，寻找非西方艺术区域艺术的呈现与客观研究，找到其独立的文化身份。

"大地魔术师"是世界展览史上具有历史转折性的展览。策展人马尔丹敏锐地感受到大的国际环境的变化，资本主义阵营的全面胜利背后却带来了文化上的殖民危机。所以这个展览的发生是具有极高时代性价值的。当代艺术的生产与机制在这个展览前后产生了多方面的变化。展览以"展出50%的西方艺术家和50%的非西方艺术家作品"的方式试图纠正"100%的展览忽略了地球的80%"的问题。在参展时所有参与者均在世，是一个"真正的"当代艺术事件（图1-9）。"大地魔术师"标志着与以前非西方作品展览的差异，非西方艺术家是作为个人呈现的，而不是像通常那样按地理区域或时间段呈现的。所有作品去除了其功能性，还原了其作品形而上的思想和观念。在收集全球各地艺术家的过程当中，策展人马尔丹尽可能客观且自由地进行了沟通，他不以主题作为限定，不以文化假设作为前提。据著名中国策展人费大为回忆，马尔丹当时在法国和他见面时，激动地要求观看他带来的1200多件中国艺术家资料。在法国文化部长时间的交流与对话中，马尔丹了解了中国当时前卫艺术的发展情况，随后他立刻前往中国，实际地感受中国先锋艺术生态，最终选择了三位艺术家（黄永砯、顾德新、杨诘苍）参加展览。策展人在这里极力希望建立尊重"非西方"的立场与态度，通过和巴黎的人类学者、人种学家沟通，接触不同的艺术家个体，重新构建了自己与"非西方"艺术家们建立认同关系的文化语言基础背景，更有效和客观地选择参展作品及艺术家。一种前所未有的"无中心主义"展览策划立场被逐步确立了。马尔丹和他的策展团队的尝试旨在颠覆欧洲中心主义在艺术表现力方面的错觉以及从殖民时代继承下来的世界图景。此次展览邀请了中国、韩国、日本、澳大利亚、海地、刚果、南非等多地区多民族

第一章 作为呐喊的源起

图1-9 1989年"大地魔术师"展览现场
（图片来源：法国蓬皮杜艺术中心）

的艺术家。每件作品都需要强大的文化认知背景才能完全理解。展览现场，作品和作品之间产生了从文化到文化的转移，观众需要在不同的文化间行走和感受。他们找寻不到策展人的明确态度，但策展人一直在强调以艺术知觉作为方法去替换主观的文化判断，这是一种社会学调研的方法，也是跨知识领域策展的方式，这也是他交给观者最好的角度。

尽管如此，"大地魔术师"展览还是备受争议。虽然策展人极力希望引导人们从激进的二元中心论的对立视角中走出来。然而事与愿违的是本次展览的文化区域范围以及艺术讨论的前提已经决定了它的属性与姿态。一方面，从后殖民的角度来说，它被认为是西方当代艺术对所谓"边缘地区"艺术家傲慢的选择、接受与容纳，是对欧洲中心化的艺术体系的强化。西方与非西方参展艺术家数量的严格平衡是一种相对表层化的、笨拙的处理方法。并置并未形成平等与交流。另一方面，它遭遇欧洲中心主义保守者的厌恶，引发激烈的愤怒与冲突。在事实层面上，

"大地魔术师"展览改变了包括黄永砅、侯瀚如在内的多个艺术家与策展人的艺术发展与生活轨迹。中国艺术家们开始真正地观看西方当代艺术的发展脉络与现实,他们也成了第一批进入西方当代艺术体系的艺术"创业者",向西方展示中国特殊时代下的艺术情境与创作面貌。然而,展览对他们的另一面影响在于当代艺术敲开了中国文化封锁的大门,彻底接轨西方语境的艺术话语。作为西方的猎奇符号,大量怀着热情、激动情绪的中国艺术家们成了西方当代艺术的粉丝,也成了他们资本运作和文化强制的对象。全球化当代艺术的语境就在"请进来"的过程中发生了同化现象,包括中国在内的不同国家文化都去在地性的走向中统一了艺术"玩法"。这并不是"大地魔术师"展览想要看到的结局,但它仍然开创了当代艺术的一个新的局面,当代艺术和策展成为西方文化输出的"脚本",一并而来。

二、当代艺术策展的国际话语

当代艺术策展在20世纪90年代后期,迅速在世界的不同地区形成了有效"扩张"。各个国家开始设立当代艺术机构,举办年展,曾经在20世纪60—70年代崛起的艺术家和策展人,借助这种全球化艺术语境建构的背景,不断在各种各样的艺术项目中完成自己的艺术实践。但在其背后的现实是这些艺术实践的全球化带来某种西方文化话语权的不断扩张,一方面为各个国家建构后现代性的艺术生态,另一方面潜移默化地消解掉了在地性独有文化的自然生态。这种影响是从个体到群体逐步扩大,是不可逆的。当代艺术策展在这里起到了推波助澜的作用。他们用几十年间欧美系统下发展出来的策展实践方法,迅速地在各个地区形成了"模式",成为一种单向的"文化输出",影响着非西方中心区域的艺术。其中,中国的当代艺术正是在这样的背景下,不可掉头地走向了和时代碰撞的现实。

早在蓬皮杜艺术中心的"大地魔术师"展览讨论"非西方"语境建构

第一章 作为呐喊的源起

的问题之前,1984年,在遥远的古巴,第三世界第一个旨在展示艺术实验的展览——哈瓦那双年展就建立起来了。古巴政权出于政治诉求启动了双年展,组织涉及如此多国家和艺术家的活动必然不可能保持一个有局限性的马克思主义意识形态框架。因此,双年展被构想为一个开放空间,超越意识形态或纯粹政治问题,来自非洲、亚洲、加勒比海地区、拉丁美洲、中东的,以及来自这些地区在欧洲和北美洲离散群体的艺术家、评论家、策展人和学者在此可以相互结识,形成了某种意义上的乌托邦。首届哈瓦那双年展由政府的视觉部门负责,而从第二届开始,林飞龙当代艺术中心(Centro de Arte Contemporáneo Wifredo Lam)成了展览的操办机构。双年展采取策展人制度,由林飞龙当代艺术中心提供5—6位专业的策展人对展览进行策划组织工作,并且在多届的双年展中接纳外部策展人加入团队之中。策展团队采取区域分包制度,每个人负责各自的地区艺术调研和推荐工作。最后通过提交报告和会议讨论的方式决定参展艺术家。哈瓦那双年展吸纳了各种不同的艺术力量,配合双年展的执行工作,大量在地的艺术家、群体组织、商业机构等也在双年展开展期间形成多种多样的艺术活动。策展团队开始邀约非西方中心的艺术家参与展览,他们大多来自第三世界。1986年的第二届哈瓦那双年展获得了第三世界艺术家的广泛支持。它是首个全球当代艺术展:庞大、不规则、混乱的50余个展览及活动中展示了来自57个国家690名艺术家的2400余件作品。到了1989年,古巴艺术家超越了政府可以容忍的边界。他们对古巴社会的批评和对官方修辞的解构过于激进,因此受到压迫。双年展在90年代保持了一些最初的特点。但双年展逐渐沦为众多标准化国际艺术展中的一员,未能激活创新或实验新的手段策略,其原因可部分归结于一个积极的乌托邦的消逝,虽然哈瓦那双年展不在西方资本主义社会的框架下举办,但从策展体制上可以看出,当代艺术策展机制已经是国际化输出,非西方语境下的策展也逐步开始纳入全球化、一体化的格局中来。

此外,关于当代艺术策展国际化的讨论不能脱开的案例便是威尼斯双年展的全面国际化。经历了近100年的发展，威尼斯双年展已然成为全球规模最大的艺术展览，摆脱了早期对传统艺术和现代艺术的依赖，开始具有后现代的实验先锋气质。再加上其特殊的国家馆的展览组织机制，威尼斯双年展成为当代艺术策展理念国际化的重要推手。第45届威尼斯双年展，策展人阿基莱·伯尼托·奥利瓦（Achille Bonito Oliva）针对当时特殊的社会现实问题，面对苏联解体，社会主义阵营的瓦解，通过展览重新寻找"艺术的基本方位"[1]。双年展之规模可以说是极为庞大的。在奥利瓦的意大利馆展览中，他策划了"东方之路"的展览，这源于他之前来中国考察后对中国当代艺术的兴奋。与此同时，他的联合展览策划中，有3个和中国当代艺术家有关联，分别为"东方之路""开放""旅行的宝藏"。中国部分的联合策展工作由栗宪庭担当，参展艺术家包括王广义、方力钧、刘炜、徐冰、喻红、李山、耿建翌、丁乙等30多位。展览以一个群体性视角来介绍中国前卫艺术的生态概况，这批1989年之后的新潮艺术家登上了国际舞台。同时，威尼斯双年展也通过他们将当代艺术创作方法及策展理念输出到了中国。策展人奥利瓦通过意识形态上的转向，让西方人从冷战后的文化思维中眺望中国前卫艺术，带着大量西方资本前往中国。但很明显，奥利瓦选择中国艺术家的时候，运用的还是西方当代艺术运作机制，受到资本利益和商业化的影响，而这种机制也随之进入中国当代艺术生态中。1995年和1997年，这两届威尼斯双年展的规模愈来愈大，中国艺术家参展的条件与机会愈来愈充足。1999年和2001年哈罗德·史泽曼成为威尼斯双年展连续两届的总策展人。"全面开放"和"人类的舞台"作为两届展览的主题内容，给予了中国艺术家参与其中的重要机遇。特别是第48届威尼斯双年展，史泽曼一口气邀请了19位之多的中国当代艺术家参加展览。这也是他少有的和非西方语境下的艺术家合作的案例。值得一提的是，当时旅居美国的中国艺术家蔡国强的作品还当场拿下了1999年威尼斯双年的金狮

---

[1] 阿基莱·伯尼托·奥利瓦. 艺术的基本方位（上）[J]. 世界美术, 1994(3):49-52.

奖。同时，黄永砅在1999年也以个人身份参与了法国馆的展示。反向来看，正是这两届威尼斯双年展，中国当代艺术界也开始了解哈罗德·史泽曼，对其奠定的当代艺术策展实践之路进行研究，并影响之后的中国当代艺术发展。第49届威尼斯双年展也是哈罗德·史泽曼策展，他以"人类的舞台"为主题，暗示全球化语境的形成，以及对各个地区艺术发展现实的眺望。展览中蔡国强、萧昱、徐震都以不同形态的内容推进了中国艺术家的面貌展现。与此同时，香港馆的策展人由张颂仁担任。2003年，威尼斯双年展总策展人弗朗西斯科·波纳米（Francesco Bonami）以"梦想与冲突：观看者/观察者主宰"为展览主题，并迎合主题改变了策展结构，邀请全球各地的联合策展人共同工作，以呈现不同角度的观察与社会进程的内容，其中就包括中国策展人侯瀚如。他这几年来一直和汉斯·乌尔里希·奥布里斯特在全球各地举行"运动中的城市"系列展览。该展览致力于展露各地文化的在地性现状及当代艺术的全球化趋势之间的融合与冲突，以中国本土城市化发展进程中的问题作为主旨，构成展览"紧急地带"。展览基本形成了对西方当代艺术策展国际化方法论的展现，从问题意识到西方视角，中国的社会问题被策展完全暴露出来。此外，本次展览中的香港和澳门分别独立展出，又建立了一座"被输出的文化丰碑"。直到2003年，威尼斯双年展中国馆的建立，西方对中国当代艺术的体系输出基本完成。费大为主持的尤伦斯基金会成为中国馆最大的赞助团体。2005年中国馆的策划由范迪安担任，策展人由蔡国强担任。参与的艺术家有50年代出生的当代艺术中坚力量，以及70年代出生的青年艺术家群体。这也标志着中国当代艺术运转机制已经逐步成型，与国际当代艺术语境完全接轨。

在另一个大型国际展览的发展脉络中，作为文化输出的当代艺术，也有了新的面貌。著名策展人、教育家、批评家奥奎·恩维佐（Okwui Enwezor），尼日利亚的原住民，成为卡塞尔文献展历史上第一个非欧洲裔的艺术总监。这使千禧年之后的第一届卡塞尔文献展首次在真正意义上涵盖了全球化时代的后殖民话语。"第十一届卡塞尔文献展基于五个讲台，旨在描绘文化当前所处的位置以及它与其它复杂全球化知识系统的接口。"[1]因此在卡塞尔的展览是奥奎·恩维佐和其策展团队所提出理念的第五个也是最后一个讲台。策划团队由卡洛斯·巴索阿多（Carlos Basualdo）、尤特·米塔·鲍尔（Ute Meta Bauer）、苏珊娜·盖兹（Susanne Ghez）、萨拉·马哈拉吉（Sarat Maharaj）、马克·纳什（Mark Nash）和奥克塔维奥·察亚（Octavio Zaya）组成。在展览中呈现的许多艺术作品以不同的方式吸收了这些主题和其他具有全球意义的议题。基于"艺术是知识的生产力"（Art Is the Production of Knowledge）的前提，许多项目实质上都是纪录片。第十一届卡塞尔文献展最值得称道的成就，正如沃尔夫冈·伦克（Wolfgang Lenk）在他的文章中所说，在于展览质疑了"西方展览场景中对不言而喻等级关系的关注"，否定了"西方对'外来事物'所持异化观念"的合理性，并且将那种观念直面其他与我们设想相悖的艺术行为……'外来者'曾经是我们瞪着的对象——现在他们正在回望"[2]。卡特琳·大卫在1992年铺设的视角转换之路现在在这里终于完成了。值得关注的是，中国艺术家冯梦波和杨福东参与了此次展览。可以说奥奎·恩维佐对策展史的影响仅次于史泽曼，其非洲裔身份，使得策展的政治性具有独特视角。在当代艺术与"非西方"两个语境中不断穿梭的他致力于真正地将第三世界的艺术现实与创作带入西方文化话语权中进行博弈。他的研究领域涵盖了视频和摄影、档案学理论、新闻摄影和博物馆的历史。除此之外，他还研究了移民、后殖民主义、后殖民的非洲城市化等理论。1994年创办了*NKA*，即由杜克大学出版的非洲当代艺术杂志。他是作家、评论家、编辑，还是杂志的定期撰稿人，同时在世界各大报纸和杂志上发表文章、参与访谈。他对西方独一无二的"卓异主义"给予挑战和质疑，原本独立的"非西方"文化正在逼近，催生当代艺术的发生真正进入后西方时代。他将策展的对象拓展到了非西方的语境下，让更多非西方文化背景下的艺术家得以具备参与当代艺术的

---

[1] 奥奎·恩维佐.卡塞尔文献展[DB/OL].http://documenta.cafa.com.cn/documenta11.
[2] 奥奎·恩维佐.卡塞尔文献展[DB/OL].http://documenta.cafa.com.cn/documenta11.

权利。恩维佐创建了一个正面战场，让西方当代艺术和非西方文化语境对冲，文化输送成为双向影响，马尔丹所要做的事情，在他这里部分得到了伟大的完成。

此外，这一时期，被誉为世界三大视觉艺术年展的巴西圣保罗双年展也一直是当代艺术策展向外文化输出的前沿阵地。圣保罗双年展开始于1951年，由意大利企业家奇奇洛·玛塔拉佐（Ciccillo Matarazzo）创立。1957年，第四届双年展开始，展览固定在建筑师奥斯卡·尼迈亚（Oscar Niemeyer）设计的展馆举行。年展模式依旧参照威尼斯双年展组织形式，也由国家馆和国际展、巴西本土艺术三个板块组成。在经历20世纪60—70年代政治动荡过后，双年展又重回正常轨道中来。1981年和1983年策展人沃尔特·扎尼尼（Walter Zanini）策划了两届圣保罗双年展，他改变了原本接待国外选送的展览选拔作品机制，成立以策展人、批判家为主的国际委员会来负责选择不同地区和文化背景的艺术家（1989年后，此制度又一次被取消）。

1993年，伊丽莎白·苏斯曼（Elisabeth Sussman）参与策划的1993年惠特尼双年展则在政治性上更进一步。当观者步入展览便会看到帕特·沃德·威廉（Pat Ward William）的五名黑人青年的摄影壁画，上面涂鸦着"你在看什么"的字样。他们收到了由丹尼尔·约瑟夫·马丁内兹（Daniel Joseph Martinez）设计的博物馆标签，上面写着"我无法想象自己想要成为白人"（I can't imagine ever wanting to be white）。在展览中，女性与同性恋艺术家的作品格外精彩，珍妮·安东尼（Janine Antoni）和马修·巴尼（Matthew Barney）则展示了挑衅性的人体艺术，佩蓬·奥索里奥（Pepón Osorio）以场景作为作品，赛迪·本宁（Sadie Benning）则播出了一部女同性恋者的电影。正如罗伯塔·史密斯（Roberta Smith）在《纽约时报》上所写的那样，这场展览"与其说是关于我们时代的艺术，不如说是关于时代本身"。在同一家报纸上，评论家迈克尔·金梅尔曼（Michael Kimmelman）的看法不那么微妙："我讨厌这个节目。"自那以后，该展被公认为是展览历史上有先见之明和扩大意识的展览之一。

1996年，首届欧洲宣言展（Manifesta）举办于荷兰鹿特丹。首届宣言展由海德薇·费仁（Hedwig Fijen）和朱莉·范·列文（Jolie van Leeuwen）负责，作为宣言展的第一届，它在荷兰鹿特丹的16个不同的博物馆和36个公共场所举行。展出的所有作品都是为这次活动特别制作的，许多参展艺术家都是他们职业生涯中第一次在国外展出作品。大量艺术家继续在欧洲和美国的公共和商业画廊进行广泛展览，并参加威尼斯双年展等重大国际活动。本次展览的一个新颖之处——被随后的宣言展所采用——是强调艺术家、策展人、不同学科代表和公众之间的合作工作。

在当代艺术策展全球扩张的阶段中，"运动中的城市"（1997—1999年）由汉斯·奥布里斯特和侯瀚如共同发起，占据着重要的策展实践历史地位。该系列展览是一个讨论东亚及东南亚地区在20世纪后期的都市化状况及城市文化的重要展览，有超过150位建筑师、艺术家、电影导演及设计师参与的展览旨在呈现"东亚及东南亚"地区中灵活多变而富有创造性的建筑、城市设计及视觉文化，而将之视为此地区中现代化进程的最强烈的宣言。展览的策展理念大量参照城市理论，并通过与建筑师的合作，意图在展览空间中建造一个不断变化的小型城市，让表演、放映及讨论等各种活动在展览期间不断发生。也由于这些颇具开创性的做法，"运动中的城市"被视为当代策展史上的一件重要事件（图1-10）。"运动中的城市"最先在维也纳分离派展览馆展览（1997年12月到1998年1月），然后巡回至波尔多CAPC当代艺术馆（1998年6月至8月）、纽约P.S.1（1998年10月至1999年4月）、丹麦路易斯安娜现代艺术博物馆（1999年1月至4月）、伦敦海沃德画廊（1999年5月至6月）、曼谷（市内多个地点，1999年10月）及赫尔辛基奇亚斯玛当代艺术博物馆（1999年11月至12月）。系列展览带来了不同文化身份之间的批判性思考，通过当代艺术策展方法把当代艺术的存在性内涵传递给不同地域。

在亚洲另一土地上，当代艺术展览也在发生。1995年光州双年展

图 1-10 1997—1999 年"运动中的城市"展览现场
（图片来源：英国海沃德画廊）

以规模庞大、资金雄厚的客观条件吸引来自全球各地的当代艺术创作群体。韩国政府给予这项活动的经费平均每届约1200万美元，只有卡塞尔文献展的预算可以与之相当。光州双年展是亚洲第一个具有国际视野的当代艺术双年展，首次从西方邀请了大牌策展人和一些重要的艺术家。这次双年展是空前成功的——不仅受到韩国国内一般观众的普遍支持与热烈参与，更获得了国际专业艺术圈的高度评价。光州双年展由在西方当代艺术界引起巨大反响的韩国影像艺术家白南准参与组建，"超越边界"（BEYOND THE BORDERS）作为首届光州双年展的主题引起轰动。1980 年5 月在光州发生了一场针对市民游行与军政冲突的历史悲剧事件，史称"光州惨案"。这也让光州双年展的出现蒙上了一些政治性色彩。它改变了一座城市的定位和发展方向，同时也引领了韩国当代艺术的走向。无可厚非，光州双年展作为重要的亚洲双年展，从组织机制、资金背景到展览策展内容都是西方当代艺术文化输出的模板，邀请非西方艺术家往往也是运用当代艺术的观念创作方式，针对本土社会现实问题进行西方式的生产，这就是典型的当代艺术语境全球化输出的结果。全球基本无一幸免地构筑了统一的西方后现代艺术逻辑。

另外，随着全球文化交流的不断深入，大量介绍西方当代艺术的展览也不断发生于非西方的艺术土地上。瓦尔特·扎尼尼（Walter Zanini）曾经回忆道，早在20世纪60—70年代，阿根廷和巴西就有观念艺术大展，其中还有英国巡展到布宜诺斯艾利斯。露西·利帕德也于1971年在阿根廷举办女性主义大展。而在中国，如果说1980年前，艺术家要了解西方发生的重要艺术资讯，必须通过画册等书籍来间接了解的话，此后，一些西方现代性艺术展览的落地，给了前卫艺术家以重要"福利"。1978年，"法国19世纪农村风景画展览"在北京、上海等地展出，这次展览带来了19世纪以来法国浪漫主义、古典主义、现实主义、巴比松画派、印象派等作品。这个展览首次让国内的艺术家全面了解了西方现代绘画的历史情境与技法，为接收当代艺术语境做好了一次准备。1981年，美国"波士顿艺术博物馆美国名画原作展"分别在北京的中国美术馆和上海博物馆举办，时为美国总统的里根为展览致欢迎词。作为美国现代艺术文化的输出项目，波士顿艺术博物馆馆长兼亚洲艺术部主任方腾为中国观者梳理了从1620年至1980年的美国艺术作品。这些原作给当时国内艺术家带来了视觉冲击，特别是从1945年以来的美国艺术板块中，包括朱尔斯·奥利茨基（Jules Olitski）、莫里斯·路易斯（Morris Louis）、汉斯·霍夫曼（Hans Hofmann）、杰克逊·波洛克（Jackson Pollock）、阿道夫·戈特利布（Adolph Gottlieb）等在内的大量先锋艺术家作品。展览详细介绍了这些艺术家创作理念、方法以及现代艺术的术语和研究历史。这次展览成功地让中国改革开放后的一批嗷嗷待哺的艺术家获得了强大力量，在未来习得西方当代艺术语言方法中，做好了准备。1982年，在北京民族文化宫举办了德国表现主义版画展。这次展览让当时的中国观众了解了关于"表现"在德国的具体表现。画展激起了青年艺术家们关于"自我表现"的讨论，学院教学中，艺术家的主动表达也成了作品内容的大趋势。随后在1985年底,经历了1982—1983年的中国之旅后,罗伯特·劳森伯格借助其巡游方式展出的拼贴作品,连续在中国美术馆和西藏展览馆展出。"劳生柏作品国际巡回展"一度被视为对中国当代艺术影响最大的展览之一。它不仅对当时中国整个前卫艺术界产生了轰动效应,更加催生了"八五美术新潮"运动的出现,其作品影响了包括黄永砅、应天齐等在内的多位艺术家。这次以个人艺术行为所带来的当代艺术策展输出,进一步推动了中国当代艺术创作的迸发。20世纪90年代,德国表现主义油画进入中国。比如中国美术馆举办的彼得·路德维希(Peter Ludwig)捐赠藏画展,其中有新表现主义的多件作品,特别是安塞姆·基弗(Anselm Kiefer)。这些作品让艺术家们有了新的觉悟,中国当代艺术家们开始奔向不同的实验路径,寻找艺术的出口,在学习中形成自己未来的当代艺术的独特语言。

回头看,我们很难想象,中国16世纪的艺术家们看到德意志艺术家丢勒作品时的面容反应,但时代已然不同了,中西在艺术上的遭遇通过策展带来的展示文化形成了必然的碰撞。接下来的历史命运将艺术涂上中国的主色调,而策展人从萌发到崛起,将营造展览价值深入艺术创作先锋的事实。

第二章
– 问题的策动与景观的策划 –

第二章 问题的策动与景观的策划

随着社会主义进入新的发展阶段，中国的文化艺术事业开启了新的时期。自由表达社会生活的新渴望不断冲击着艺术家和理论家们，他们毫不吝啬自己的热情，全身心投入艺术的各种可能性当中。他们的诉求与西方当代艺术的艺术内涵发生了某种莫名的契合，顺理成章地迅速形成了现代艺术的艺术生产氛围。然而在当时整个艺术环境下，人们要面临很多急需解决的问题。例如如何理解西方当代艺术创作逻辑、发展脉络、生长环境与现实的中国原有艺术生产模式间的转换等，都需要艺术实践者们在摸索中予以解决、回答。这些还包括对展览生产和存在价值的判断，这也直接影响了策展理论和实践的发展。

改革开放前，中国的艺术展览基本上是由官方组织发起的，其展览展示性特征都是在苏联美学框架下完成。其内容以统一的社会意志为基础，同一艺术语言为方法，坚持集体主义价值观为导向。艺术作为社会经济建设的精神辅助，承担着重要的政治性功能。

而改革开放后，艺术展览拥有了不同受众群体与不同艺术生产者的独立艺术展示方式。面对真正到来的文化公共性，艺术展览需要有新的生成方法来构筑大众的精神生活。然而大量官方艺术博物馆和美术馆中缺少和西方策展实践发展的厚重现代性艺术积淀，也没有具有当代先锋意识的策展环境，突如其来的发自中国内部的各种新艺术表达的诉求，自然而然地会选择借力于学习西方当代艺术，方可以逐步建立起来。在这个持续了近40年的过程当中，可以发现需要独特的策展问题的历史形貌。面对被"推着走"的策展实践在中国几千年无公共空间之事实，无公共文化"事件"之现象，如何构建策展下展览事件的价值，无疑是时代赋予策展人的历史责任。

从20世纪80年代策展行为的萌发，到如今策展成为固化的文化职业，策展从反思批评中国社会中思想和文化艺术的问题出发，走向了如今成为构筑社会娱乐消费场景化的问题，让我们彻底感受到了"策展问题"到"问题策展"的历程。而在不同阶段，策展实践者希望通过策展来追寻不同的展览价值，在价值生成中决定策展方法的使用及策展思想的凝聚。这些价值存在于每一个策展脉络的案例中,在其相互作用下,我们方可见到真实的中国策展历程、策展人对于时代的策展选择。

第一节　觉醒的艺术态度

一、自觉的策展行为

1979年9月27日，中国美术馆的门口举行了一场特别的展览。由黄锐、马德升等人在1979年春天发起，怀着对当时社会生活思想自由和解放的憧憬，带着对艺术语言新形式的无限探索，带着政治性批判意识的强烈表达，展览组织者和艺术家们在中国美术馆围墙外举行了露天展览。这是中国现当代第一次大规模的现代主义展示运动，是一次自发的、有策划性的展览"事件"。自此，策展在中国的发起本身就带着艺术运动的"事件"属性走上了特殊的道路。这熟悉的场面像极了19世纪60年代在法国沙龙展厅外的展览，同样是对艺术新语境话语权的批判与反思，也让我们感受到了历史高度重合的瞬间。尽管中国美术馆同意"星星美展"在馆内举办，但由于场地不足，只能提供来年的展览档期，艺术家们故而选择露天办展。这场展览有23人参展，大多数为业余的青年艺术工作者，共展出了163件作品，涵盖了油画、雕塑、版画、国画等艺术形式。"星星画会"[1]的这次展览策划本质是自发性的，组织者并没

---

[1] "星星画会"指20世纪70年代末出现在北京的一个实验艺术群体。他们以自我表现和自由情感创作为艺术观念，具有现代主义艺术实践风格，是特殊历史环境下形式的重要的艺术启蒙式团体。

有提出具体的艺术理论、思想表述和问题意识,也没有给予策展展示上的具体要求和方法,所以它与策展实践在中国的形成还有一段距离。但是,这次展览具有启蒙性的追求以及批判性的本质,拉开了中国现当代艺术历程的序幕。艺术家们所提倡的"形式美""抽象美"与"现实主义"之争,"自我表现"与艺术本质之争成了构筑当代艺术理论的原动力。时为批判家的栗宪庭在1981年的《美术》杂志上以《现实主义不是唯一正确的途径》一文为本次展览所带来的问题意识证明态度,强调新的艺术到来要与人民精神发展进程同步,这次展览也揭开了20世纪80年代中国现当代艺术十年里"群体主义"高潮的序幕。

进入20世纪80年代,从"星星画会"开始,"无名画会"及全国各地的油画研究会陆续出现,全国各地思想解放、文化人文主义启蒙思潮来袭,艺术家、批评家、艺术史家们从思想、文学、艺术和政治等多个角度讨论中国当下的艺术方向,并发起了一次次的群体性艺术运动,而展览策划是展示性表达的一部分,"八五美术新潮"运动就是整个时代艺术思想的高潮。承接"星星美展"带来的开放性文化艺术发展的大讨论,也有自己的内核意义。理论家、批评家作为艺术理论支撑,带来了西方现代主义各种理论思想,为运动的实践创造给予参照与支持。这套理论系统和中国本土的文化意识系统发生碰撞,完整地发展出自身的一套推进未来当代艺术发展的思想体系。理论中有黑格尔的时代精神,也有叔本华和尼采的绝对意志,同时还有萨特的存在主义及达达主义带来的西方解构主义理论。在北京,王广义、舒群等组织成立了"北方艺术群体"(1984年);在杭州,张培力、耿建翌、宋陵等建立了"池社"(1986年);黄永砅、蔡立雄等在厦门成立了"厦门达达"(1986年);毛旭辉、张晓刚等在云南成立了"西南艺术研究群体"(1986年);魏光庆、李邦耀等在武汉成立了"部落·部落"艺术组织(1986年);徐累、丁方、沈勤等在南京成立了"红色·旅"艺术群体(1986年)。这些现在

"星星画会"在1979年和1980年分别举办了画展,在当时就激起了巨大的社会反响,由此开辟了中国当代艺术的道路。

听起来耳熟能详的艺术群体,开启了崭新的新潮艺术面貌。

在之后的十年间,这些群体组织的展览和艺术项目形成了中国展览史上最强烈的色彩组合。1983年"厦门五人展"及"上海首届青年美展",1985年"'85新空间画展""新具象画展",1986年"徐州现代艺术展""南方艺术家沙龙第一回实验展""太原现代艺术展""湖北青年美术节"也相继举办。除此之外,1986年"珠海会议"[1]以及1988年"黄山会议"[2]也成了这场运动中理论和实践讨论的重要事件。这是一次"华山论剑",它完成了艺术界在思想上的碰撞,从某一个层面来说,也为策展行为的完善进行了思想准备和实际探索。每个群体都有自己所秉持的艺术态度和理论导向,如:"北方艺术群体"提倡"理性绘画";"厦门达达"则崇尚"达达主义""解构主义",反对既有的文化内容等。同时,他们对于中国传统绘画及理论也提出了批判和反思。这就像起跑前的凝视,运动员们在"预备跑"的暗示下,选择不同的跑道,各抒己见,找寻中国艺术的出路。这时的艺术展览不仅作为事件不断地在全国各地"鸣响",运动中的群体也以新闻媒体作为发声平台,宣扬自己的现代主义主张。北京的《中国美术报》、武汉的《美术思潮》、南京的《江苏画刊》等都是他们"展示"思想观念的阵地。这里也诞生了如栗宪庭、李小山、高名潞、费大为、殷双喜、吕澎、朱青生、皮道坚、严善錞、范迪安、郑胜天等一大批执着的批评家、理论家。他们运用多维度的艺术理论视野和丰富的批评态度,构建了当时的中国艺术思潮内容,至今影响着中国的当代艺术。

从"星星美展"到"八五美术新潮"运动,我们从其展览和运动事

---

[1] 1986年,由《中国美术报》和珠海画院联合主办的八五青年美术思潮大型幻灯展暨学术讨论会于8月15日至19日在广东珠海市举办(史称"珠海会议")。参加会议的包括来自各地的群体代表,有王广义、舒群、张培力、丁方、毛旭辉、王川、伍时雄、曹涌、李山、李正天、王度、谭力勤等,可谓一次南北群体大聚会。详见艺术档案网史料论述,http://www.artda.cn/view.php?tid=2307&cid=15。
[2] 1988年11月22到24日高名潞在黄山市策划了"中国现代艺术创作研讨会",史称"黄山会议"。全国各地的百余名中青年美术家和理论家与会。会上展示、交流了近两年的探索性新作,并结合当时中国文化的发展及当代艺术家的思想观念、市场发展、艺术未来展开讨论,还围绕将于1989年2月在中国美术馆举办的"中国现代艺术展"和其他艺术活动提出了具体的意见和建议。详见高名潞.疯狂的一九八九——"中国现代艺术展"始末[J].倾向,1999(12):43-76。

件中发现策展作为自觉萌发的具体特点,一方面是作为在中国独一无二的历史现象存在,另一方面则是为后续策展理论和实践的发展起到了推动作用。这个时期的艺术运动主要以群体作为组织,无论是70年代末到80年代初的"画会"组织[1],还是"八五美术新潮"运动中全国各地的群体组织,他们都不以个人明确意志与观念为指引。群体性质的特征或许也是中国20世纪60—70年代特殊时期所留存下来的文化组织形式,具有特别认同关系的群体,其内部的认同机制在未来的策展问题意识建构中起到了重要的作用。从精神上有共同的思想"家园",发展到20世纪90年代在物理空间上形成群落式的组织生活及创作方式,切实完成了群体艺术组织和运动的深入。这种群体性的特点,使得展览在这一时期本质上是自发性的群体"事件"。"策展"是思想上的认同、艺术观念上的共同体行为。展览本身不是资本价值的体现,也不是展示价值的表达,更多的是怀有艺术理论讨论的阐释价值,以及建立、形成群体的认同价值。

这一时期的展览更是社会事件。策展的群体将空间延伸到社会公共空间中,他们关注社会问题、时代思想及现实,考虑人类命运或哲学真理。"策展"内容触及的是西方当代策展本质当中重要的"公共"属性,这些运动中的艺术事件从社会意义层面上看,与哈罗德·史泽曼的"态度展"并没有什么不同,只是个人意志和群体描述作为源头带来了不一样的策展方法论而已。这一时期的艺术展览与活动,大部分具有"抵抗主义"特征。对现存的艺术权威提出质疑和挑战,对既成事实的观念进行批判和反思,艺术不再是传统美学意义上的存在,而是进入日常社会生活,和现实发生关系,和个人经验发生链接。虽然这种表达更多的是带来一种宣泄色彩,但如今,思潮在中国燃起,这种批判和反抗精神带着介入社会现实的强烈愿望,让策展在未来走向了一种更加具有当代性的可能。整个运动带来的是超越形式和个人风格的观念,艺术精神和理

---

[1] 高名潞在黄专主编《创造历史:中国20世纪80年代现代艺术纪念展》收录的《群体与运动——80年代理想主义的社会化形式》一文中强调,早期画会的组织形式更像西方的沙龙,有自由交流的形式,却无共同的主张,和"八五美术新潮"运动的群体性组织有很大区别。

第二章 问题的策动与景观的策划

论性大于作品本身的形式语言，个体性审美被搁置。这一时期的展览也存在着对展示性的摒弃，展览本身的发生大于其展示现场的呈现意义，也不在乎艺术作品呈现语境的营造。对艺术出路的探索和社会观众的美育之间有深深的鸿沟。依托批评家和理论家在艺术媒体平台发表各自的主张，如《美术》《江苏画刊》《美术思潮》等杂志，理论和批评的写作成了主宰展览的重要"灵魂"。策展组织者们快速地构成了对展览意图的搭建，对展览背后的思想进行阐释，展览成为另一种评论文的写作，而作品仅是在场的凭证，展览的阐释价值被无限放大。

作为这场运动的谢幕，1989年"中国现代艺术展"在中国美术馆以其不寻常的方式带领中国后现代艺术进入新的阶段。当时展览的组织者成了确立中国当代艺术策展体系的重要策展人，而他们的实践则让我们认知到了展览本质价值与策展方法之间需要统一的历史经验。

1986年4月，持开放态度的靳尚谊等中国美术家协会成员邀请李山、张培力等人参加"全国油画艺术讨论会"，这是官方艺术权威对"八五美术新潮"运动的一次理解和接纳。同年8月，《中国美术报》和珠海画院共同主办了八五青年美术思潮大型幻灯展。经过3年筹备，高名潞既和时任中国美术馆馆长的刘开渠进行沟通，又前往中国美术家协会"约法三章"[1]，最终中国美协同意在中国美术馆完成一次前卫的青年艺术大展。1989年2月5日，中国美术馆"中国现代艺术展"在世人面前震撼启动（图2-1）。筹备委员会由高名潞负责，成员包括栗宪庭、范迪安、费大为、王明贤等人。组委会开始进行具体的分工[2]，展览展出了180多位艺术家的近300件作品，包括吴山专、谷文达、肖鲁、黄永砯、李山、唐宋、"厦门达达"[3]等未来引领中国当代艺术发展方向的众多重要艺术家

---

[1] 中国美术家协会要求展览组委会必须坚守几个原则：一是不许有反对四项基本原则的作品，二是不许有黄色下流的作品，三是不许有行为艺术。高名潞：解密89中国现代艺术展[M]//新京报.追寻80年代.北京：中信出版社，2006:178-182。
[2] 当时高名潞是展览筹划负责人，范迪安负责展览宣传工作，费大为则依据语言优势负责外联工作，孔长安负责艺术品销售，栗宪庭负责展厅的规划设计，唐庆年负责经费预算执行，王明贤负责行政日常事务。
[3] 1983年至1989年间，"厦门达达"活跃在中国厦门地区，受到"八五美术新潮"运动影响，

及群体。整个展览现场成了中国先锋艺术汇集的中心。具有不同理论主张、不同艺术创作形式、不同身份的艺术家和作品勾画出了混乱复杂的艺术现场,玩世现实主义、泼皮式等艺术流派相继出现。先锋艺术家在这个具有权威性的中国最高艺术机构内展出作品,其兴奋和表达欲望已经超越了艺术本体本身,策展的"失控"已然成为必然。"策划者"难以控制这样强烈的思想碰撞,未被邀请的艺术家及被美协"禁止"的行为艺术都出现在了展厅内。最终,展览因肖鲁枪击《电话亭》的行为而终止,戏剧化地结束了其划时代的历史使命。

图 2-1 1989 年"中国现代艺术展"现场
(图片来源:高名潞《中国当代艺术史》)

在"中国现代艺术展"之前,新中国的美术展览史大致区分为官方展览与民间展览两条线索,这两条线索在整个20世纪80年代始终处于相互排斥却又相互影响的状态中。"中国现代艺术展"是中国第一个由非官方组织、在艺术机构内部进行的大型展览个案。展览的经费由高名潞等人通过自筹的方式获得:北京一个公司资助了两万元,此外还有向《中国市容报》借的五万元,天津《文学自由谈》资助的一万元。由于那个年代没有商业资本干预艺术本体,因而艺术策展的纯粹性得以体现,参

以最为激进的艺术观念,批判传统艺术价值观,讨论艺术建制本体,对艺术史、艺术价值及其认知规则予以最初也最彻底的颠覆。其成员有黄永砯、林嘉华、焦耀明、俞晓刚、许成斗、蔡立雄、林春、陈承宗、李世雄等。

展的艺术家也是通过策展人的邀约及征集的方式组织，展览在全国范围内网罗入选艺术家，设立作品评选及评奖机制。展览本身没有一个完整的主题，只是希望将"八五美术新潮"运动以来的艺术创作样貌完整地呈现于时代之中。

展览缺乏一个强有力的思想和态度，情绪化、经验化的艺术现象充斥了展览现场，从呈现艺术创作本体走向了呈现艺术创作情绪和社会冲动本身。策展团队面临前所未有的困难，即如何把控展览的展示性及被宣泄充斥过后的阐释行为。参展艺术家们一味地"模仿"西方的现当代创作形式，成了一种极端化的现象。这也证实了20世纪80年代整个中国当代艺术思想激进的状态是和西方艺术理论与实践进行的粗犷的嫁接，包括策展人还没有形成完整的逻辑体系来将艺术家们的思想梳理和分类。一方面，中国当时的这些艺术批评者，在策展发起的源头，没有将展览作为合理展示价值的艺术行动，这些策展人也基本没有艺术史研究和艺术机构策展的任何经验，没有在策展中寻求机构的权力体制和艺术思想间的利益平衡。归根结底，那是一个选择"精英时代"的艺术现实。另一方面，策展团队通过大胆的展览尝试，推出了如徐冰、张晓刚、王广义等一群年轻且具有艺术理性实践和开拓精神的青年艺术家，并且基本结束了在此之前国内长达十年的自由群体组织展览的策划模式，呈现了群体性策展的历史性突破，同时也映射出未来由批评群体转向策展群体的端倪。"准策展人"们开始寻找不同的知识理论作为策展方法实践的支撑，以高名潞和栗宪庭为主要代表的批评家们，继续坚持黑格尔（G. W. F. Hegel）和存在主义（Existentialism），推崇表现主义美学，沿着其理论脉络以自身的方式进行未来的策展工作。而侯瀚如和费大为代表的学者们，以深刻地研究米哈伊尔·巴赫金（Mikhail Bakhtin）、埃德蒙德·胡塞尔（Edmund Husserl）等结构主义和阐释学哲学家思想为内容，传递更为后现代主义式的当代艺术策展理念。前者依托王广义、舒群等人代表的"理性主义"，循序渐进地进行艺术策展梳理。而侯瀚如和费大为更亲近"厦门达达"或是"新刻度小组"，以更为西方当代性解构的方式传达艺术的功能性。知识构成的分歧必然会造成对于现代艺术大展及"八五美术新潮"根本认识的分歧。研究西方美术史和哲学文本出身的侯瀚如和费大为强烈感受到西方理论思想对艺术创作的指导意义，它超越了集体性的民族主义内涵，艺术家的独立个性在他们眼中更为重要，也更具前卫性特征。对于高名潞和栗宪庭而言，则有一种集体意识和时代研究中的本土主义。同时，策展人开始逐步通过不同的渠道去了解策展人的职责和行动意义，他们一方面希望建构策展人的独立理论知识和问题意识，另一方面需要明白策展人的实践方向以及在当代艺术中的明确立场。更有甚者，他们感受到了艺术机构对于策展工作的重要性，并需要通过资本途径来支撑作为问题意识的策展在将来的发展。"中国现代艺术展"归根结底是一次艺术事件，参展的每一位艺术家和策划者一同将社会的文化问题不加遮蔽地抛出来，让我们去直面。中国的策展实践再一次和艺术事件捆绑在一起，展览的力量在策动中给时代带来了不停歇的回响。这次展览的标志设计形象而生动地诠释了它的意义，但当我们倒过来看时，这个图式便成了一个兜起中国当代艺术启蒙的布袋，拖着策展实践向前演习。

二、实践中探索策展的形状

"中国现代艺术展"的标志无形中成了某种策展和展览史上的标志，随后到来的就是短暂的冷静与策展人的再出发。朱青生在《中国现代艺术大展20年》的采访中提道："从89（1989）年的大展到2000年第三届上海双年展，是一个十年；从第三届上海双年展到今天又是一个十年，又到了一个关键的转折期。"[1]在这十年里，策展作为艺术生产的行动开始逐步构成自己的形状，生产出具有清晰展览价值体系的艺术事件。这十

---

[1] 朱青生.中国现代艺术大展20年[J].当代艺术与投资,2009(3):17.

第二章 问题的策动与景观的策划

年,是中国经济发展的高速时期,是整个社会经济和文化变革转型的阶段,文化艺术活动的探索与发生也有着其根本的市场逻辑。

首先需要提及的就是1992年10月20日在中国南海边举办的"广州·首届九十年代艺术双年展"(图2-2)。策展人吕澎清晰明朗地以建构中国独立艺术市场规则为目标,首次拉动国内企业赞助,以45万元奖金的回报带来了近400作品的展出。它轰动性地推动了当时国内艺术市场的强势崛起。和以往国内重大展览有明显区别的是:第一,策划人及团队的展览目标是建立中国现当代艺术市场,此前还未有展览将目的定于此;第二,和以往官方展览不同,本次展览的出资方来自私人企业,是商业市场自发的行为;第三,展览设置奖金制度,受邀评委由批评家担任,策展人吕澎具有终审权,主办方先制定评选规则,再面向社会公开评选过程和理由;第四,展览策展团队通过制定相关标准完善其评选合法性;第五,展览面向社会进行大量宣传,调动大众对于现当代艺术的关注。

图2-2 1992年"广州·首届九十年代艺术双年展"开幕式
(图片来源:中国香港亚洲艺术文献库)

当然,由于没有案例做参考,摸着石头过河的策展团队在吕澎的带领下也出现了诸多问题,比如以学术理想为基点的批评家与以利益回报为准则的企业家之间就有摩擦分歧，一些艺术家对作品的定价有违市场规律的一面，主办者个人和艺术家商业价值等问题都被提出。与此同时，吕澎作为执行主编发行的《艺术·市场》也成为展览的相关理论发布载体，并联合其他艺术媒体平台成为批评家们讨论市场和艺术之间相互关系等话题的学术生产阵地。怀着某种理想主义情结的知识分子学者希望中国艺术家的作品能够得到当下社会的认同，他们同时坚定地认为官方的艺术展览生产平台已然不再适应新锐先锋艺术家的创作话语和艺术形态。但在改革开放的初期，没有政府支持的批评家和艺术家们需要赢得资本的支持，同时需要警惕市场对艺术理想的侵蚀。在博弈中，这次展览有了自己的历史时刻。对于策展实践历史的研究来说，本次展览的本质意义在于对艺术市场标准建构的尝试，并且向国内引进展览制度和运营经验。更重要的是，它拓展了国内大众对当代艺术的独特认知，并且推动了艺术家和艺术作品的资本价值提升。

在依托政府官方体系发展前卫艺术无果后，吕澎等艺术批评家们开始着手通过研究西方当代艺术市场的模式来建立具有资本市场性质的艺术权威性，从而确保当代艺术学术领域的稳步发展。所以，1992年的"广州·首届九十年代艺术双年展"解决的核心问题就是艺术和资本之间的关系，展览作为激活艺术作品资本价值的本质诉求而存在。

在这次展览中，策展人的名字第一次得以在展览的公开宣传中使用。这标志着20世纪80年代群体组织展览的策展行为，到1989年"中国现代艺术展"中策展组织委员会的策展结构，再到如今的独立个体的策展机制，策展人在中国的概念形式初步完成。然而，展览过程中没有前卫的思想观念提出，也没有策展人对艺术家参与展览的独立判断机制。但无论是奖励机制还是选择机制，展览都围绕着批评话语权对艺术市场价值的评定行为给予重要位置。策展人在本次双年展中虽然有独立的组织构架、展览的价值判断，对艺术家个体进行了研究性学术写作等，但从西方当代艺术对策展工作的全面性要求来看，缺少完整的展览语境的构架、对策展问题意识的掌握、对艺术家呈现的价值的共谋等。策展工作进入新的时代,却离策展的成熟时代还有一定距离。[1]

另一个值得关注的个案来自1993年1月1日至2月1日香港汉雅轩画廊和香港艺术中心共同举办的"后八九——中国新艺术"展览。策展人由栗宪庭、张颂仁共同担任。展览展出了54位艺术家的200多件当代艺术作品,先后在澳大利亚、美国等地巡回展出8—9年。整个展览开始于回归前的香港,并在国外多地巡回,是当时中国当代艺术群体性亮相的重要展览案例,也是他们走上国际舞台的重要事件。栗宪庭在展览里总结了那几年来中国艺术家们创作的精神面貌和艺术风格,即玩世现实主义和政治波普。策展人通过展览的策划工作强化了展览的阐释意图,希望为当时国内的艺术现象做一次实时的归纳研究。策展人依然采取历史观的方式归纳总结艺术家的风格与问题意识走向,这也是早期批评家成为策展主力军通常用的策展方法。栗宪庭选取的不再是集体性创作面貌的艺术家,而是面对西方艺术形式语言继续深入干预中国艺术生态现实,形成具有独特创作面貌及反思和批判的艺术家个案。更加客观地看,本次展览所达成的目的在于对艺术市场资本的重新塑造。它的举办方之一为香港汉雅轩画廊,其重要的方向就是推动艺术家及艺术作品的商业价值。策展人张颂仁察觉到,"后八九——中国新艺术"时代的中国需要通过学术价值体系的建立从而树立起一批值得国际当代艺术市场认可的艺术家及时代印证的作品。于是,在商业和学术联合契机下,栗宪庭与其共同策划了本次展览。直至今天,我们可以看到这54位艺术家及其作品在艺术市场中的绝对资本地位是不容撼动的。资本的介入也让这些艺术家改变了对艺术创作的纯粹想法,他们的作品成为第一批进入国际当代艺术视野的"消费"艺术品,成为中国符号逐鹿国际展览舞台的重要代表。"后八九——中国新艺术"展览本身并未有过多资本价值蕴含其中,然而它的资本价值基于参展艺术家带来的艺术市场价值,展览在运作艺术家艺术市场方向上达到了绝对性"胜利"。

---

[1] 2021年7月,笔者在采访"广州·首届九十年代艺术双年展"策展人吕澎时,他强调中国的策展人真正成熟于20世纪90年代末,以艺术机构的策展工作为主要对象。

从另一个角度看,无论是"后八九——中国新艺术"还是"广州·首届九十年代艺术双年展",策展人作为艺术批评家、艺术史家,仍然希望从艺术史的方法着手,进入策展方法论的概述中,这使得策展人对艺术家风格、作品形式、时代语言的把握较为看重。艺术史强调对艺术家个体的研究,群体归纳总结的模板被运用得更加娴熟。但策展行动并不等同于艺术史研究,它的多样性还没有被当时的策展人发掘,策展思路单一化,对艺术家过于精英化的判断是这一个时期所体现出来的策展特征之一。但这不妨碍两次大展对于展览背后关键艺术品价值的内在诉求,它仍形成了依托展览机制来推动艺术市场价值判断的逻辑建构。在这一点上,两次大展无疑推动了策展和展览本身的成熟化发展。

20世纪90年代,北京和上海地区都出现了"艺术自治"(autonomy of art)[1]的艺术策展生态,不依托官方艺术机构的艺术家和理论家寻求展示自己的艺术观念、生产自身艺术语言的方法。这些展览在学术上构成了中国90年代基本的艺术探索面貌,反映了90年代中国当代艺术的主要趋向,所有的展览都试图总结、概括1989年以后产生的美学趣味和题材的转变,并在理论上进行社会背景层面的阐释和文化分析。这些展览包括黄笃、冷林、冯博一、朱其、吴美纯、栗宪庭、岛子等人策划的独立展览,例如1991年举办于上海的"车库艺术展",黄专1996年底在北京策划的"首届当代艺术学术邀请展",黄笃在1995年策划的中德交流展"张开嘴、闭上眼——北京·柏林艺术交流展",冯博一1998年策划的"生存痕迹——'98中国当代艺术内部观摩展"等。这些都是很好的案例。策展人在没有资本的帮助下,自筹经费,和艺术家以AA制方式,完成艰苦的展览生产工作。与此同时,1996年之前,国内艺术机构几乎没有举办过前卫艺术展览,所有的展览生产几乎都是在地下状态,形成地下艺术体制,直到1996年上海双年展的出现。地下艺术体制还包括在北京的一些以画廊经纪人、自由撰稿人、外交成员和艺术收藏家身份出现的在

---

[1] "艺术自治"(autonomy of art)是指在艺术创作群体内部形成的自我发生、发展和运转的机制,它大多形成在艺术非官方扶持之下的某一历史阶段,也是艺术生态现象的一种。

华外国人的参与。他们的出现直接构成了北京独立策展除经济、政治以外的第三个影响因素，促成了中国当代艺术的后殖民化倾向。所以，整个90年代前中期，无论是北京还是上海，到处都是艰难的策展环境与独立的艺术生存的艺术实践者。从艺术创作的生产方式来看，自90年代开始，艺术家开始采用新的媒介、方法进行艺术创作，这与二战后的西方艺术展览大致相同，层出不穷的现代艺术创作、媒介的扩张以及观念艺术的兴起对策展人工作的影响颇深。这一时期的国内策展人需要考虑这种新的艺术语言所带来的更多可能性，如1995年黄笃在北京策划了"张开嘴、闭上眼——北京·柏林艺术交流展"，以及次年吴美纯与邱志杰在杭州策划了"现象·影像——'96录像艺术展"，等等。新媒介的介入让策展人不再仅仅关注艺术的历史情境、意识形态、话语权的反抗等问题，开始回到艺术本体语言中，强调感知和理性思考间的问题意识，回到个体实验中来。在这样百花齐放、多维探索的艺术生态现实中，构建不同的话语系统是这一时期重要的艺术成就。有了话语就有了阐释艺术价值的可能性，原有生产"意义"价值来源单一的批评体系，在这时已然无法应对全面的后现代艺术经验创作的内容，批评家和艺术家都在寻找一个新的身份，在最为前卫的"阵地"中，能够一边摸索艺术实践的感受力，一边理清艺术理论的逻辑。或许在这样的迫切需求下，他们往往将最佳身份理解投向了策展人这个角色。与此同时，在1989年"中国现代艺术展"之后，走向西方语境的当代艺术实践者们也带来了他们的思考，让"认同"的摩擦力产生了黏合中西当代艺术碰撞的"静电"，国内艺术自治下碎片化的只言片语，在这里被吸向了身份认同的话语中心，逐步投向了全球化的时代前奏。策展人和其展览生产的境遇就在这里搅动中西内外。

第二节　构建中的策展进行式

一、策展人身份的认知

20世纪90年代中后期至21世纪初的5年间，中国策展的事实研究往往是错综复杂的。在摆脱了之前某种"发泄式"的艺术冲动之后，人们开始回归理智，形成这一阶段围绕一个重要关键词所建构的探索历程，即"认"（cognition）。这里的"认"带来了策展实践者多重寻求后现代主义知识体系下"自我"和"他者"的关联。这是中国当代艺术的崛起和策展历史在短短的几十年里走完了西方近百年的现代艺术历程所必须面对的认知基础。这种挤压式的发展根源带来的是自我认知（self-cognition）到他者认同（etic identification）的多维探索，是一项让西方文化艺术与中国本土的融合交流变得极端强烈的改造工程。至2000年，中国经济在经历20世纪90年代的突飞猛进后，到了快速城市化的阶段。消费主义、都市文化和物质主义到来，激活了策展人多层的问题意识，在不断改善的艺术市场环境下，大量的民营企业、政府机构开始推动当代艺术的发展，策展人和艺术机构的联动愈发紧密，策展行为逐步成熟，真正的策展时代在认知框架的逐步清晰中到来了。提供策展人身份认知的条件，第一在于整个艺术市场的扩张式发展下，依托西方艺术发

第二章 问题的策动与景观的策划

展的资本运营模式,在资本的使用、管理以及生产的过程中,策展人作为合适的职业对象,需要捏合各方艺术链条网,完成重要的展示资本、艺术作品价值资本等多个环节的联系。第二,逐步国际化的文化艺术情境,让中国原有的文化艺术生产模式不能满足社会发展需求,策展人能够连通美术馆、博物馆以及社会公共资源,建立更高效、价值效果更佳的文化艺术创造模式。第三,原有以批评和艺术史研究为主的艺术知识生产,逐步让位于以图像和体验为时代诉求的展览知识生产。策展人在兼顾艺术理论和批评工作的同时,需要形成空间化的展示价值,完成知识可塑性、可感性的传达。来自个体的观点与主张也需要展览以展示文化的方式来获得更有影响力的结果。第四,大众文化消费时代的到来,迫使展览出现逐步走向商业化的可能。资本消费将为策展本质提供新的对接途径。策展带来的展示系统将受到大众文化消费的冲击,重新进行定位。第五,海外资本注入、文化成功输出、中国的当代艺术整体西方化,策展人职业也将在这里迎来对应的位置关系,策展时代不可避免。这使得认知逐步建构"厚度",策展人机制成型的结果必然到来。

另外,关于"认"的讨论,在这样的阶段下,包括三个层次。第一是关于策展人身份本体的讨论。具有艺术理论和创作主体间媒介属性的身份,如何完成对策展对象和艺术情境的认同关联。第二则是关于在中国文化身份内部发生的群内认同如何在兼容和碰撞中生成有艺术归属感的内容。这也是推动当代艺术在地性思想萌发的重要方向。第三就是最为显著的文化认同问题,即西方中心主义和非西方文化实践之间的认同关系。在这里,中国的策展人联合艺术家形成了不同的立场,通过彰显各自态度的策展事件完成对认同身份的自我确立。这样就形成了三个层面的大讨论,逐步构成了围绕策展和国内前卫艺术生态的样貌。

面对社会变革的剧烈冲击,社会文化问题的显著,我们要回到一个实际的问题中来,那就是当时中国文化身份认知无论在哪一层面讨论都逃避不了的"集体记忆"。历史观下的政治身份作为底色,是具有非西方特征的国家意志的烙印。西方的自由主义文化价值观与东方的民族主义身份形成了一种对抗,在当时的社会进程中,当代艺术的发展需要兼顾两者文化身份的重量,而在某种试探与摸索中寻找身份认同的中间人群中,策展工作和艺术创作者就是中间人群争取中间文化生产的重要力量。策展人往往是从"集体意识"之中,在自由思想和资本市场兴起推动下逐步形成的社会阶层中的"文化精英"群体,这让某种文化权力得以在个体身上聚集,群体间产生了相互的认同关系,从而在这个特殊的时期以个体到小群体的身份来支撑当代艺术的生态。当然,挤压式和爆发式的策展机制发展,往往带给当时人们一种扭曲化的身份认知。如果说20世纪80年代的策展实践者身份围绕的是艺术史批评话语和策划群体之间的模糊问题,那么当艺术市场到来之时,策展人则成了批评家、策展人、艺术机构管理者、艺术经纪人的综合身份,这也高度地体现了某种学术危机的存在。[1] 如当时的策展人皮力、冷林、顾振清、朱其等,都受到商业机构的邀请,为艺术品经营活动进行策展。这让策展的本质目的产生了变化,同样改变了其产物"展览"本身的价值体系平衡。展览从"事件"中找寻到了某种资本价值的意味。当然,造成这种策展身份认知现实的也有其主要的、中国社会体制的原因。一方面,西方有完整的社会保障体制,"独立"策展往往有着社会对个人的经济保障,同时有对社会文化艺术行为的资本支持。国内尚不完善的保障制度使得策展人的"独立性"受到考验,生存与学识之间需要找到艰难的平衡。另一方面,在官方的艺术体制之外,市场体制的建立往往需要通过市场的自由资本选择规则。策展人需要适应强大的资本规则来完成和原来"大锅饭"体制不同的、关于艺术态度和生产方式的建构。

在寻求和资本相处、相互利用的过程中,策展人开始熟悉资本的诉求以及对消费文化利益的"谋术"。于是,在面对大量的国家资本与民营资本对地产和周边产业的推动下,国内出现了大量的国营美术馆、私营艺术机构,它们都开始建立起策展人机制,将资本给策展人使用,去建

---

[1] 详见吕澎.中国当代艺术史2000—2010[M].上海:上海人民出版社,2014:31.

立文化消费的某种内容甚至景观。它们要求和不同的策展人进行合作，固定机构策展人的职业机制，寻求独立策展人的参与机制。这使得策展人在机制的完善监督下形成了更为准确合理的职业发展可能。20世纪80年代，由于美术馆机制转向缓慢，其传统的苏派美学教育思想的深固，大多数传统官方美术馆难以应对前卫实验与先锋话题的讨论，回避"当代"是最好的方式。所以，这带来的又是另外一个问题，那就是象征着新兴艺术形式和思想的年轻艺术家很难在这里得到展示其艺术创造力的机会，无法获得官方给予的价值肯定，所以他们往往采取"艺术自治"的方式，在20世纪90年代初期寻找坚持开展艺术创作与策划的可能。在北京圆明园地区及其他偏远城郊，他们低成本地以独立群体聚落式进行艺术生产。随后，美术馆也逐步在策展实践的发展中不断建立自己的展览品牌，逐步适应已然成为常态的当代艺术日常语境。如2001年刘骁纯和顾振清等人策划的"成都双年展"，2002年在王璜生馆长的支持下所形成的广东美术馆"广州三年展"展览品牌，中央美术学院2011年举办的"首届CAFAM未来展"等。民营美术馆和艺术机构也在这个阶段受到资本的推动而层出不穷，占据各个城市文化发展的高地。它们不仅作为官方美术馆和艺术机构的文化生产补充力量，同时也在艺术市场资本运作中起到推动和平台的作用。特别是在培育策展项目和活动上，它们提供了更多的实践机会，机构需求带来了策展人有的放矢地去制造文化内容、串联艺术生态、推演在地艺术表达。当代艺术策展已然不再是地下发生的"艺术自治"，而是更多地接受市场洗礼和拉扯，形成独立的、依托民营艺术机构来应对的"职业"。这样的美术馆代表非常之多，如北京今日美术馆、银川当代美术馆、上海喜玛拉雅美术馆、广州维他命艺术空间、广州时代美术馆等。但是，不同于国外民营艺术机构，国内的这些实体艺术空间缺乏对艺术收藏的支持与理解，没有完整的学术研究脉络，这让策展行为以及艺术知识价值生产都遇到了空前的匮乏。策展活动完全依托于资本的属性指向，没有学术积淀以及长久的艺术价值运营，在2015年后，民营美术馆及其艺术机构开始进入一个反思低谷期。

另一个值得注意的是,在确认策展人身份机制方面,艺术教育领域的发展也成了重要的推手。2002年到2003年间,中央美术学院、中国美术学院这两大美院分别扩招,策展人身份得到了市场和学术的双重认同。这是在国内艺术行业大发展情况下作出的教育应对。也就是说,传统的艺术家培养机制无法形成对庞大市场需求的供应,越来越多专业化的艺术人才成了学院必须提供的"条件"。所以,我们可以看到当资本"工业自动化"达到一定程度的时候,艺术教育的基底也在逐步"工业化"。但是,艺术教育若要快速形成批量艺术家生产,就需要将知识和艺术创作形成模板,以最高效益的方法提供"产品"。这对于当代艺术本身活跃的思想以及实践的前卫来说造成了反向发展,数年后成立艺术管理和策展人专业,这也推动了策展人教育机制的完善,至此,策展人职业化也开启新的阶段。

二、全球化与在地性的博弈

问题再次回到从策展身份走出的文化认同层面。我们曾经在第一章尾声中讨论西方当代艺术策展作为一种文化输出进入中国的情况。其中,不少当代艺术家借助展览的机制受到西方策展人的青睐,成为他们文化输出的融合"符号","请进"西方一端,"走回"东方一端。他们是重要的西方后现代理论的学习者和引荐者,在对接全球艺术思潮的先锋性上给予了很大帮助。20世纪90年代,西方中心主义的大讨论已然成为当代艺术和后现代文化的主题理论与实践问题之一。爱德华·萨义德(Edward Said)和米歇尔·福柯(Michel Foucault)共同强调知识和权力的问题伴随政治性语境被带入了文化的大讨论中。萨义德在其文章中提出西方文化霸权的概念。[1]后续学者霍米·巴巴（Homi K. Bhabha）和弗朗茨·法农（Frantz Fanon）共同推进了去殖民地化运动，彻底改变了人们对世界的认知。而中国正是在这样的"第三世界"中，习得了如此震撼的信仰福音。如果说这是中国文化艺术在全球化背景下"自外向内"的变革与改造，那么在"中国现代艺术展"之后，"自内向外"的发展成了另一番面貌，被费大为、侯瀚如等策展人艰难担当。1991年由费大为策划的"非常口"中国前卫艺术展在日本福冈市博物馆举办，谷文达、黄永砯、蔡国强等参加了展览。这也是中国当代艺术首次在日本亮相。展览围绕策展本体问题，即空间属性与艺术作品关系展开讨论，这是在之前的国内策展案例中，策展人不曾经历的问题。1992年6月，卡塞尔文献展的外围展以"他者"为主题，李山、蔡国强、孙良、吕胜中等人参加展出。这次展览标志着中国先锋艺术在国际策展项目中得到认可，并首次登台。1993年，栗宪庭在澳大利亚悉尼当代艺术博物馆举办了"Mao Goes Pop"（毛走向波普），以自己独立提出的中国前卫艺术风格政治波普为策展核心话语，让西方世界对中国艺术的当代性、符号化有进一步了解。同年，高名潞在美国俄亥俄州哥伦布市的威克斯尼艺术中心策划了"支离的记忆——放逐的中国前卫艺术"，谷文达、吴山专、黄永砯、徐冰等参加展览。这次展览也具有强烈的意识形态与政治指向性，讨论了特殊背景下的中国艺术生态与创作。1994年，李山和余友涵代表中国参加了被誉为国际三大双年展之一的巴西圣保罗国际双年展。1996年，第三届日本国际行为艺术节邀请了中国艺术家马六明参加。1998年，费大为在韩国Sonje美术馆策划了"美制之间"的展览，张培力和严培明等艺术家参与。随后，同年9月，高名潞在美国纽约亚洲协会美术馆和纽约P.S.1两个场馆举办展览，邀请了整个华人艺术圈80多位艺术家参展，作品达90多件，是20世纪初在海外规模最大的中国当代艺术展览。此后，在亚洲协会和旧金山现代艺术博物馆的联合协助下，展览巡展至香港、

---

[1] 详见爱德华·W.萨义德.东方学[M].王宇根,译.北京:生活·读书·新知三联书店,1999:9.

东京、西雅图、墨西哥城等地，成为当时推动中国当代艺术整体向外形象提升的重要展览之一。1999年栗宪庭受邀参与了德国波恩现代艺术博物馆的展览策划项目，策划了"时代转折"的展览。这一时期的国际交流活动与20世纪80年代末"八五美术新潮"一批前卫艺术家出国发展有直接关系。2000年，巫鸿在美国芝加哥斯玛特艺术博物馆举办了"取缔：在中国展览实验艺术"，随后出版《重新解读：中国实验艺术十年（1990—2000）》一书，梳理了特殊时期在中国发生的关于展览的展览。2002年旅居英、法、日、瑞等多国的艺术家在西安举办了"打开（OPEN）国际行为艺术节"，带来了强烈的本土艺术思想和西方前卫艺术创作方法间的冲击。从策展到参展，在异国他乡，最敏感的问题就是文化差异与身份认同。虽然习得了西方当代艺术观念批判的理论支持，但这些艺术家自身的体内蕴藏着不可抹去的中国文化基因。

在与国际当代艺术全球语境交流的过程中，我们一方面自豪地发现中国艺术家在国际舞台上的表现令人赞许，但另一方面，许多理论家往往是在西方艺术的"期待"形态下完成了自己的亮相。前卫艺术常常是建立在西方假想的中国艺术形貌上完成，他们所需求的意识形态"符号"以及中国特殊时代的艺术语法成为西方当代艺术市场上被推崇的"商品"。国外进行策展实践的策展人正需要与西方语境下的"假想"及话语权进行正面博弈。对此，费大为、高名潞等策展人在策展的问题意识的设置和艺术家选择上都进行谨慎的斟酌。是迎合还是坚守，是妥协还是批评，全球文化语境下的中国策展人在不断构筑中国艺术的当代形象。其中，1990年，费大为在法国布里耶尔（Pourrieres）举办了"1990中国艺术：献给昨天的中国明天"（Art Chinois 1990: Chine Demain Pour Hier）的展览。这是旅欧的艺术家首次在策展人的策展行动下集结于欧洲，并在野外制作作品。策展人费大为和艺术家们真正通过策展实践完成了策展和公共空间的关系理解，展览成为这些艺术家和费大为海外艺术工作的开端，并在随后的艺术发展中代入了中国在地文化逻辑。郑胜天在美国策划了"我不想和塞尚玩牌"的展览，以调侃的问题视角表达

第二章 问题的策动与景观的策划

建立独立的文化阐释系统并完成文化在地的愿望。在1998—2000年间，高名潞策划了"蜕变突破：华人新艺术"（Inside Out: New Chinese Art）展览，这是20世纪90年代规模最大的海外中国现代艺术展，展览在纽约、旧金山、墨西哥、西雅图、澳大利亚和中国香港等国家和地区巡回举办，包括达达主义、理性绘画、直觉绘画、波普艺术、公寓艺术等各种当代艺术流派，在海外反响热烈。1998年，策展人张晴在温哥华策划了"江南"中国艺术展。展览选取的艺术家联合阐释了中国江南地区前卫艺术发生的脉络以及在地文化和前卫艺术的关联。这个展览的出现让全球语境对中国艺术态度的"强制性"理解得到了强有力的回应。2004年，费大为在广州联合尤伦斯基金会、广东美术馆和里昂当代艺术博物馆策划了"里里外外——中国当代艺术"展览，讨论近十年国内外不同身份的华人艺术家创作生态与身份思考。此外，侯瀚如在1999年的威尼斯双年展法国国家馆的策划，2003年"第50届威尼斯双年展主题展"之一"紧急地带（Zone of Urgency）"和"第52届威尼斯双年展"中国馆的"日常奇迹"展览，都在用自己的策展方式，让中国的非西方艺术以合理客观的角度，进入西方当代艺术全球化语境。同时侯瀚如在在地文化研究和西方话语系统之间的来回博弈影响了整个华语世界的当代艺术格局。2000年，当侯瀚如参与策划了上海双年展，黄永砅、蔡国强、严培明、徐冰、谷文达开始在国内的重要展览和美术馆中展现他们的作品时，国内艺术家和这些"海外"艺术家形成了文化认同和创作方式上的极大差异。2002年，黄永砅在深圳和广州两次展览中被禁止的作品《蝙蝠计划》在中国艺术界再一次引起轰动，作为文化认同矛盾的个体，海外艺术家们承担中西方当代艺术兼容摩擦的历史火花的功能，他们既是中国的艺术家，又是西方优秀的当代艺术生产者。全球化艺术机制和文化权力以及在地文化认同之间将长期带来不一样的策展风景。在这样大量的展览中，正如侯瀚如所认为的，在这时，"我"与"他者"的关系在多元文化中不断交织，不可分离。自尊的确立往往建构在对他人的重新发现和认知上，所以，"'西方'与'非西方'，'主人'与'奴隶'之间不是通过文化交流获得积极调整，而是日益泾渭分明，互相疏远"[1]。中国策展人与其相反，他们更愿意将自身的文化身份和当代情境发生联系，在学习和解读他者文化中，寻找自身位置，这是一个中间的地带、松动的身份。秉持这样的思考，这一时期的展览反而成了事件，形成了中西方文化转换的"中介"（in-betweenness），在西方文化世界造成影响。

2002年之后，依托全国城市化进程的飞速发展，各地开始由政府牵头，民营资本加入，形成各种艺术"展""节""会"机制，通过诸如此类的各种商业行为，来活跃文化艺术市场，响应蓬勃向上的经济环境。上海艺术博览会、北京艺术博览会、宋庄艺术节、平遥国际摄影大展等艺术节纷纷诞生，因而这一阶段策展行为的商业化也被逐步加强了。策展人李振华曾经说道："希客先生的收藏展'麻将'（2006—2007）所展示的'中国'当代艺术史学特征……汉斯·乌尔里希·奥布里斯特策划的'China Power Station'（中国发电站，2006），侯瀚如在威尼斯双年展策划的'广州快车'（2005）、'中国馆：日常奇迹'（2007）中，都是在加强'中国特征'这一现象。"[2] 这种现象建立在西方世界对中国想象的文化设定上，同时也建立在中国当代艺术亟须西方文化认同的意识渴望之上。在博弈间，策展和艺术创作都不得不捆绑着这种难题，被推着向前火速飞驰。然而，在这里，我们可以看到西方文化保持着某种霸权性质[3]，它吸收外来多元文化并加以利用，正如同"麦当劳"在在地化餐饮的发展下仍然是"麦当劳"，世界文化的碎片被全球化整合，中国在所谓后殖民的语境下不断地被资本推动，显然无法逃离从展览制度到内容生产的本质内核。

---

[1] 侯瀚如.在中间地带[M].翁笑雨,李如一,译.北京：金城出版社,2013:52.
[2] 李振华.文本[M].北京：金城出版社,2013:140.
[3] 赫拉尔多·莫斯克拉.无界之岛：艺术、文化与全球化[M].孙越,译.北京：金城出版社,2014:41.

三、艺术资本与策展的交汇

这种"飞驰"往往和艺术市场保持着高度关联。这是艺术的本质问题,透过历史来看,这是不可以消解的存在。无论是在中国文人绘画的市场历程中,还是根据西方现当代艺术的市场规律,艺术的商业价值并不会因为作品的反抗、批判或和资本的决裂而得以消解,艺术作品终究成为社会文化的历史符号,成为商业价值的载体。无论是约瑟夫·博伊斯、马歇尔·杜尚还是玛丽娜·阿布拉莫维奇(Marina Abramović),艺术的价值总会为资本长期窥视和缠绕,最终渗透其作为物化的形态。作为"创作"的策展,无论是否与资本表面保持距离,本质逻辑仍是不可能离开资本的底色,去谋求某种思想的独立,这种独立性一开始就只能是"无限接近"的存在。

回到正题,我们续谈"广州·首届九十年代艺术双年展"之后国内艺术市场和展览之间发生的多个事件。1996年,栗宪庭和廖雯在北京艺术博物馆画廊及云峰画廊举办了"大众样板""艳妆生活"两个展览,这两个展览在初期的中国艺术市场中显得格外特别,策展人开始介入商业艺术机构寻求策展发生的可能性,希望策展能够在带动艺术作品价值研究的同时,实现第一代策展人心中艺术介入社会现实的理想状态。重要的是,20世纪90年代,一些国外资本的注入带来了当代艺术语境下的画廊,它们包括1991年开设的北京红门画廊、1996年开设的上海香格纳画廊、1996年开设的四合苑画廊等。它们带来了西方当代艺术市场的游戏规则,并传递给策展人以新的艺术策划的思路。其中香格纳画廊是重要的代表,它将西方人对中国的收藏视野聚焦在了中国本土当代艺术家身上,如丁乙、杨福东、曾梵志等。这些聪明的投资人帮助国内建构完整当代艺术市场机制的同时,也举办了各种展览来树立策展价值的权威性。在国内,1996年翁菱成立了中央美术学院画廊,4年之间举办了40多场当代艺术展览和活动。随后,她成了上海沪申画廊的主理人,参与了2002年上海双年展的主办工作。2004年的"奥德赛2004——旅法华人艺术家联展"让旅法艺术家在国内有了一次完整全面的展示。画廊带来的是对艺术学术定位的支持以及商业艺术价值的挖掘。次年,全国画廊数量持续增加,来自韩国的阿拉里奥画廊、策展人冷林的北京公社、德国空白空间等相继落户北京,形成了画廊群体推动艺术生态的景观。可以看出,策展人与画廊主理人构成了重要力量,他们和资本相互成全,继续体现着"模糊"身份、自我认知不明朗的特点。在此之后,国内艺术博览会机制也在建立。20世纪90年代北京、上海、广州相继以官方姿态举办博览会之后,2004年首届"中艺博国际画廊博览会"(CIGE)标志着国内真正的艺术博览会时代的到来。博览会面向国际,从首届60多家画廊发展到第二届的90多家。2009年,CIGE邀请了对亚洲艺术具有国际研究视野的策展人、美术馆馆长和批评家来开启学术活动,市场和学术研究走在了一起。这一年,从CIGE出走的主理人董梦阳独立开设了"艺术北京"艺术博览会,并以主题策展的方式来建构商业博览会。他提出了"艺术北京""影像北京""经典北京"的主题概念,将分层讨论和商业价值梳理捏在一起。在此之后,整个艺术博览会的中心南移,来到了上海和香港,以上海"西岸艺术与设计博览会""ART021"艺术博览会和香港巴塞尔艺术展为代表。它们构筑了新时期博览会的运营方法及策划样式,将策展的形式语言渗透到艺术博览会之中,通过话语构建来吸引消费者的购买。

同时,非营利空间作为策展史崛起的必然要素,成为研究中国策展史中不可回避的因素。在西方,策展史所依托的是艺术博物馆的崛起,从官方艺术机构到民营艺术机构,艺术空间成为孕育策展的母体。国内,由于早期官方体制的性质与态度无法支撑前卫艺术和策展工作发展,艺术市场尚未建立,资本缺失,策展人和艺术家利用一些非营利的私人或公共空间勉强适应策展活动的需要,激活了一批具有"体制反抗"精神的年轻策展人。他们以仓库、地下室作为展览空间,让策展进入"半

第二章 问题的策动与景观的策划

透明"状态,展览的艺术作品也呈现出独有的"体外"[1]特征。北京较早的空间以"星星美展"艺术家赵耀的"赵耀画廊"为代表,他将自己家开为一家画廊,举办展览。后来,20世纪90年代末,荷兰人戴汉志(Hans van Dijk)与艾未未一起开办了"艺术文件仓库",用印刷厂300平方米的面积撑起了当时的先锋艺术展览空间。随后在比利时投资人傅郎克(Frank Uytterhaegen)的资助下,空间稳步提供了大量策展经费,完成实验型展览。戴汉志保持着空间的中间属性,传递给中国艺术圈一个认知:对于艺术实验,需要学术独立的看法。这个空间推出了邱志杰、洪磊、洪浩、郑国谷等中国大量知名艺术家,纯粹地保持了和商业资本之间的良好关系。2000年,藏酷新媒体艺术空间在北京建立。空间以200平方米的面积,在没有任何经营的前提下,提供给新媒体艺术家进行实验创作。到21世纪初,艺术市场蓬勃发展,艺术机构遍地开花,随之而来的艺术文化产业带来层出不穷的艺术空间。艺术策展也迎来了新的条件,催生了许多策展实践。2001年,大量的艺术家开始入驻北京798艺术社区,带来了一次艺术空间聚落群体的艺术事件。直至今日,这个社区都是北京艺术乃至中国当代艺术核心发声的地理空间。聚落的形成,使得当代艺术生态更具有凝聚力,更便于开展策展工作。2004年,由黄锐、黎静(法国)等策划的首届北京"大山子国际艺术节"成为策展依托空间发生的重要事件。同年,宋庄艺术家聚落由于圆明园艺术村的消失而兴起。无独有偶,上海M50创意园也在2000年启用,这里逐步成为上海当代艺术活跃的聚落式空间,如香格纳画廊等艺术机构逐步从这里走出,成为中国当代艺术生态链中不可或缺的环节。2002年,策展人、批评家卢杰在798艺术社区内成立了"长征空间",最早将非营利空间转向营利机构,并且在两者间形成了长达近20年的稳定发展。在此之前,2002年,张薇在广州成立了维他命艺术空间、乐大豆(Davide Quadrio)在上海成立了比翼空间。2005年之后,北京798艺术社区内又成立了"站

---
[1] "体外",这里形容在中国官方艺术体制之外的生存现实。

台中国""箭厂空间""空间站艺术中心"等艺术机构。特别值得一提的是，尤伦斯夫妇在798艺术社区于2007年建立了"尤伦斯当代艺术中心"，完整经营了10年的中国当代艺术。它记录了大量的收藏、档案和展览事件，成为北京乃至全国最重要的当代艺术展览场域之一。[1] 这回应了2007年皮力在中英策展人会上阐释的观点。他认为中国的艺术空间往往将非营利和营利结合，以使得展览形成一种"独立"的可能。这完全基于国内展览运作机制的特殊性。

在此艰难局面下，不少艺术空间还是将艺术资本的投入实体化，在夹缝中推动着策展实践的发展。2008年前后，依托798艺术社区的北京模式辐射全国大型城市，中国的艺术机构空间已然成了一片依照"丛林法则"生存的"丛林"。[2] 值得一提的是，2009年，艺术家徐震在上海成立了MadeIn（没顶）公司，自己作为法人和总监来进行当代艺术创作、商业运作和活动策划。它兼策展行为、艺术创造、商业运营于一体，将艺术市场的多角色一体化，颇有当年安迪·沃霍尔"艺术工厂"（Factory of Art）的意味。这是一种艺术工作方法，同时也是一种艺术商业性探索，而策展成为一种公司特殊属性依附于资本艺术策略。随后，不少效仿MadeIn公司模式的艺术家、策展人也随之登上艺术舞台。

与此同时，对策展人身份的认知，带来了关于美术馆的大量涌现的现实，它们成为艺术空间的另一种支撑。1995年华侨城介入"何香凝美术馆"建设，成为最早的中国地产介入艺术事业的案例。[3] 1998年成都的地产集团筹备了上河美术馆，在三年内推出了由黄专、张晓刚、周春芽等参与的大量展览。2000年后，大量的中国民营美术馆和艺术中心出现了。这些由策展人通过艺术行为争取而来的非官方资本，较长一段时间内在资金上支撑着策展实践的工作，策展人也往往改变了资本投资人对

---

[1] 2017年，尤伦斯夫妇宣布撤离中国，变卖了其空间和藏品，大量资本的套现让人们再次理解了艺术价值和商业资本的内在逻辑，以及西方资本在中国的直接目的。
[2] 2003年成都蓝顶艺术区开设，2004年重庆"坦克库"艺术中心开设，等等，这些都成为全国艺术资本推动空间发展，形成展示空间的重要事件。
[3] 吕澎.中国当代艺术史2000—2010[M].上海：上海人民出版社,2014:76.

第二章 问题的策动与景观的策划

艺术的想象。当然,策展人和展览的生产本身无法"独立",带有商业妥协地完成了他们的"初衷",如上海证大现代艺术馆、上海当代艺术馆(MoCA)、沈阳东宇美术馆、天津泰达当代艺术博物馆、南京四方当代美术馆以及北京今日美术馆等。它们作为民营资本的代表,以非营利的艺术机构方式对国内当代艺术发展及策展环境的推动起到了重要的作用。它们为策展人提供策划资金,并与其共谋艺术家、艺术研究和艺术市场的运作关系。

当然,现实是这些美术馆几乎没有一家能够做到展览展示、收藏、研究以及社会教育的全面达标。它们在实践中受制于中国特殊社会情境的急功近利,同时未能建构起有效的基金会制度。策展话语在其中往往显得薄弱,无法真正成为产出文化资源、营造文化事件的有效阵地。在推动策展事业之中,较为值得一提的是北京今日美术馆。其早期为地产项目的售楼处,在2002年改造成为美术馆,并建立了美术馆的学术委员会把控其发展的学术方向。在发展中,他们强调对自身资金造血功能的开发,同时建立稳定的赞助体系,近些年来逐步完善了基金会制度,并逐步梳理出了其收藏艺术作品的构架。2015年,今日美术馆提出了"今日未来馆"的概念,突出美术馆的文化发展方向,以新媒介和未来艺术作为研究重点,生产了如".zip:未来的狂想"[1]这样的高质量展览项目,并成功将其商业化,实现了良性的发展目标。

2005年,深圳OCT当代艺术中心[2]成立,该中心主任由批评家、策展人黄专担任,在日后的国内策展生态中起到了重要作用。OCT当代艺术中心不断整合海内外当代艺术资源,举办各种文献研究、策展实验、艺术实践交流等,并且依托其地产性质,将文化作为一种企业基因扎根于全国各地的商业项目中,形成了庞大的文化和商业捆绑体。

市场的双刃剑在这一时期对艺术家和策展人形成纠结的爱恨"攻

---

[1] 后文将详细介绍。
[2] 因母公司华侨城集团遭遇资金链断裂问题,OCT当代艺术中心于2023年宣布关闭全国范围内的展览空间。

势"。是保持独立批评、思想自由,以及学术价值研究,还是和资本共舞,创造消费景观、生产艺术品商业价值?虽然两者从来不是在一个个体上形成对峙,但是如何平衡它们之间的关系让从未有本土历史案例参考的艺术实践者们给出了不同的表现。

从本质上看,资本的注入是希望得到即刻利益的最大化回报,讨论的是以艺术为基准的产品价值,而作为文化生产的策展,强调的是无形的不可物化的精神价值,这种价值强调的是产品之外的价值溢出,是时间性滞后获得的价值体现。两者存在的本质矛盾使得相互的利用给予某种想象,在社会发展进程的某一阶段可以达成相互妥协。

但从整体上看,策展实践在中国已然不能离开资本的话语权了,文化权力分割的后遗症从表面上看,大量的站在资本反面的社会议题与展览态度,最终往往会走向策展事件倒向资本的结局。策展行为有些时候在艺术市场膨胀发展时期成了资本利用艺术营销艺术产品的最佳手段。无论是策展也好,艺术家创作也罢,所谓独立批判与思考的初衷都在保持"悄然被磨灭"的状态。

当然,在这个时期,我们需要客观看待市场带来的有利方向和"半地下"性质的策展实验不再可以等同而语,机构内的策展机制与市场策展都有资本的助推而显得蓬勃,整个中国策展在21世纪的头十年形成了丰富的维度,形成了策展问题意识上的多元、策展方法上的多维、策展机制结构上的立体、策展在艺术市场生态上的多层表达等四个特征。每一个特征都与资本市场的兴旺不可分离。这一点和西方当代艺术策展发展特征仿佛形成了一些反向,在史泽曼的时代,当资本主义危机来临,资本市场萎缩的时候,这样的策展人开始活动于松动的固有文化语境,给予艺术策展新的意义,而在中国,则一切仿佛和资本一同生长,形成了某种特有的默契。

四、坐标性的上海双年展

我们在本章的讨论中单独讨论上海双年展，是因为它的出现具有标志性意义。其不仅确定了中国当代艺术策展成熟时期的到来，同时宣告国内拥有了自己的可以与全球当代艺术进行对话的展览平台。上海双年展是官方体制和艺术市场融合的综合结果，是确认当代艺术在中国体制内"合法性"的重要仪式，是延伸国内外艺术探讨的重要前沿。双年展所形成的价值体系及问题阐释、文化认同、展示媒介和艺术资本都得到了合理分配。它一方面打开了国际对话的全新通道，另一方面则是将中国本土的情境公开化。双年展是中国策展演进的重要节点，更是中国当代艺术发展的里程碑。

1996年，时任上海美术馆馆长的方增先先生，经过20世纪80年代末至90年代初参与大量的海内外美术活动，受到青年一辈具有前卫意识思想的感染，[1]并在对整个当代艺术国际形势发展走向进行判断后，决定"冒险"举办上海双年展。因为国内没有双年展体制的策展案例，策展组一边查阅西方双年展发展脉络，一边因地制宜地结合国内情况组织展览。整个展览的目的在于：第一、建立起一个国际性的美术展示平台；第二，向上海地区观众介绍前卫艺术与先锋文化；第三、开展对现代艺术及后现代艺术西方理论与实践的研究学习工作；第四、重新建立美术馆的现当代馆藏系统，逐步调整美术馆的发展方向。在这四点里，后两点的目的从方增先先生的口述历史中可以感受到。[2]无论是个人的疑惑还是美术馆的利益，注定将成为中国当代艺术及策展史上的大事。展览期间，由于大量经费来自企业赞助，临近展览开幕，赞助资金出现问题，方增先只得向上海政府请求帮助。在获批后，本次展览以"开放的空间"为主题，展出了29位艺术家的160件作品。官方在遴选展览作品时提出了一些要求，方增先以建立双年展机制为第一目的，根据官方要求进行

---

[1] 方增先，张鑫．上海首开双年展先河[J]．世纪，2020(5)：5.
[2] 方增先，张鑫．上海首开双年展先河[J]．世纪，2020(5)：6.

了调整。本次展览尚未建立起完整的策展机制，但开启了漫长的上海双年展发展史。展览为国内官方认可前卫艺术作出了巨大贡献，为第二届展览的策展主题自由赢得了空间。展览期间的研讨会，使更多先锋艺术批评家和艺术家有了表达思想的平台，为后续上海双年展的发展方向奠定了基调。

1998年第二届上海双年展在上海美术馆开幕，其主题最终定为"融合与拓展"，国内外50位水墨艺术家的作品进入展厅。"当代文化环境中的水墨艺术"学术研讨会也在展览期间举办，30余位学者从国内外带来了不同研究成果，并出版了《'98上海美术双年展学术研讨会论文集》。无论是1996年还是1998年，两届展览并未有明显的策展机制，而展览的公共性也没有被完全释放。

上海双年展的转折来自2000年。有了前两届的展览品牌效应，双年展在国内有了一定的知名度。本次展览的举办又正值政府部门大力推广艺术走向国际平台的好时机[1]。美术馆引进策展人机制，由策展人为展览策划主导，决定每届展览的核心主题和参展艺术家。第三届上海双年展由策展人侯瀚如、日本策展人清水敏男、上海美术馆张晴和李旭共同组成策展组。前两人负责邀约符合策展主题的国外知名艺术家，后两者负责国内艺术家的邀请。展览主题"海上·上海——一种特殊的现代性"充分地向我们展示了在地性文化诉求在策展中的体现，并且带有侯瀚如式的文化身份大讨论，即在上海城市化进程中不断出现的问题如何得以解决。国际化的上海与本体性的上海之间发生的对话、多重身份的城市宿命使得展览有别于前两届的策展话题。强烈的社会介入性讨论让上海双年展正式走向策展的国际化。展览中，前卫艺术形式如影像艺术、观念摄影、实验电影和装置，其总数超过了传统艺术形式，这些在20世纪90年代大多数只能在地下被承认的艺术创作语言被放置于台前，铸就了一次合法化的宣誓（图2-3）。更重要的是，2000年的展览让公众感受到

---

[1] 2002年，文化部第一次批准以国家身份参与"威尼斯双年展"。

了双年展的艺术魅力，大众的踊跃参与使得美术馆在后面几届策展中不得不平衡策展理念和大众消费之间的关联。与此同时，艾未未和冯博一在本次双年展的外围展上策划了"不合作方式"以不与官方合作却参加双年展的特殊身份策展引起了巨大的舆论争议。这届展览带来了当代艺术在全国的"合法性"，同时也开启了当代艺术展示文化的独特机制。与国际接轨的双年展，以阐释性和问题意识牵动起策展行为的本质。展览寻求对国内当代艺术文化身份的认同，寻找国际艺术地位身份的认同，寻找和观者之间的文化认同。此外，官方支持的背景，注定其成为国内多地政府的效仿对象，以地区性文化生产和资本运作文化价值为契机的典型案例。

图 2-3 2000 年"海上·上海——一种特殊的现代性"上海双年展研讨会现场
（图片来源：中国香港亚洲艺术文献库）

2002年上海双年展的主题是上一届双年展的延伸,"都市营造"的话题继续讨论城市化进程中的精神文化位置以及东方诗性的艺术格局。本次展览突出了和观众之间的互动交流。2004年上海双年展策展人由时任中国美术学院院长的许江、华裔加拿大策展人郑胜天、荷兰GATE基金会总监洛柿田(Sebastian Lopez)和上海美术馆双年展办公室主任张晴组成,中国美术学院策展人高士明任策展助理。策展人许江建议讨论"影"的概念,在信息图像时代,利用技术完成国内外文化交流,同时影射社会现实,展览以"影像生存"为主题概念,突破了美术馆的空间,将展场拓展到上海人民公园内,以及上海市区的若干城市空间中。这让双年展逐步走向了城市文化嘉年华的概念,突出了和观者的互动性,上海双年展也成为城市文化的中心品牌。2005年,李磊任上海美术馆执行馆长,他进一步确立了未来上海双年展继续以观者为中心、学术为指向的发展方向。2006年的主题则为"超设计",其中分为"设计与想象""日常生活实践""未来建构历史"三个单元。策展人为黄笃、张晴、林书民、乔纳森·沃特金斯(Johnathan Watkins)等,来自23个国家的94位艺术家参展。2008年上海双年展以"快城快客"为城市主题,讨论在全球城市化进程中,人的移动带来文化的移动,上海作为中国最为国际化的城市,在其复杂的文化环境下,移民者是城市发展的力量,优势文化多元的因素,他们的融入与现实值得关注。策展团队由翰克·斯劳格、朱利安·翰尼、张晴组成,项丽萍和李凝作为策展助理。本次展览受到了奥克维·恩威佐的思想影响,在以"人"为讨论对象的同时,关注情感和人的城市情绪。本次双年展获得了瑞士银行的特别赞助,使得原本来自政府单一支持的展览资金来源有了新的活力。2010年,随着上海世博会的到来,第八届上海双年展策展组也清一色由国内策展人组成,他们是范迪安、李磊与高士明。展览主题为"巡回排演",将城市比喻为一座不断举行演出的大舞台,各国的文化在这里形成巡回"预演"。此主题一方面和上海世博会的举办背景国际化相关,另一方面又是讨论在双年展机制全球同质化现象的今天,何以有新的方式来进行组织和策划。

第二章 问题的策动与景观的策划

2012年,上海双年展迎来又一转折点。原来的上海美术馆一分为二,成了中华艺术宫和上海当代艺术博物馆,双年展跟随着当代艺术博物馆进入象征知识生产的巨型电厂建筑内。策展人有邱志杰、鲍里斯·格罗伊斯(Boris Groys)、晏思·霍夫曼(Jens Hoffmann)和张颂仁,以发电厂的象征为主题词,"重新发电"的概念预示着新的上海当代艺术博物馆所承担的未来的社会思想责任,以及当代艺术的能量,希望这里能够激活大众对文化生活的无限想象。双年展同年成立了新的学术委员会,策展机制上以单策展人模式为起点,其他策展人向总策展人负责。这样缓解了策展上的思想矛盾。随后近十年,在新的起点上,上海双年展形成了稳定、多维度多文化的策展理念,双年展也从性质上逐步成了全球共享的当代艺术展示平台。

我们可以肯定的是,中国策展实践的发展是一个渐进、积淀、反复、排演的过程,20世纪90年代无数的展览在策展探索上都有了较大推进,无论是从策展意识、问题意识、展示观念、资金机制等方面都不可与80年代同日而语,但是从策展史、展览史上看,我们还是可以把上海双年展作为一次标志性事件看待。这个事件还在不停地发生,影响着当代艺术在中国的进程。总的来看,它的出现对策展在中国的实践有着几点明确的贡献:第一,如果说1992年吕澎的广州·首届九十年代艺术双年展是国内首次以策展个体亮相展览策划的话,那么2000年的上海双年展则建构起来了完整的当代艺术策展机制。前者虽然明确以策展个体取代群体性组织工作,但从策展的议题生产、执行管理等多个环节上看还不构成完整的策展机制。反之,第四届上海双年展则由明确的策展人工作小组,策展人运用自己的话语权力针对统一的问题意识主题来主动邀约(并非征集)艺术家,策展人对展览的呈现工作有决定权,对展览的资金有使用权,对展览的对外推广及批评有最终阐释权。这样一来完整的策展机制在依托美术馆的机构工作机制下完成了建构。第二,这次策展展出了大量当代艺术作品,它们的出现一方面宣告国内官方艺术权力机构对前卫艺术的认可,另一方面也展示出策展人所思考的问题语境、展示表达语言的当代性，是当代艺术策展在中国的完整体现。在此之前，20世纪90年代的当代艺术展览多在非官方机构或地下空间得以组织，其"合法性"往往受到质疑。在为数不多的如1991年尹吉男、范迪安策划的"新生代艺术"展，虽然在北京官方的中国历史博物馆内举办，但从展览的组织形态看，还处于非官方邀请、策展人个人组织的形式。其作品仍然以绘画为主，讨论当代艺术前卫的语境有限。第三，上海双年展实现了策展资金的自循环，也建立了官方艺术机构与当代艺术策展之间的稳定结合。在中国，机构的当代艺术策展意识起步较晚，在此之前没有机构做过策展实践工作，更不会有稳定的策展经费给予当代艺术的展示文化研究工作。独立策展人自上海双年展之后获得了自己发表学术观念、策展批评的平台。第四，上海双年展的策展语境是国际化的，这也反映了当时全球化当代艺术语境建构的时代诉求。同时也表明，策展实践在中国的完善发展，其实本质也就是西方当代艺术话语权国际化建立的过程。上海双年展联通的是国内外当代艺术情境，是弥合长时间断裂的多维的国际文化。20世纪80年代末至90年代初，出国探索艺术的前卫艺术家重新回国，带来的是新的文化身份和特殊的艺术地位。在上海双年展之后，这种断裂的艺术家个体身份几乎不再出现，国际艺术语境的对接，让艺术家在策展生产的过程中寻找到了同一的位置。第五，策展机制中建立的是国内外混合的策展小组组成形式，这也推动完善国内策展实践的专业性。2000年至今，上海双年展的策展人除去2010年"巡回排演"[1]的策展案例，几乎每一届都有国际策展人的加盟。他们带来了国际策展关切的社会问题意识，带来了优秀的国外艺术家，更带来了策展新理念与思路。2000年的侯瀚如在经历十年的海外策展工作磨砺后，其策展过程中，国际性问题方式和策展语言让中国本土的策展实践有了更好的案例。最后，以2000年的上海双年展作为标志，他表明策展实践在国内已经基本完成了策展价值的体现。在这次展览中，策展人以国际

---

[1] 这一届展览适逢上海世界博览会，政府有意以全国内策展班底来彰显中国文化的自信与国际地位。

性视角结合在地性社会特征,以艺术贴近社会日常、介入社会思考的角度确定了展览主题"海上·上海——一种特殊的现代性"。这是当代策展从理念上必须确认的社会行动性动机,策展人面对的不再是艺术专业领域以及精英化的知识分子。整个展览面对的是上海都市下的大众,是具有公共性的文化生产实践。所以策展已然不是20世纪90年代的内部学术探讨,它注定成为像哈罗德·史泽曼在"态度展"策展时面对的问题一样,需要和公共意识发生碰撞,和社会公众建立对话。此外,策展人在策展中不断推动艺术家的发展、创作及展示,这也改变了20世纪90年代策展人在策展中强调个人话语权,以及组织性的单向思维,策展人更加注重和艺术家的共谋关系,强调艺术作品本身和主题的关联。最后,策展人在整个展览的策划过程中,完成了展览阐释价值(学术研究方向)、认同价值(文化身份方向)、展示价值和资本价值(公众效应方向)的整体同一,虽然最后留下了很多外界和学术界的争议,但不容置疑的是,2000年的上海双年展宣告了中国新的策展时代的来临。

第三节 问题意识与策展阐释

一、实验边缘的力量

进入策展时代之后,我们必须在此大致勾勒出中国策展人在某种市场"催化"下,形成的策展语言和方法,以此粗略地为后续在关于策展形成展览价值结果的讨论中,形成现象上的呼应。策展本身作为一个跨知识领域的学科,它兼理论和实践双体系,其本质是形成多知识领域跨边界的在个体身上的体现。策展人需要随时保持高度的开放性、批判性,对任何知识领域形成问题意识和兼容态度。与此同时,对于策展本体来说,如何拓展策展语言的可能性,让策展的知识生产得以扩大,成为一个重要的问题。策展在铸就艺术家的创作成功同时,对问题意识的书写更加清晰、有准备、富有力量,这也是新的策展实践者需要完成的理想追求。所以,在国内策展体系建立成熟的20多年来,寻求多知识边缘力量的策展实践一直没有停止过。在2000年前后,随着互联网技术的发展,真实和虚拟世界的逐步确立,当代艺术必须开始讨论如何将"去物质化"创作和展示作为再次深入的课题去寻求解决方法。去物质化和再次物质化围绕着这个时期的全球艺术创作背景,中国的艺术家也不例外。这是艺术的日常生活化作为一种介入社会空间的必然结果,而传统

第二章 问题的策动与景观的策划

的艺术理论和实践必须应对这种不再会有"边界"意义的存在。这种边界的意义在这个时期大致可以分为:技术与艺术边界、理论与经验边界、策展本体边界。

作为在边界边缘来回试探的艺术形式,新媒体艺术正是从2000年后在中国逐步崛起的新艺术语言。在此之前,作为中国新媒体艺术的发起者,张培力对于录像艺术的实验创作已然为后续新媒体艺术的语言探索打下了过硬的基础。1988年,艺术家张培力用松下M7摄像机创作了《30×30》的作品,开启了新媒体艺术在中国的发展之路。2003年,他又在中国美术学院依托其大量的艺术实践,成立的全国第一个新媒体系,带来了从实践到理论的新媒体探索。随后,面对技术和新感知,策展人开始逐步进行理论上的学习,在实践上针对艺术家的实验性创作进行不断的交流。2004年,第五届上海双年展主题为"影像生存",这让新媒体艺术的探索进入了新的普适阶段,大众与艺术界全面开启了和新媒介直接的共同生存。同年,中国美术学院由许江、吴美纯策划的"迷宫——2004中国新媒体艺术节"在杭州中国美术学院美术馆举办,实时关注新媒体国内创作现状和国际新动态。此外,早在1994年,策展人李振华就开始深入研究和关注新媒体艺术,[1]2007年他策划的"可持续幻想:中国新媒体艺术回顾"在北京阿拉里奥画廊举行。展览将全球视野中的技术话语和艺术当代性发生联系,以梳理和呈现为目的提出媒体艺术的话题。其2014年和艺术家朱哲琴在今日美术馆策划的"声·觉"则是以声音艺术为讨论范围,将展览、新媒体、表演结合成为一个剧场,将展览形成一个艺术事件。另外,1996年,策展人朱其策划了"以艺术的名义"的展览,通过对装置艺术的创作探索,将公众视野投向了新媒介的艺术化现象中。同年,吴美纯和邱志杰在"现象·影像——'96年录像艺术展"的策划中,强调消费的大众文化和新媒介时代的技术之间微妙的关系,成为录像艺术在中国的推广"事件"。1996年,张晴策

---
[1] 李振华,生于北京,长期生活于瑞士。在20世纪90年代至2000年初,不断向国内介绍西方新媒体艺术生态,并策划如"浪潮""可持续幻想:中国新媒体艺术回顾"等大量新媒体艺术展览。

划了"是切断，还是延伸——地景艺术展"，首次在国内引出大地艺术的概念，强调自然媒介，引起国内艺术创作界的重要思考。往往新媒介艺术形式的探索都要依托强有力的资本支撑。在中国的奥运年，随着西方资本的涌入高峰，策展人张尕在那一年策划了"合成时代：媒体中国2008——国际新媒体艺术展"，迎着奥运的国际化视野，完成了一次对新媒体艺术国际范畴内探索的艺术项目。以上列举的一些策展案例，实际围绕的最根本的问题还是当代艺术语言在技术的伴随下所引发的后美学、新伦理以及新经验的思考。他们不断跟进全球技术和艺术的话语系统，以展示价值和阐释价值为基本立足点，对艺术的未来性形成深切关注，不断地想抓紧时间，跟上当代艺术的发展节奏。

在理论与经验的边界实验，我们就要从"后感性"的存在谈起。90年代初，如果说张培力等艺术家对媒体艺术进行探索是以媒介和观念作为创作核心，那么邱志杰和吴美纯在1996—1999年策划的"后感性"则是在国际文化语境和中国本土思想的激发下孕育而生。展览以哲学家陈嘉映的《从感觉开始》为理论基础，创作者的观念—语言传达—观念艺术作品—观看者理解—观看者的观念—阐释作者的猜想—语言实验—后感性艺术作品—读者的感觉—批评—进一步实验。从中不难看出，艺术家邱志杰和吴美纯，他们转变了艺术创作的意义，在策展的本质上依托于他们对艺术的新理解，即"艺术创作不是生产作品的'意义'的表述，更多的是营造'效果'，通过形式的实验创造出现场，而不是作者心中的含义或观念。这一立场有助于反击当时流行的题材决定论"[1]。可以看出，艺术作品需要有场域的概念，需要在体验中形成新的艺术信息的传达，这不是由理论家或批评家的传统意义指导创作来的，这是艺术自身内部所形成的必须和策展及展览现场形成关系的艺术事件。"后感性"反对纯粹的"意义"指导艺术家创作或者全是"意义"本身，艺术家群体们希望通过观念创作特别的内容，形成脱离不了个体经验和现场

---

[1] 邱志杰.给我一个面具[M].北京：中国人民大学出版社，2003:63.

表达的艺术能量。"后感性"从策展到创作，形成了一个完整的、以新艺术价值观为基础的群体，他们不依托当时以图像现实意义、国际化语境为主要表达的群体，形成了本土新生长出的另一类艺术方向。我们可以看到，国内的艺术家或新兴的策展人开始强调以艺术家和观众的感受力为前驱，强调艺术生产的理想之后的感性、艺术现场语言形式的转变，以及新的策展思路与方法。这次展览对栗宪庭2000年所策划的"对伤害的迷恋"有很大的触动作用。同时"后感性"系列的策展与艺术创作，也直接影响到中国策展案例中现场艺术表演及行为剧场的生产模式，直至今天可以看到关于"总体艺术"的策划内容。策展人开始注重展览现场的即兴和观者的经验，在艺术作品的多元理解前提下，获得某种带有行为性的语言。虽然在后期，"后感性"影响了整个当代艺术圈的创作形态，但不少追随者往往简单地理解了其表面形式，而未能触及其理论观点。

策展实践在另一个角度的探索则是针对自身的边界。1998年，高名潞在"蜕变突破：华人新艺术"展览中专门有一部分作为"公寓艺术"来进行实验策展。这是针对当时中国出现的商品住宅空间来策划的艺术展示，艺术家将生活日常和艺术创作不分情境地链接在一起，面对艺术圈内部的讨论和交流。1999年，徐震在上海比翼艺术空间策划了"超市"展。这次展览的重要意义在于其将展览看作整体的艺术作品，以突出其展示性和参与性。展览突破了传统的展示逻辑，完成了一次具有实验性的策展实践。徐震作为艺术家，在策展的方法建构中带有强烈的艺术创作气质，这也是策展人和艺术家身份转换在中国独特的案例。之后，在2009年他更是以MadeIn公司化运作的方式进行创作和策划实践，带来了艺术生产的新模式。此类展览还有早在1998年策展人冯博一在北京东郊举办的针对艺术家、策展人生存和艺术创作现实的展览——"生存痕迹"。2009年，夏彦国在北京宋庄尚堡美术馆策划了"摆摊"展[1]，以特殊的主题及展览规则来反讽中国当代艺术机制下市场和艺术家生存和创

---

[1] 夏彦国的"摆摊"展从2009至2011年，共持续了三届。

作之间的关系。展览以一种生活日常及工作情境为内容，突破了展览本身的空间属性概念，完成了一次对策展的"反叛"。这些实质性的策展探索，本质上是策展人联合艺术家对当代艺术知识生产的一种捍卫，是对持有批评精神和反抗精神的后现代艺术态度的一种坚持。

二、寻找在地文化认同

寻找在地文化认同是2000年之后中西当代艺术碰撞最为激烈时期的反应，策展人也开始彻底独立思考中国当代艺术发展和西方"文化殖民"之间的关系，这种认同在激烈的策展实践中得到体现。这是21世纪前后十多年作为主体的策展讨论。前文论述中，我们也不乏大量相关讨论。在这里，值得我们关注的是，2008年前后，艺术界在中国全球化文化身份认同的问题上，从原有的"东方""西方"简单的二元论走向了折中主义，一种没有标准只有立场的态度上来。中国知识分子虽急于进入世界文化浪潮的大讨论中去，却显然还在摸索自身的话语特征。无论是选择何种态度和立场，当代艺术在中国乃至策展在中国都无法摆脱西方文化基因的存在。认同是一种假想模式，却必须走过这个阶段，从策展方法中带来冲突的符号，制造中国当代性的特殊烙印。但是，仅仅聚焦国际文化身份的认同并不能解决国内本土性文化身份的矛盾关系。其中，这种在地性认同往往还存在于城市化社会群体的文化认同、文化体制内外的身份认同、乡村建设与文化建设间的认同等等。它们往往成为被策展发展历史论述所掩盖的现实，让我们丢失了可以理清独立自我文化身份的实在内容。而在这些方面，策展人的探索从未停歇过。2000年冯博一和艾未未策划展览"不合作方式"，针对意识形态上的偏激与文化身份认同的诉求形成"反抗"性的展览。这个展览也是上海双年展当年的平行展览，在城市空间内对抗官方展览体制。但是其最终的策展逻辑和动机往往成为某种被批判的角度。在主展板块，侯瀚如在国外和小汉斯

第二章 问题的策动与景观的策划

进行了多年合作，在"运动中的城市"系列展览之后，他受邀来到了上海双年展，组织策划了"海上·上海——一种特殊的现代性"2000年上海双年展，集中讨论了中国城市化进程中暴露出来的文化认同与个体扭曲之间的矛盾关系。展览主题依托霍米·巴巴等人所强调的文化霸权问题、新的城市化过程，形成的是一个文化杂交生存的场域。人们不断在资本主义运转之中，在都市中形成个体被文化身份压迫的焦虑。不同民族、生活背景、宗教信仰的人被迫在这里发生交流，如同在一个被流放的场所，要生存下去则必须寻找到自身文化被他人认可的位置。在这里，策展人和艺术家们希望制造城市中的公共文化事件，去激活并良性地讨论文化身份问题，促成文化融合。时隔两年，2002年"首届广州当代艺术三年展"在另一个具有国际气质的中国城市——广州举办。策展人巫鸿将主题定在了"重新解读"上，希望沿用上海双年展的态度，重新对国内当代艺术批评和问题进行非西方语境下的审视，这是寻求一种"非地下展览"，进入独立状况下的中国当代艺术现实的结果。

我们稍微换一个视角来看在地性认同的策展探索，可能有不一样的景象。以栗宪庭的策展为例，他运用艺术风格研究的方式，归纳和总结出中国几个艺术流派往往都是与西方语境下的当代艺术情境有不谋而合的地方。如"玩世现实主义"带来了中国"新生代艺术"的出现，这对应的则是西方"黑色幽默"艺术语境；"政治波普"则对应的是英美波普艺术；"艳俗艺术"的出现和西方"媚俗艺术"的群体又一次有了某种意义上的链接；"对伤害的迷恋"展览则出现了以邱志杰和吴美纯为代表的"后感性"问题意识，总会让人想起英国所出现的"感觉"展。此外，前面提到的高名潞对"极少主义"在国内的对应，即"极多主义"等，这些都证明在这个阶段，中国当代艺术全然没有自己的独立艺术理论语系，也没有建立起独立的内部认同关系。无论是策展方法还是艺术家的创作语言，都在西方的"游戏规则"中游走。我们对西方文化单向认同的同时，也在反思和提出问题，这个问题的批判性事件将在策展人高士明策划的"和后殖民说再见"中得以呈现。[1]

与此同时，从文化内部的生发层面看，基于国内不同地域的文化特征，政府和商业资本不断希望寻找城市发展中的当代艺术价值，希望策展作为方法挖掘在地性文化内涵。地方政府和民营资本也逐步看到了当代艺术的发生所带来的巨大价值，各地方在2002年，政府强烈推广文化艺术的背景后，陆陆续续有各种以在地性话题为策展方向的展览出现。城市新文化身份的确立成为国内各地城市内部需要完成的认同使命。所以在此，效仿上海城市文化发展的方式，艺术与展览成为一种被政府文化部门认为有用的"催效器"。文化群落时代[2]的建构需求迫切要求全国上下在城市化进程中构建新的城市文化，形成现代化语境下的文化景观。其实早在1999年，由黄专策划的第二届当代雕塑艺术年展在深圳何香凝美术馆室外展出，主题为"平衡的生存：生态城市的未来方案"，有29位中外艺术家参展。这也是深圳成为经济特区之后，举办的重要的大型公共艺术展览。2000年开始，整个政府的在地性诉求开始结合国外"公共艺术"理论。随后到来的以公共雕塑和公共空间为主题的展览占据各地城市文化活动的重要板块。2000年在杭州举办的"第二回当代青年雕塑家邀请展"等，策展人开始要求艺术家寻找本土性创作情境和语言，结合空间叙事和文本，完成艺术在地生长的可能性。2005年，广东连州国际摄影年展，通过摄影展览的策划，将一个地方和国际联系在了一起，不仅通过艺术策展盘活了一个小城，更是让摄影在中国的学术讨论更加完善和专业。2013年上海西岸建筑与当代艺术双年展，政府用一个公共艺术事件，通过复兴上海西岸在地文化符号，来打造了一个至今不再能够脱离讨论的、全球重要的艺术生态地标。与此同时，至2016年，由冯博一策划的乌镇国际当代艺术邀请展为乌镇带来了文化形象上的重新树立，以威尼斯双年展为基本模板的乌镇，打算利用艺术的魅力

---

[1] 详见本书第四章第三节。
[2] 详见阿尔君·阿帕杜莱,消散的现代性：全球化的文化维度[M].刘冉,译.上海：上海三联书店,2012:1-32.

第二章 问题的策动与景观的策划

促使地区性的文化差异成为在地性经济发展的优势。各地方性美术馆也在寻找在地文化策展的可能。如2016年，湖北美术馆举办了"@武汉"艺术项目品牌，旨在通过和艺术界不同策展人、艺术家、批评学者的合作，开拓武汉本地文化公共服务，增加在地性文化研究。[1]此活动生根于武汉城市肌体，成为上接"八五美术新潮"运动中武汉的艺术气质，下接当下武汉艺术新氛围的重要品牌。这一种新策展现象在全球资本主义景观社会中已然不是中国才有的，2000年后，全球出现的双年展和艺术节都以某种地方性修辞的策略完成对文化旅游主义的深入解释，地方性文化认同成了策展的某种困境。这时，我们还要看到另一种寻找在地性文化身份和知识生产的展展模式。它往往和之后我们要讨论的田野行走与乡村建设联系在了一起。2005年，艺术家渠岩脱离当代艺术和资本市场的情境，走向中国乡村，来到晋中许村，开始了其长达十多年的乡村文化艺术建设项目。他将默默无闻的村庄带向了以在地性艺术文化生产生活为特色的中国新农村，找到了属于中国本土文化与艺术结合的方法。这也是较早用艺术实践介入在地性和环境化问题的方式。策展人开始关切中国城市化进程中环境问题下地域性文化重构。此后2011年，广州时代美术馆举办了艺术下乡项目，"碧山计划"就此诞生。项目发起人欧宁与左靖希望在安徽黟县碧山村通过长期的艺术策划行动与实践，建立所谓"碧山共同体"，从而用艺术的方式形成新型乡村建设模式。"碧山计划"的实质目的是拓展乡村建设在中国的生存空间。为了达到这个目的，策展人邀请了国内外的当代艺术家、音乐人、建筑艺术家、文学作者、影像导演、设计师等，和专注于乡村建设研究在地学者、民间手工艺人和民间戏曲艺人进行两个月的协作前卫实验，共同拓展乡村建设的生存空间。可以说，不管是"许村计划"还是"碧山计划"，它们作为策展社会意义的衍生案例敢于深入中国本土文化情境，在非城市化内部空间实施不以展览本体为目的的策展实践。策展人将策展看作在

---
[1] 中国美术家协会策展委员会,中华世纪坛艺术馆.策展学丛：第二辑[M].桂林：广西师范大学出版社,2020:271.

地生活群体的日常事件，以艺术的语言来推动社会文化在乡村群体中的能量聚合。这既是田野行走，也是日常生活。个人策展行为较为独立地撑起了艺术的功能性与实效性。在中国特殊的文化艺术活动的扶持制度下，这种策展行动实属不易。

三、田野行走中的边界

田野行走与在地性社会实践往往是密不可分的。在21世纪第一个十年里，逐步摆脱单一政治性表达和形而上"写作"的艺术家们，受到新媒介、语言及特殊材料的影响。一些策展人敏锐地发现了这样的现象，并采取与哈罗德·史泽曼一样的工作方法，从田野出发，和艺术家深入交流，对艺术家所持有的新艺术创作生态进行有效的调研、总结。策展实践和艺术家创作实践有部分的重合，在和艺术家的田野工作中，不断延伸出对他们感知语言本质的理解，并给予阐释。策展人对艺术家创作的过程、手法更加看重，所以在策展的过程中，展示艺术家创作的媒介和手段成了重点。1999年邱志杰和吴美纯策划的"后感性：异性与妄想"展成了焦点。另外一类策展人则将视野放在整个国内当代艺术生态的调查上，他们从走访中找到问题，从问题中找到价值，从价值里看到文化逻辑。最终，展览形成田野性的报告，艺术家的创作作品成为报告中的"形容词"。直至2006年，邱志杰策划的"新民间运动"展览形成了其以社会学策展和创作的重要方式。

与行走在艺术田野生态领域不同，2000年后，部分策展人介入社会日常现实，以社会学田野的方式形成艺术策展对社会现实的干预、表达。策展在这种方法的指导下，更像是艺术项目（art project），策展展览不再是唯一的结果，策划的过程形成了完整的创作链条，以行动作为目的完成策展工作。这样一类展览以邱志杰的"南京长江大桥自杀干预计划"项目为典型代表。2002年，策展人卢杰、邱志杰发起"长征计划"

艺术项目。卢杰依托这个艺术项目完成了其艺术空间——长征空间的建立。整个计划的内容是两位策展人带领艺术家们重新沿着红军长征的路线行走，沿路就地进行田野调查，艺术家根据田野问题及时组织艺术创作。整个策展项目如同一个持续的行为艺术，以不断与地域产生联系的方式进行文化知识的梳理与生产。随后而来的是依托"长征计划"而生成的长征空间，其实质是营利的艺术机构，长征计划却是一个非营利的项目。2002年从长征路的行走开始，长征计划就没有停止过。2006年他们在延安举办了中国当代艺术教育座谈会，全国所有的美术学校院长和实验艺术系的主任，以及几十个艺术家都到达了现场。此外，他们策划了杨少斌做的两个阶段的煤矿计划（2004—2008年）、"延川剪纸大普查"和剪纸教育项目（2004—2009年）、"胡志明小道"（2008—2010年）等项目。长征计划从2002年行走至今，做了百个项目，有它自己的历史观和方法论，是对整个艺术系统进行思考、介入后提出观点和方法。所有这些独立的项目都在长征计划的脉络里，以非营利的策展形成学术高度对营利机构形成合理化的商业推动。此外如2011年，策展人卯丁策划的"凤凰·西去20000米"展览，调研湖南省凤凰县山江镇以及所辖的千潭村、老家寨等地，展出描绘全家福、村干部、单身汉的近百幅油画、表现编织、吊锅饭、集市生活的多组雕塑，记录婚葬、求雨仪式的照片，以及反映村民医保社保、养殖收益的文献资料等等，呈现了湘西农村的真实现状。

　　田野的行走最可贵的是将策展带回到了一种不断自我生长、问题意识不断加强的方式中来。策展行为在这里既是一种整体创作，也是一种整体展示。它需要将社会田野作为背景材料，需要更多的感知经验作为支撑。它模糊了展览的物理空间，走向了某一种策展的"非物质性"和可展示性。参与成为最为重要的接口，来让观者完全理解策展的意图。正如策展人高士明所说，"艺术时刻"[1]，强调艺术的此在性，艺术不

---

[1] 高士明.行动的书：关于策展写作[M].北京：金城出版社，2012:3.

是永在的形式，而是随时可能被激活的历史瞬间。在国内，以此种方法进行策展的人在2000年之后不断涌现。从20世纪90年代末到21世纪的头十年里，策展人所策划的展览主题与问题方向在不断蔓延与拓宽，从社会生活的日常到艺术本体的语言，从政治经济的认同到消费时代的生活奇观，策展人带着最广阔的视野走入艺术展览的知识生产中。这一时期，如范迪安策划的"都市营造"展览、黄专与皮力策划的"图像就是力量"、黄笃策划的"后物质"展等都是实验策展问题意识的田野再造。在田野中，策展人的实验更像是吉尔·德勒兹（Gilles Louis René Deleuze）所说的"中介人"[1]的概念。他们带来了思想的运动和活力，并不断介入大众、艺术家、日常生活的社会界面之中。他们善于发现冲突，解决问题，制造融合，让策展不再是狭小空间内的点状效益，而是撒开、面对文化肌理，不断"调停"[2]资本化景观社会所带来的不可回避的被动矛盾。当然，作为中介人的策展人，需要面对的困难是难以想象的。在制度、机制、大众间，他们需要获得中介人两端的信任，以及激励的配合，从合作中找寻艺术的意义，这在中国难免有些吃力，但总有人能够做到。

四、艺术史的自留地

我们在前文中反复强调，中国早期的策展人工作基本是由艺术理论家和批评家完成的，他们对展览的理论阐释性有着自己独特的偏爱。在展览中，他们常常运用艺术史的方法对艺术家创作的作品内容、风格、情境做回顾、梳理及总结，从而在其中找寻共性特征，形成凝聚精英化群体判断的阐释价值。在这样的一类策展活动中，我们可以看到基本上

---

[1]　Gilles Deleuze. Negotiations, 1972-1990[M].New York: Columbia University Press, 1995: 125.
[2]　保罗·奥尼尔.策展话题[M].蔡影茜，译.北京：中国青年出版社,2014:19.

第二章 问题的策动与景观的策划

以早期的几位策展人为代表在进行探索,形成了在一套艺术史方法论中滞留下来的对当代艺术的阐述之地。2003年,针对西方"极少主义"艺术流派的概念,高名潞策划了"极多主义"展览,强调中国受西方创作风格影响的艺术家们在所持有的特殊在地文化情结下形成的新风格。2007年,费大为策划了"'85新潮:中国第一次当代艺术运动"的展览。2009年高名潞则对"中国现代艺术展"提出重新梳理的概念,策划了文献展。同年,策展人吕澎则完成了"改造历史:2000—2009年的中国新艺术"在北京的策划,其展览的呈现基本依托多年来围绕当代艺术史的写作而形成。2015年开始,艺术史家朱青生基于其1986年发起的"中国现代艺术档案"工作项目,每年在北京举办一届针对全年调研和梳理的艺术大展。[1] 它从艺术史的方法角度来归纳研究实时发生的重大当代艺术展览和创作。其策展目的一方面是通过展览修正艺术即刻的历史脉络,另一方面则是形成具有艺术价值的阐释系统,来完成对艺术方向和未来的判断,形成当代艺术在中国发展的连贯性。在此,策展人朱青生希望通过展览实现他对文化艺术使命的判断、即面对公众,突破圈层精英化艺术,扩大艺术行为和目标,使得在人权解放的时代要求下,满足社会人士对艺术理解的需求。次年,朱青生在北京民生现代美术馆以文献梳理的方式继续策划了"中国行为艺术三十年"文献展,展现了自1980年到2014年间的中国行为艺术创作之路,试图从中找寻艺术史价值和脉络。策展在这时是一部当代艺术的故事集,也是一本可以和公共教育共同成长的艺术日记。此外,与历史方法略有不同的是一些策展人带有批评和分析的策展方式。他们针对当下艺术家的创作现象提出批评、归纳、分析和引导,从而推动一种"流派"和风格的出现。如栗宪庭在20世纪90年代提出的"政治波普"和"玩世现实主义"等,但这种方式仍然是一种艺术史的批评研究方法,是归纳和提炼的艺术史写作模式。此类展览以1996年杨小彦老师策划的"卡通一代"第一回展为代表,形

---

[1] 至2019年,整个系列展览持续了4届,在北京民生现代美术馆赢得了重要反响。

成了艺术市场所认知、艺术价值所认可的艺术家"标签"。两种策展方式带来的是策展人强有力的话语权压制,是强策展行为的一种体现。策展人以自身的知识理论优势,将问题意识放在自身的理论逻辑上,消耗了艺术家创作的主体意识,也削弱了艺术作品本身的更多维度的意义,但这种策展实践的探索,却更容易形成方法论。

在艺术市场引领艺术生态的特殊时期,这块"滞留地"成了策展生产中重要的产地。此外,相对于将策展作为实验行动的路径来说,不少策展人选择将策展作为艺术研究和写作的空间方式。在这里,他们可以通过梳理、编辑、研究、论证来提出各种观点,从而形成以阐释价值为主要目的的理论性展示,这类似于艺术史写作,但运用的知识方法则更多元,维度更新颖。

西方用艺术史观的方法来进行策展实践的案例屡见不鲜,前文我们也在20世纪50—70年代的诸多案例中找寻到了艺术史研究策展的重要手段。但我们可以发现,这些方法的使用者往往都是来自艺术机构的策展人,他们依托完整的馆藏艺术品,通过对其梳理、研究、编辑来发现问题,从中找到策展方向,但中国的艺术机构缺乏对当代艺术的收藏体系建构。许多民营美术馆的收藏不成体系,这样的历史研究工作只能由独立策展人来完成。面对复杂的艺术发展期,资本利益掺和着艺术文献的纷乱复杂,让艺术史观的策展方法显得十分艰难,所呈现的议题和研究结论也缺少支撑。所以,如何在未来构建艺术机构收藏体系支持策展人的史观研究,可以说是"自留地"延续出活力的重要前提。

在笔者看来,艺术史观的策展是一种特殊的策展实践方法,重要的是其工作方法上的独立。它看重历史轴性和时间图谱,以代表性和分类法完成策展宏观的块面观点。这往往让策展实践不那么注重时刻性、现场性和共时性。晏思·霍夫曼在他的文章《策展的某种趋向》中,认为"策展人是对既存的符号、代码和材料加以限定和排除,并创造意义的人。这意味着在展览制作的过程中,策展人作为去中心的结果存在,仅仅是一个更大的结构的一部分,他占据一个主题位置,但并非核心。"[1] 以艺术史写作的方式进行策展可能与此观点不太一致,但这并不代表某种策展方法的先进与否,而是需要更好地相互结合,在策展知识研究和社会实践的意义之间来回调整,发挥更大的意义。

---

[1] 保罗·奥尼尔.策展话题[M].蔡影茜,译.北京:中国青年出版社,2014:139.

第四节 走向"问题"策展的景观时代

2007年,中国艺术家张晓刚的作品已在当年索斯比拍卖成交价格占据整个销售额的10%。同年英国《艺术评论》(*Art Review*)推出的"The Power 100:2007"排行中,全球年度拍卖成交量前100人中有36位中国艺术家。[1] 2008年,中国拍卖行宝利、嘉德等均进入全球拍卖前十企业。从2005年至2008年,中国当代艺术全球拍卖成交金额以每年50%递增。这个简单的例子向我们展现了2008年北京奥运会前夕,中国当代艺术在国际上的重要市场地位。大量的资本以"中国制造"的热衷意识,将中国艺术界的艺术家到艺术作品,乃至策展都卷入到了新的资本高度。作为"模仿"西方的中国艺术创造了神话,同时也遇到了严峻的危机。展览生产和策展实践进入了两难境地,一方面要进行在地性非西方的策展生产的探索,另一方面又要抵御资本市场扩张带来的西方美学化的"招安"。如此之下,景观化策展的势头,不断引起艺术界内部的争议。随后,随着近些年网红展览[2]生产的普遍性,当代艺术策展空间受到挤压,策展模式变得单一,景观带来了策展的"问题"从策展实践的内部和外

---

[1] 详见吕澎.中国当代艺术史2000—2010[M].上海:上海人民出版社,2014:121.
[2] 在国外,"网红展"被称为"快闪展(pop-up exhibition)"。摘自中国美术家协会策展委员会,中华世纪坛艺术馆,策展学丛:第二辑[M].桂林:广西师范大学出版社,2020:271.

部同时开始发生变化。而重要的问题在于，我们仍然还不知道问题出在哪里。在此节，我们主要列举最具代表性的三个方面的策展实践问题进行讨论。

一、媒体艺术的双刃剑

如果说现在的青年人没有看过几个展览，那几乎是不太可能的事情。而在他们看过的展览里，十有八九是以新媒体艺术为内容的展览。从前文我们可以了解到，新媒体艺术作为20世纪90年代末期开始为策展人和艺术家共同讨论的艺术媒介语言不断发生在各地的展览事件中。技术媒介和艺术观念之间存在着相互支撑、互相拓展的关系。

早在2002年，亚太多媒体艺术展由范迪安、皮力、金曼（Kim Machan）联合策展，以呈现国际新媒体现状为主要目的，开启了新媒体艺术形式的全球交流端口。同年，侯瀚如在韩国举办的"2002年光州双年展"上，让北京藏酷新媒体艺术中心作为独立单元参展，介绍中国的新媒体艺术。之后，以张尕为主要代表的策展人，转向了对新媒体艺术的实验性进行深入探索。他在20世纪90年代留学德国后进入纽约帕森斯艺术学院学习，其不仅具备深刻的新技术及其理论，而且能够很好地将其发展成为有系统思想的展览。2003年，他回国开始策划新媒体艺术展。2004—2006年，在北京中华世纪坛主办了国际新媒体艺术展暨论坛。这个持续了3年的项目，不断关注媒体艺术在全球范围内最新的动态，研究中国如何推广艺术和技术之间微妙的实验关系。2008年在中国美术馆策划"合成时代：媒体中国"，2011年又在此策划"延展生命：媒体中国"。2014年又在中国美术馆举办了"齐物等观"主题的展览，来自22个国家的65位艺术家的58件作品带来了艺术自创发展，以及新的批评标准。张尕实践新媒体艺术策展的典型案例已然从艺术的角度建构起从社会学和人类学视野拓展到技术现实的问题。在互联网技术迅猛发展、虚拟网络时代构筑的信息化世界中,大众对观看世界的方式、体验的内容提出了更高的要求。

2007年,张培力作为发起人,在上海筹备了"上海电子艺术节",来自英国、法国、德国、奥地利、意大利、日本、韩国、美国、西班牙以及中国的台湾和香港等不同国家和地区的艺术家围绕技术和新媒体美学思想,以实验性艺术创作和技术探索,进行艺术主题的创造。展览成为集聚国际参与性,同时又不断介入城市公共空间和互动的艺术项目。这些新媒体展览过于轰动的社会反响,让我们逐步清楚一个现实,那就是被工业信息化时代驯服过的感受力已不再能提供更高要求的经验感受,这使得媒体艺术的展览一方面为大众所追捧,另一方面它却缺乏主动思考的可能性,去理解艺术在技术带来背后所呈现的理论阐释价值。技术带来的奇观表面性遮蔽了艺术所带来的观念语境,展览的阐释意义被展示意义所隐藏。

时间来到2015年,上海余德耀美术馆在经过多轮的磋商,从美国兰登国际艺术[1]购买了一件大型装置作品《雨屋》。观众在进入封闭的黑空间中,经过灯光布置迷幻的作品区域时,通过感应装置让雨点落不到自己身上,而身体之外的地方则不断地下雨。这样一个简单具有些许诗意的作品给美术馆带来了巨额收益。依托这件作品体验的展览,让无数看腻了"罐头展"的观众找到了新鲜感。持续至今的沉浸式展览从这时开始,逐渐占据了国内艺术展览生产的半壁江山。2017年,日本teamLab艺术小组[2]将自己的个展设置在了北京佩斯艺术空间,其投入数百万元的展览成本,创造了数千万的展览收益,轰动了整个北京艺术圈。这个展览也是新媒体技术影响展览本体价值的典型案例。重在展示价值的策展时代逐步到来,景观化下的商业展览以观众的消费要求为出发点,扭曲了

---

[1] 它由汉尼斯·科赫(Hannes Koch)、弗洛里安·奥特克拉斯(Florian Ortkrass)和斯图尔特·伍德(Stuart Wood)三人于2005年共同在美国创建,该群体联合创作基于当代艺术互动方向。
[2] teamLab是2001年以东京大学研究所的学生为中心所创立的,最初只有4个人的数码技术与艺术的跨界公司。如今,teamLab已成为拥有400多名程序员、工程师、数学家、建筑师、网页设计师的专业团队。团队很多作品都在强调通过打破艺术、科学、技术、创造的界限,用全新艺术手法为观众带来突破现实的沉浸式体验。

艺术和技术之间的相扶关系。策展的批判性和问题意识在讨论新媒体技术的发展之中显得格外薄弱。为了赢得艺术展览消费群体的追捧，不少策展人在国内策划展览的时候有意去除社会文化论述、去文本叙事性、削弱阐释性，以求得和观众之间所建立的文化趣味认知上的认同关系。

二、资本消费的展览

经过2002—2008年间经济的高速发展，中国房地产行业崛起，地产行业的发展开始影响当代艺术领域的生态。一方面，资金大量涌入艺术市场，民营美术馆、艺术中心开始纷纷成立。在这些巨大体量的艺术空间内，展览和艺术项目成了软性内容而被生产。所以可以看到，策展实践在这时开始被艺术市场推着前进，往往失去了其独立的态度以及思想意识发散的初衷。2012年之后，中国地产发展进入新的阶段，传统的扩张模式因无以为继而面临转型。文化艺术成为地产发展的重要方向。在此之后，当代艺术项目已然从原有的"艺术事件"走向了"营销活动"，商业资本价值超过了艺术策展所本有的阐释价值，"问题"策展的现象屡见不鲜。

2014年前后，中国诸多民营美术馆不断成立，掀起了中国第二波艺术机构发展的高潮，如上海龙美术馆和余德耀美术馆就是其中的代表。这一时期对应欧洲德国20世纪70至80年代的美术馆扩张浪潮，对应于日本20世纪80—90年代艺术机构迅速增长时期。在此看来，艺术面对于精英式的消费已经转变为面对大众的"共享"。[1] 随后，这些美术馆从国外购买大量的展览产品至国内，以商业为目的提供给公众进行艺术消费。这些展览基本上是以国外现代主义大师作品为主要展品，由他们的基金会或收藏机构授权，进入中国公开展示。其中包括法国印象派的莫奈、马奈、荷

---

[1] 参见中国美术家协会策展委员会，中华世纪坛艺术馆.策展学丛：第二辑[M].桂林：广西师范大学出版社，2020:46.德国文化官员希尔马·霍夫曼（Hilmar Hoffmann）提出"文化为所有人"。

兰画家凡·高，西班牙画家毕加索，日本画家草间弥生、村上隆等。这些颇具公众认知度，持有大量IP（知识授权）的艺术家作品，带来了颇高的展览收益，让这些美术馆将其机构定位成为以营利为目的，本质是商业的文化综合体。2013年，上海当代艺术馆尝试为国际当红艺术家草间弥生举办个展，展览以特殊的空间布置以及艺术家的创作互动，带来了不一样的展示体验。这个叫做"草间弥生——我的一个梦"的展览在4个月的展出时间里迎来了数十万的人流量，俨然形成了前所未有的大众文化奇观。随后自2014年起，上海chi K11美术馆也迎来了策展策划的主题年，美术馆通过制定一年的展览主题，围绕主题完成一年内的各种展览计划，其中就有"大师年""时尚年"等。美术馆和艺术机构在这时更像是在资本化社会中不断制造娱乐活动的生产商，创造更多的观看流量来建构自己的文化娱乐地位。艺术策展大多数时候不再是面对提高智性的人物，反而走向了感官刺激的"研发"之中了。反思和批判往往被悬置起来，正好让在工业化时代过剩的艺术家形成生活下去的日常可能性。同样，过剩的艺术空间需要大量的展示文化内容，而策展行业则如同当年艺术教育适应工业化艺术家生产需求一样，也形成了一种标准化的生产。以最快最高效的方式让展览实现其资本价值，展览即产品。产品就需要营销来收割消费人群的剩余时间（即价值）。所以，如何将展览变成具有关注度的感官载体，就让"问题"展览完成了其华丽的存在。

2017年5月，中国佩斯在北京引进了日本艺术团体teamLab，引起了国内展览行业的巨大震动。展览以强有力的新媒体沉浸式空间，混合着立体多维度的图像视觉，去阐释新的展览主题，让观众完全置于空间的体验感受中（图2-4）。最终，它掀起了近五年的新媒体沉浸式展览热潮。在上海，以展览商业化生产为主要目标的大型艺术机构也在兴起。如上海昊美术馆在以博伊斯和白南准个展研究为开馆展之后，长期处于在国外购买展览产品的状态，弱化美术馆自身的策展研究和生产，以资本价值作为评判艺术策展的主要标准。2017年，美国艺术家卡伍斯（Kaws）在上海余德耀美术馆进行了国内最大规模的展出，潮流艺的崛起带着商业目的,以展览为依托形成了新的艺术景观风潮。除此之外,不少国际著名艺术家也"升级"了他们的展览"品质"。通过简单的叙述和景观化的展陈制作,如格穆雷、安妮施·卡普尔(Anish Kapoor)、詹姆斯·特瑞尔(James Turrell)这样的艺术家个展在国内呈现出极高的展示性价值,但对这些艺术家的学术研究过程及其艺术带来的文化阐释价值则未能透过策展得以展示。更重要的是,艺术家们的作品成了景观,本质上也没有与中国观众建立某种文化认同的联系。然而展览的票房营利却可以遮蔽一切的问题。它们以文化进口商品的身份来到中国,让国内更快地形成了一套艺术展示的消费生态,但这些占据了本土策展资源和生态的展览,从长远看,往往伴随着危机。艺术机构成为代理商,策展团队成为布展对接人,这如同引进好莱坞式的商业大片,让本应多维的电影形式走上了单一的呈现,策展景观不断深入中国当代艺术身体内部。

图 2-4 teamLab: 花舞森林与未来游乐园
(图片来源: teamLab 官网)

但一切问题并非那么简单,艺术投资人的"难言之隐"都来自经济逐步放缓和衰退的境遇。失去资本持续高水位注入的当代艺术市场生态链后,退去的现实就是大量的艺术机构需要寻求可持续发展的新依靠。但在中国,并没有像西方那样全的基金会赞助模式、资产丰厚的赞助人模式,机构和政府之间的特殊关系也不复存在。这样一来,被"宠坏"的艺术市场中各个环节必须放下自己的理想原则,从而找到活下去的模式。机构策展在此也陷入困境。他们不得不考虑通过展览来获取商业收益,大量压缩学术展览的生产空间,向艺术市场中大众需求靠拢。加之机构不曾建立如国外一样的艺术品收藏体系,导致空壳下的艺术机构成为无依无靠的个体。另外,消费时代的到来使展览堪称一种社交场域,当代艺术在社交工具的存在目的下,形成了资本与个体之间来回交换的物质价值形式。策展的行动力与社会参与性都在资本运作和市场面前成了无效产品。全球大量的商业巡展,以及年展活动层出不穷,却没有任何在公共空间文化与思想上的推进意义,消费至上成了包裹策展行为的重要魔咒。

三、年展机制的活跃与"板滞"

从2000年起,效仿国外当代艺术展览模式,参照上海双年展的成功案例,全国各地在艺术资本的活跃推动下,官方艺术机构和民营艺术机构等相续开始进行年展品牌的打造。2003年的北京国际美术双年展、2007年的成都双年展、2008年的广州当代艺术三年展等都成了一个城市与当代艺术文化接触的佐证。2009年首届798双年展在北京开幕,这也代表着新的资本进入双年展体制内。这些年展品牌的树立带来了策展人行业需求的大大增加,原本主动寻求策展机遇和发生的时代悄然无存了。策展实践逐步被资本化、被动式的文化消费所带领。"第三届上海双年展:海上·上海"作为千禧年最为重要的中国艺术事件,将双年展

第二章 问题的策动与景观的策划

引入"策展人机制",原本不被给予官方肯定的新媒体及装置艺术在社会公共层面上得以展出和承认。主办方们让双年展更加国际化,同时也做好了中国国内展览机制和国际接轨的准备。但是,效仿总是难以达到一种真正意义上的超越。双年展机制在地方政府扶持文化艺术的概念上形成了"想当然"的局面。对艺术展览机制的不理解、艺术内容的干预等,缺乏调研和急功近利的思想让年展机制走向了景观化的现实。早在2002年,策展人费大为就在上海《艺术当代》杂志专栏上做了一次调侃,题为《1096个双年展》,以反对在国内举办各种没有存在价值的年展模式。如今,这个调侃几乎成为现实,截至2019年,据不完全统计,中国境内还在举办的以国际双年展、艺术节为名号的等活动竟然达到600多个。这些同质化的展览,造成了地方文化资源的浪费,没有地缘性和社会切实问题的思考,没有优秀的艺术作品,策展和展览一起成为被消费的对象,年展机制构筑了一个依托政府机构、商业企业完成的商业性艺术产业。可以说,从20世纪90年代而来的中国策展在经历了多年的资本洗礼,从"私人定制"的主动性策展,走向了"流水线"批发式的被动式策展。

年展机制从2000年后的爆发式活跃发展到现在的景观化"凝固",其中有诸多原因。首先是在国际大背景下,资本全球化的时刻,让整个当代艺术的世界"生产"都呈现出奇观的景象。侯瀚如在《策展的挑战:侯瀚如与奥布里斯特的通信》一书中,认为双年展模式已经成为社会奇观,策展需要在被边缘的艺术及"合法"的展览间寻找制约景观化展览的方法。此外,主办者没有完全理解当代艺术策展机制中双年展的本质意义。年展的策划应当是对艺术的当代问题、前瞻性、批判性等意义的建构,对社会中的敏感问题予以回应。但在中国的现实情况是,双年展、艺术节的存在基本是一种举办者的假象,是一种文化生产的单向思维,偏离了年展模式的本质诉求。年展的组织由策展没有实现在地性的基因构成。大量的展览之间缺乏各自独有的在地文化特色。策展人或策划团队没有从策展的问题意识出发,仅仅只是从策展的形式主义着手,组建以规模、名气、资本为标准的展览内容,让展览没有生命力,没有扎根地域问题和社会日常的能量。2012年10月,首届新疆当代艺术双年展在乌鲁木齐开幕,参展的艺术家和展览讨论主题并未和本地艺术生态相关,最终遭到多重抵制。这类问题层出不穷。国内的年展机制近些年来在策展的工作上形成了策展主题和问题意识本身的脱节,策展人以及组织团队在急功近利的利益化驱使下,未能对展览的核心问题进行调研、整理、创造。策展理念成为飘浮在空中的"虚帽"。策展丧失了年展机制的灵魂思想的讨论,仅仅从整合资源、执行层面完成的策划实践注定走入景观化的结局。较之于国外年展机制的资本构成,其大多以非营利的艺术基金会进行长期的资助,通过合理的资金管理与运营来长期推动展览品牌的发展。而在中国,艺术基金会机制的缺失带来的是年展机制发展的不稳定性、不可持续性。单一来自政府的资助,根据政策的影响、展览效果的短时间预期的评估,也很难达到对年展稳定的投入。威尼斯双年展历经120多年,卡塞尔文献展发展了60多年,德国明斯特十年展则也有50年的历史。在中国,上海双年展作为最为健康稳定的年展品牌在经历20多年的发展,在稳定的政府投入和赞助机制[1]下才有现在的效益。此外,依托艺术学院的研究性和稳定的经费,部分双年展发生在学院美术馆机构也保持了其高质量的策展水平,如中央美术学院美术馆的CAFA双年展品牌、南京艺术学院美术馆的"复调——当代艺术生态"年展项目等。对于策展评估体系的缺失,造成了国内年展机制的不可持续发展。年展项目在政府、策展人、资方、艺术家、公众等多层面看来,其定位都是不一样的。策展人在策划展览的时候需要在各个层面当中维系其折中的价值标准和评估内容,使得最后年展的质量成为多方妥协的产物。由政府和资方单方面建立的评估体系进行双年展评定,过于简单。而对于策展人策划的评估也未能从这样的标准中脱离出来。策

---

[1] "2008年1月,瑞士嘉盛莱宝银行与上海美术馆签订了对上海双年展的捐赠协议,拟连续赞助2008年至2016年的五届上海双年展,每届赞助额为五百万人民币。此举改变了上海双年展主要靠政府投资的局面,推动了民间资本赞助当代艺术的风气和意识。"引自项笠苹.上海双年展之路[J].艺术当代,2016,15(8):52-55.

展人机制在大多数的年展机制中形同虚设。策展人在政府主导下的展览以及资本强势下的艺术项目中,未能有独立的策展话语权,多方势力的干涉影响了策展最终的价值体现。不光是意识形态的审查机制,利用年展所达到的商业诉求以及策展理念和内容上的强势植入也带来了双年展景观化、时效性的结果。

策展人、批评家侯瀚如对21世纪之后全球文化现实的判断是客观的。他认为"资本主义的核心目标:将创造力和资本、想象力和生产、文化和消费完全融合"[1]。艺术界已经形成了全球景观的美学化。资本营造的固定艺术标准迎合着新自由主义–资本主义的情境。资本的过度运作和挤压,加之以市场化的策展实践,让策展本身从萌发时期的问题意识和批评精神走向了如今的"景观"化。策展行为常常成为商业消费的对象,以及服务商业资源的文化"技术"。策展人往往被社会资源所挟持,失去了对策展行为独立性、批判意识的坚持,他们失去对展览价值结构判断的能力。这是新资本主义异化[2]个体所带来的强烈现实。若不厘清对展览价值体系的评判,对策展方法语言的使用,那么策展在景观化的时代将越陷越深,策展也将成为被生活日常所娱乐的对象,策展作为文化的策动角色将沉溺于历史的深处。更重要的是,不仅在中国,在资本主义全球化景观的现实下,策展在国际中的生态语境中,其自身逐步形成了某种僵化的、资本化艺术权威性语境。原本以批判性中介身份出现的职业角色,在这里往往成了自身需要被批判、自我认知不足的文化角色。正如著名策展人保罗·奥尼尔(Paul O'Neill)在2005年英国北方当代艺术画廊研讨会上所评论的:"策展实践中的'自反性'(self-reflexivity)……正在被滥用的、平民论的流行词汇……展览策展正变成了一种关于'自反性'的自反。"[3]这不仅仅是一个职业固化的问题,更是资本化全球景观下,对于文化生产的某种客观事实,具有不可回避的两面性。策展主

---

[1] 侯瀚如,奥布里斯特.策展的挑战:侯瀚如与奥布里斯特的通信[M].顾灵,译.北京:金城出版社,2013:97.
[2] 参见哈特穆特·罗萨.新异化的诞生[M].郑作彧,译.上海:上海人民出版社,2018.
[3] 参见保罗·奥尼尔.策展话题[M].蔡影茜,译.北京:中国青年出版社,2014:45.

体的"板滞",随后带来的是其生产结果的模板化。那些闪亮、快速、流行的策展标准是在"独立"策展身前,回照其无法独立本质的符号。

在此,我们做一个小小的总结。在有限的行文里,我们不可能观看中国策展发展的全貌。在较为粗略的勾画后,我们需要明确的是以上论述,主要目的在于寻找策展人对策展意图及艺术生态在国内的变化对策展工作的影响。另外,我们希望从策展人对展览价值的构筑角度,梳理在不同阶段下策展人所进行的实践过程。策展人在中国逐步形成了区别于西方策展生态及概念的独特职业,他们要面对中国当代艺术具体的发展情境来找到行业的自我位置。这个位置多方面来自对展览价值的判断,无论这种判断来自社会情境的被动还是个体思索的主动。我们逐步在这样的大框架下发现,仅仅从20世纪90年代末开始,这些策展生态和方法,都将其生产的展览内在本质指向了关于阐释价值、认同价值、展示价值和资本价值——阐释价值完成策展话语系统的建立,认同价值构建策展主客体群体系统,展示价值完成策展艺术形式系统,而资本价值则树立了策展价值的本体系统。那么,如何去理解这样的概念,它们又是如何深入中国当代艺术的历史脉络之中的呢?接下来第三章和第四章则从概念到案例完成重要的理论阐述。

第三章
– 凝视展览价值的内核 –

前章漫长的梳理，仍然暗藏着一条历史时间线贯穿中外策展的发展脉络，特别是我们粗略探讨了在中国短短30多年的准策展"成型"过程中，仍具有特征的地方。这是一段混杂着复杂经济、社会、政治、文化的时代现实的经历，塑造的是西方策展脉络和展览发展所不曾遇到的"中国速度"。一方面要看清策展历史现实的表征，另一方面也要看到策展人在决定进行策展生产的同时，所拥有的行动动机和生产的目标价值。这个价值我们姑且可以用广义上的"展览"[1]，即展示事件作为载体对象，它构建了另一论述层面，正如前文我们所提及的价值体系，随着社会、经济、政治、文化在国内的迅速发展，其完整的演变过程，让我们从新的角度看待一部策展史的发展内在动因。换句话说，策展的行为表征以及方法的实践演化，需要根据策展结果的价值体系演变而随时做出应对。这种演化不是某一种价值内涵取代其他的价值存在，而是前文提到的阐释价值、认同价值、展示价值和资本价值在体系里的相互影响，由彼此"显隐性"结构所决定。结构性不是一成不变的存在，它受社会文化的结构与客观文化群体所展现的特征的影响。所以，看到一个策展行为的全景，就需要去看待时代性的节点当中，客观展示文化的价值结构。我们当然不能将充满展示性价值主导的预期放在90年代的策展人身上，阐释与表达才是那个时候展示性所要侧重的重要价值。所以，我们需要重新回到一段短暂而不简单的历史里去厘清展览价值体系的具体概念，以及其内在的概念组成和个体演变，只有这样，当重新审视策展发展路径的时候，才能有效地找到"因果"联系，从而对我们未来的"景观"策展现实做方法上的研究。

---

[1] 在这里，我们将策展的结果作为广义的"展览"来定义，其具有普遍意义上的展示价值、展示行为、展示界面的策展结果。前文我们强调"事件"（event）作为展览的广义认识。

第三章 凝视展览价值的内核

第一节 展览阐释的内在意义

尼采曾提出"没有事实,只有阐释",这是极其广义的关于阐释的态度。他极具主观意识的哲学观将阐释作为认知世界的本质。这或许在很多人看来过于激进,但在策展领域,作为问题意识的阐释载体,展览需要以阐释的姿态构建事物的逻辑,生发知识的可能。其实,阐释对于当代艺术来说,充当了其"血液"的重要意义。当然如苏珊·桑塔格(Susan Sontag,1933—2004)也通过《反对阐释》(*Against Interpretation*)一书强调了对阐释系统和方法的警惕。但策展和展览阐释价值的关系有别于艺术作品的阐释,其更像是将无形之物有形地展示其神秘化,更需要阐释的"造型"。到底如何去看待阐释和当代艺术策展的关系,那么先要来看看什么是阐释。阐释(auslegung),常常被我们用于与"解释"同样的意义,被模糊和等同了。德国哲学家威廉·狄尔泰(Wilhelm Dilthey,1833—1911),他的文章中用了两个词来表达"解释自然,解释生活"的概念。前者是"erklären",后者是"auslegung"。从词源上看,前者的本意来自klären,是"弄清楚",澄清、清晰的意思。而后者是"erklärung",被译为"说明",一种客观描述的意思。洪汉鼎教授在他的《论哲学诠释学的阐释概念》[1]一文中说:"auslegung"的词源来源于动词aus/legen,倾向于把事物的意义"立"出来,又可以说从某处把什么东西"摆"出来,也就是从某处把不明显的、隐藏的东西阐发出来,而且还是被主体阐发出来。而解释的意义是将自然的客观性和描述性显现出来的方法。所以,在他看来,解释(interpretation)有两层意思,一是说明(erklärung),二是阐释(auslegung)。所以,"解释"要比"阐释"的外延更广,更加中性。而"阐释"更加强调揭示性和阐发性,带来的是主观能动的意识行为。总结起来就是,传统解释学在狄尔泰的创立下,希望将解释作为认知世界的一种辅助手段,强调文本和知识的探索性,而不仅仅是考证和描述。

随后,伽达默尔(Hans-Georg Gadamer,1900—2002)在1931年写的《柏拉图的辩证法伦理学——对〈斐利布篇〉的现象学解释》一文中强调,阐释是一种把平常文本中那些不言而喻的东西揭示得更深入。

马丁·海德格尔(Martin Heidegger,1889—1976)对阐释的意义给予了重要的推进。他将解释看作"此在"(dasein)[2]的体现方式,这更接近于阐释的定义。他强调人的根本存在于阐释本身,而并非理解的结果,解释的意义被放到了本体论中进行讨论。他和伽达默尔都认为,历史主体的客观性无法做到纯粹,它总是会含有主体的主观理解,所以理解就是在阐释者和文本之间相互游走的状态。

进入后现代主义(postmodernism)思潮中,解释学走向了后现代主义的转型,其主要体现在解构主义解释学和新实用主义解释学两个方向。前者以德里达为代表,他们强调对主体的解构、文本的消解,反对文本的可理解性。而后者是以罗蒂维代表,这一派反对事物文本的本质,否定传统意义解释,希望以阐释的方法将文本取于自用,而这两者都影响着当代艺术策展对于阐释文本的方法论。后现代主义解释学往往给把阐

---

[1] 洪汉鼎.论哲学诠释学的阐释概念[J].中国社会科学,2021(7):114-139.
[2] "此在"是海德格尔在其书《存在与时间》中提出的哲学概念,用来揭露笛卡尔和康德没有探索的关于存在的自然本性。海德格尔追问存在的本质,由于人们谈论存在时,总是指称某个存在者,存在本身则隐而不露,所以我们只能得到存在者本身。

第三章 凝视展览价值的内核

释作为特殊意义的策展提供了向度上的本质参考，即多元、不定、相互依赖、主体间性、差异、主观、非原则化和中心性。[1]

总的来看，从狄尔泰开始，我们将理解带回到了人文科学的范畴中，强调理解在阐释的意义下作为社会行为和体验社会客观的重要意义。接下来在引用"阐释"于当代艺术策展实践和展览价值的讨论中，正是强调了策展主体对知识生产和主观意识的阐发性，强调被隐匿的意义不断被显现的过程。展览不仅仅是解释事物、现象和生活，它需要的是揭示、实验和启发。所以，我们可以看到，在大多数的展览中，策展人不希望传递一种特别具体的概念及意义，更希望的是揭示性地将某一概念的可能性阐释出来。换句话说，解释学不是策展的真正方法，它是"不产生误解的技术"。但阐释学的意义却更加贴近策展实践工作，它是"接受误解的一门方法"。所以，在当代艺术的范畴里阐释不是要完成理解所谓对文本的复制行为，而是一种创造行为。它需要的是将文本的发起者和策展人的"视域"（horizon）[2]与观者的理解形成某种融合，而不是重叠，将阐释作为价值传递到观看者的知识系统中。回到创造主体里看，狄尔泰认为阐释的本质应该在于表达（ausdruck）[3]，它不再仅是对意义（bedeutung）的生成，而是作为表达，是策展实践行为在展览生产中所设置的重要动机。策展人正是通过策划行为来完成立场、态度、观念的表达。这是一种由内向外的信息生产，一种需要通过阐释机制来完成的知识建构。所以，当代艺术策展总是与表达性以及更加深层次的批判性联系在一起。

值得注意的是，国内传统博物馆体系的展览往往将解释学作为其基本的逻辑底色，让"不产生误解的技术"通过策划人对观众的投喂来进行文化生产。这是一种单向的展示方法，策展人将观众的需求想象化，完成最终的策划设计。当然这几年的实践案例中，我们可以看到博物馆

---

[1] 屈平. 后现代主义的解释学向度 [J]. 湖北社会科学, 2012(1):118-122.
[2] 魏强. 理解与认识、理解与欣赏：解释学与哲学、美学研究对象之审视 [J]. 社会科学辑刊, 2013(4):17-20.
[3] 汉斯-格奥尔格·伽达默尔. 诠释学I: 真理与方法 [M]. 洪汉鼎, 译. 北京：商务印书馆, 2011.

策展和当代艺术策展正在走向互相学习阶段，这也是对"阐释"价值共同研究的结果。

作为"讲故事的人"，策展人往往会在他的问题意识周围形成一种"意义域"，围绕这个场域，通过艺术范畴内不同经验载体（作品）、写作行为（策展方法）来建构属于自己主观存在的"言语系统"（language system），抑或叫做"语境"（language environment）。策展人在艺术创造行为中有独特的身份，他在建构语境的时候通常是原始文本的阐释者，也必须是这个文本的理解者，更可以是一个话语文本的生产者，他需要在策展的行为前端完成从理解到阐释，又或者是从阐释到理解的自我循环。作为前者，策展人往往要将已有的文本"据为己有"，通过已有的理解使其变成自己阐释内容的一部分。而后者则不然，他们将文本作为未被完全理解的对象，重新生成新的意义，使其进入自己的阐释行为之中。整个过程都需要阐释作为方法来实现。在圈定的语境中，观者犹如进入房间的参观者，在昏暗却可以依稀找到线索的现场，找寻关于知识的"证据"，形成自己的理解。语境下的客观理解同样是通过主体性的二次阐释得到融合后的"成立"。

在伽达默尔看来，策展人与其策展行为中的其他参与者所构成的是一种特殊的事件（geschehen），[1] 这是一种发生的现象。这时，又需要从伽达默尔的理论中寻找另外一个观点，那就是关于理解行为中主体的存在情景。策展过程中，策展人的阐释系统建立后传递给观者，他们必须明白理解对象的知识，同时还要去理解这个知识的相应知识。后者是已知的理解，而前者则是未知的待理解。所以，策展人在对展览阐释价值的塑造中，必须关注的是他们对于对象的已知知识背景和文化设定。如果没有这个准备，那么作为展览阐释价值的实现就会遇到问题，从"理解—阐释—理解—阐释"的展览过程将会中断。作为传递信息的媒介，语言不仅是过程的载体，同样也是公共性的潜在承受之物。通过策展语

---

[1] 汉斯-格奥尔格·伽达默尔.诠释学I:真理与方法[M].洪汉鼎，译.北京:商务印书馆,2011:420.

第三章 凝视展览价值的内核

境的阐释和观者语境的再生，共同的融合部分是阐释价值的完整内涵。

在这里，我们需要依靠阐释价值将埋藏在艺术之中的"意义"松动且活化，让它们从阅读展览的过程中显现出来。这个过程中，策展的表达才有了"合法性"，在意义背后形成效用。站在观者角度，策展生产的语境，通过文本传递给他们，站在海德格尔的角度来看，以观者的视角解释这个文本的关键是主体自身的内容存在，而不是在乎给予者（策展人和艺术家及展览语境）的准确阐释。理解展览的过程是实现自我存在的重要意义，自己不是作为完成他者阐释系统的必然结果。所以，这更像是海德格尔对于艺术作品的理解，那就是艺术品的意义不在观者这里，也不在作者这里，观者反之需要服从艺术品的指令。艺术的经验走向艺术作品的过程当中，一切都在转变，艺术品真正的意义只存在于特殊指定此在的"那里"。所以，展览的意义往往最后也将脱离策展人的阐释，本身会成为一个事件（拥有空间和时间的存在）和观者遭遇。每一个人都不会完全掌握策展人的阐释意图，而只会无限接近作品在那一刻的存在语境。

在这里，我们可以从社会学的角度稍微加以探究。在哈贝马斯的理论中，他强调"生活个体的共同性"。个体对生活周遭的表达，形成了自己的理解，可在社会群体认同之中，他无法完成纯粹的独立表达，其理解捆绑着社会群体给予的共同性特征，这样一来，阐释个体化处于僵化的地位。作为阐释价值的展览，往往需要的就是从阐释语言的揭示性中寻找某一语境下的启发性，松动个体进入策展创造言语系统中，在重新替换掉其背后的共同性时，给予新知识体系理解和认知，这就回到了伽达默尔对于解释学意义的初衷。但是，既然策展人在策展过程中不断地制造语境来启发和引导观者进行新的理解，那么在语言的作用下，阐释的意识就会造成阐释的本身出现指示性以及扭曲性。也就是说，阐释者对于理解者有了新的控制关系，策展的阐释有了意识形态上的意义，这也是哈贝马斯对伽达默尔的批判内容。在这个过程中，策展实践者们往往和他们的前端文本及他们的后端观者，及他们的同端艺术家及艺术品形成了与语言信息不断博弈的权力问题,在话语中获得阐释的主导权,从而形成策展游戏规则和引导方向的最终形貌。但是,这在伽达默尔和海德格尔那里看来显得有些偏离诠释学的意义了。

在苏珊·桑塔格的观点中,依托马克思和弗洛伊德所建立起来的阐释学体系,是一种具有破坏性的阐释,他们认为理解即阐释,要求从事物中阐释出一个新的事物进行对等。在这里,唯一的目的其实是获得一种造物主般的话语权,策展实践的文本生产往往就是建立在这种后现代性的主观阐释之中。在社会意识形态下,她认为阐释具有的就是权力争夺和抹杀艺术价值的一种方式,所以反对阐释成为她捍卫艺术的态度。但无论理论的构架如何,都无法阻止社会变革过程中从个体到群体间的意识抉择。

谈到这里,在国内的策展实践中我们往往忽视了关于对阐释性策展结构的真正理解。策展的阐释价值建构往往在从策展人到艺术家再到艺术作品和展示空间,不断形成一套"封闭系统"[1],这种系统回应的是策展的阐释机制在展示界面中的体现。这需要参与事件的每一个人都能参与进来,完成这一阐释行为的互译。策展人通过制造一种阐释内容,将观看者从日常生活的语义环境中抽离出来,建立封闭的理解情境。这就是为什么观者在进入美术馆、艺术空间观展时,往往有一种自我暗示的产生,即"我看不懂展览"。这是某种心理自我防护机制,是对于日常情境的抽离后的焦虑,以及对新阐释情境的隔阂。当代艺术的话语内容要通过策展来构建。整个后现代的艺术史其实更像一部策展史。所以策展建构阐释话语在完整编写当代艺术话语内容的过程是相当重要的。这个过程中,阐释的时刻、语境、空间都指向某种宗教性的方法,让艺术品在其中发酵,建立意义。当代艺术往往是用"白空间"制造这种阐释系统封闭的外部环境,制造教堂式的神圣感,从而推动阐释内容对观者个体的完全占领。我们发现,在这个封闭系统之中,并不是策展人一个

---

[1] 朱迪斯·鲁格,米歇尔·塞奇威克.当代艺术策展问题与现状[M].查红梅,译.北京:中国青年出版社,2019:72.

人的话语权强加或者是单向的"意义输出",作为阐释价值,需要建构的是和观者一起相互理解和做心智博弈的过程,在不断闭合主体与客体之间的隐含意义过程中形成了"冒险"的关系,这个过程就形成了"阐释共同体"(interpretive community),这更贴近苏珊·桑塔格女士反对阐释的根本目的,即不让艺术死在某种意义的制造上。

但往往在艺术实践中,特别是在中国策展发展的早期阶段,话语权的强势介入以及封闭系统的单向建构,让阐释价值过于臃肿,形成了意义壁垒和精英化的思想"内卷"。在阐释共同体里,阐释性不是从语义学的内部形成理论给予观者作为知识的完全赋予。在展览中,它是从语义学外部进行话语内容的阐释组织,和观者一起向事物本质不断探索的过程。它往往需要社会群体和阐释主体之间的共谋完成。这也回应了前文我们强调阐释的意义不在于说明而在于不断生成的解释和接近事物的内在,在这个过程中阐释的内容是流动的,是随时和艺术作品的意向、观者的情境进行交融变化的。

在文学评论家斯坦利·费什(Stanley Fish)那里我们可以得到一个新的阐释策略。他相信与丹尼尔·丹尼特(Daniel C. Dennett)在《意识的解释》一文中强调的"傻瓜"故事一样[1],策展人只需要编辑好所有的展览语义逻辑程序,向观者回答"是"与"否",将权力交还给观众,就能让艺术家和策展人以"死"于展示界面之后的姿态完成对展览阐释价值的真正建立。在这一点上,中国策展发展的初期往往很难意识到这一点。以批评家和理论家作为策展人身份崛起的原始群体,他们往往通过语义学的另一个方式建立起了某种文化壁垒,形成精英化和理论化的阐释系统,将自身规则封闭在文化的特定圈层,让信息流通在文化的内部,而并非走向展示观看的对接面。这是历史客观的阶段,也是特殊的中国当代艺术崛起的必经之路。

20世纪80年代开始,改革开放带来的文化生活自由引发了艺术界

---

[1] 参见朱迪斯·鲁格,米歇尔·塞奇威克.当代艺术策展问题与现状[M].查红梅,译.北京:中国青年出版社,2019:77.

的彻底转型，以艺术理论家、批判家和艺术史家为主要话语圈层的从业者开始对西方的现代主义思潮进行引入。在这个过程中，他们开始希望通过策展的行为来表达他们对艺术的态度。"八五美术新潮"就是这一时期从艺术理论到实践的典型运动。这些理论文本的持有者将西方的哲学、美学、社会学、经济学、艺术史学等多重文本通过翻译介绍给国内的艺术家及爱好者们，他们在某种意义上来说是做到了"据为己有"的阐释先决要素。在他们的主观阐释下，文本的真实目的其实已然不再是被国内艺术从业者所想象和理解的那样，策展人在组织展览的过程中希望通过自己新构建的主观意向完成对官方艺术权力的挑战。而艺术家对文本的习得也只是面对特定时期个体的感知冲动所带来的理解语境，他们的实践在这样的理解下形成了艺术创作。

从策展人到艺术家，在这时期的展览生产中，西方文本也好，艺术家的态度也罢，都不是其真正所谓"正确"的阐释理解。但在这一时期的展览中，我们感受到的正是伽达默尔所谈及的"事件"的存在。重要的是展览阐释价值本体的存在。在这些艺术活动中，策展人、艺术家、艺术作品都找到了其在时代背景下与西方当代艺术之间碰撞的时刻，他们都彼此承认了对方的存在，阐释的能量是在相互接受和相互误读中形成的。

20世纪90年代经过短暂的艺术思潮低谷期，回到更加理性道路上来的中国前卫艺术重新思考自己的发展方向。艺术家和策展人开始明白必须寻找确切的艺术目标和路径才能有效地进行艺术实验。在这里，他们要面对的是如何看待西方后现代主义艺术的方法语言，并且以何等姿态与其共存。一些艺术家直接面对欧美当代艺术理论文本进行研究和阐释，希望通过艺术创作和展示表达他们的对理论建构的经验理解——这是第一类。这里最具代表性的就是1999年由吴美纯和邱志杰发起的展览"后感性：异形与妄想"。在展览中，他们强调艺术的问题不是中西文化的问题，而是中国的当代艺术需要直接对接西方后现代的理论指导，形成无差别的理论艺术实践。所以"后感性：异形与妄想"是一次重点

第三章 凝视展览价值的内核

在于阐释价值的前卫展览。其讨论了身体和艺术观念、先验与感受之间的重重关联。

第二类展览则更加直接,他们从西方当代艺术的创作方法和团体中习得语境。这一类策展人将西方的艺术实践现象和中国的艺术团体及创作风格进行对应,或者更简单点说是中国艺术家们在国际语境下的学习下形成对应系统,策展人通过展览开始阐释这种对应系统的价值和意义。这一类展览以高名潞在美国举办的"极多主义"展览为典型案例。他将西方的"极少主义"群体创作对应中国在传统语境下进行此类艺术风格创作的群体,在互译的局面下阐释艺术现象的艺术本质,形成展览的阐释价值。第三类策展探索则面对由策展人和批评家以艺术史观的方法结合诠释学意义,从传统的方法文本中生产出新的艺术概念。这些艺术概念将艺术家和作品分别归类,其展览的阐释性成为主要的文本本身,观者获得的是策展行为研究所带来的新的艺术理解。这种理解并不是某种双向的理解,而是具有精英主义式、自上而下的某种知识输出。这样的展览更多地以"玩世现实主义""政治波普""卡通一代"为典型的展览案例。第四类则是依托展览的阐释价值附加在各类艺术家的作品之上,形成更加突出的艺术作品的市场价值。展览的阐释价值渗透于艺术作品之中。如"后八九——中国新艺术"展以及1992年的"广州·首届九十年代艺术双年展"等。

总的来说,这一时期的策展实践中,展览的意义体现在不断建构阐释价值体系,无论是针对中西文化差异带来的问题,还是艺术本体的问题,或者是艺术市场的问题,阐释是展览向外成为"事件"发生的核心。策展人更像是站在演讲台上的宣讲者,慷慨激昂地通过展览的作品张扬艺术态度及社会意识。这是特殊时期的必然结果,而观者在阐释价值中的参与性却因为阐释价值的制造者未能考虑其已知的知识前提而显得有些局限了。

2002年之后,随着中国经济进一步全球化,飞速的经济发展带来了全球视野在中国的着陆。这里就有文化关注以及物质资本两条线索。各个地方大量的艺术节、双年展的出现，画廊依托北京、上海等区域开始形成聚落性发展。官方美术馆和民营艺术机构分别举办各种展览来应对国际资本和文化的聚集消费，这是一个策展生产首次大爆发的阶段。策展人既需要借助于西方当代艺术语境的"套路"来生产他们可以理解的艺术活动，同样又要在活动中保留地缘性所具有中国特质的当代艺术。策展人在阐释价值生产中，不但要让语境能够互动，更多是在资本催生的实质下，对展览中的阐释内容需要有双重的内容设置。展览作为阐释的载体，极力要达成的是中西方语境的认同理解，不能有所"误读"，所以这一时期的主要策展特色就是"国际化"。正如伽达默尔所理解的，艺术需要语言去阐释，这种阐释注定在中西方的文化中存在差异。语言是共有的，语境是群体性的。西方语境对于非西方的艺术实践的阐释，其本质上是对其"含义"的一种展现意义的改变，也就是说，西方对于中国的假设与想象已然从自己的需求先验中形成了对中国策展实践及艺术创作的意义，这种意义导致其只能根据特定时刻的中西方文化格局的背景，来产生有限的文化意义。

所以无论中国艺术家在20世纪90年代、21世纪头十年里如何通过旅欧生存还是在地挣脱，或者在国际舞台上进行艺术活动，对于西方这样的文化阅读者来说，一切艺术事件和艺术实践者的创作阐释无关，文化身份的认同无法在阐释价值中获得应有的效果。

2010年后，中国艺术市场逐步规范，大量的资金在当代艺术的文化生产中作为资本推手建立起了展览生产的"行业"，不少策展人将"讲故事"的方法投向了满足消费市场的纯属需求之中。策展人不再以后现代主义的阐释语境作为他们构建知识生产的方法，转而投向了更为古老的阐释意义，那就是便于展览消费者更快速理解和产生联想的诠释方式——寓意解释（allegorischen interpretation）。这是一种古老的解释手段，通过寓意来完成对一个事物的理解。这种阐释系统让具有后现代性的阐释学出现了"返古"现象。部分策展人在生产文本的时候，无时无刻不在想象关于观者的理解以及再阐释。逐渐地，阐释本身在景观式的策展商品中被景观化了。我们所谓的阐释作为从理解到"阐释到理解再到被阐释"这个事件已然不再存在,海德格尔所谓的"发生"也已经消失,原本阐释过程中所存在的,在熟悉和陌生的东西之间,由阐释来建构桥梁这个目的完全不再存在。

在资本的操控下,作为景观的展览不希望在生产到消费的过程中有任何不必要的消耗,而从熟悉的事物到熟悉的事物这个过程才是消费逻辑中重要的手段。策展人在展览中的阐释价值仅需要运用诠释学三种方法论中的一个便可以快速地形成,即在修辞学、想象力、实践哲学中用"想象力"来挑起观者对理解新奇观的欲望。这种想象力看似由观看者自行生发,其实同样是由景观策展的阐释环节来进行完整设置的。日本团队teamLab的"无界"展就是很好的案例。观众被奇观所控制,阅读展览的主要工作停留在视觉经验的感受中,展示价值完全统治了展览的其他价值,所谓的阐释价值仅以一种微乎其微的"联想词"带给观者获取唯美图片的一丝理由。

从中国策展实践过程中,我们看到关于阐释价值的多重演变,第一种是来自内部的理解,从一种假象话语权的建构到向公众交出阐释权力的过程。第二种则是作为展览价值体系中重要的变量,从几乎涵盖了当代艺术展览实践的重要意义到如今"问题"策展下被积压的展览阐释意义。展览的阐释价值其实是在于策展实践创造的事件所具有的语境意义。这是一个真实存在的场域,包含策展文本或叙事的作者意图,也包含每一件参与作品背后艺术家的阐释内容,更有无数关于观者建构的理解形态和代码。这些共同构成了展览的阐释价值意义,而作为事件发起者的策展人必须在阐释价值的初始状态内形成更加具有非限制性的指向,让其能够将阐释的能量不断传递下去。

阐释的解构其实就是一种对话,而其重要的本质在于这场对话中的运动本身。双方在你来我往的提问和回答中不断产生新的意义和问题,这就是一种文化的能量。然而在现在的景观策展中,对话往往被终止了。正如洪汉鼎教授说的,作为阐释的对话必须双方承认可错性,同时又要融入多角度的参与者的观点,并且有一种分享机制的理解。但现实是,大量的当下展览仅有的是不可能产生对话延伸的对话框,对话的两头都被隔阂了起来。阐释的语言本身成了一种符号仅在没有时空意义的展示系统里发挥它的消费意义,展览的阐释价值被架空,曾经的"事件"和"发生"被幻觉所代替,阐释的未来需要在反思中重新被开启。

第三章 凝视展览价值的内核

第二节 展览认同的本质所在

"认同"（identity），涉及了心理学领域如何建立起自身身份地位的确定性，包含内部投射以及外部投射的相关问题。在心理学中，个体向外投射确认认同关系之后，其实就要进入社学心理学的范畴中，寻找群体性认同的形成与个体的关系了。当然，在策展实践过程中，也要寻找策展目的本体以及其结果——展览的概念所产生的认同价值。这种价值往往决定了作为社会活动媒介的展示行为，以及社会的内在意义。

认同是一种心理行为，当它介入社会之时就有了社会行为的属性。由于当代艺术策展实践对象主要针对社会范畴进行主观的反馈表达，所以我们在这里讨论的概念基本是在社会认同（social identity）这个领域完成。

认同，不是简单的彼此同意，其代表的是一种开放性接纳关系，这个概念来自亨利·塔菲尔（Henri Tajfel）、约翰·特纳（John Turner）等人的理论观点。他们认为人际行为和群体行为有着完全不同的意义。在此之前帕森斯将弗洛伊德的"认同"理论发展引入社会学领域进行研究，认为人类个体内部的认同心理行为正如弗洛伊德所认为的在"本我""自我""超我"之间形成本质关系，一旦个体进入社会发生社会活动时,"自我"和"超我"都会在文化中形成某种"扭曲","自我"开始丧失对自己的主动统治权,从而自己内部将产生一个个体与区分相互调停的次系统,这个系统影响个人发展。"调停"成为个人与社会之间发生认同行为的主要行为,即人与人之间的调停、任何社会角色之间的调停、任何文化标准之间的调停。人际行为是两个个体或多个个体间的互动,互动关系根据个人人际关系和特征决定,不受到社会性群体的影响。但群集行为则不然,他们是两个或多个个体(个体组成的群体)间相互作用完成,他们在各自的成员身份及特征下完成行为,受到所在社会群体的直接影响。在社会行为的概念讨论下,亨利·塔菲尔、约翰·特纳等人大致得出对社会认同的产生理由是,"个体的一些知识,这些知识是关于他(她)从属于某一社会群体,以及对作为社会成员的他(她)而言是具有显著感情和价值的东西"[1]。埃米尔·涂尔干(Émile Durkheim)[2]作为社会学家,他取出"团结"(solidarity)这一社会学的重要概念来进行策应。人类社会在群体性生活过程中所形成的社会关系的心理依赖,希望通过一定手段将个体"黏合"在一起。这个手段往往是通过对知识的归属和认定,其中自外向内的习得和实践个体价值叫做"内化"(internalization)。不断内化的过程让社会认同关系产生了不停的活动状态,形成认同群体之间的流动关系。它们在共同的认同下保证内化价值的成果,维系它们的认同价值。所以,在当代艺术策展实践中,中国的早期艺术活动现象,往往都是在建立共同的认同关系中不断发生和发展的,这个后面我们将详细阐释。社会认同理论的观点认为这个过程的建立分为类化(categorization)、认同和比较(comparison)[3]。在第一阶段的内化中,作为个体,往往在现实情境的影响下会做出适应

---

[1] 迈克尔·A.豪格,多米尼克·阿布拉姆斯.社会认同过程[M].高明华,译.北京:中国人民大学出版社,2011:35.
[2] 埃米尔·涂尔干(Émile Durkheim)是法国社会学家,与卡尔·马克思和马克斯·韦伯并列为现代社会学三大奠基人,主要著作有《社会学方法论》《社会分工论》等。
[3] 迈克尔·A.豪格,多米尼克·阿布拉姆斯.社会认同过程[M].高明华,译.北京:中国人民大学出版社,2011:37.

周遭的行为实践与社会心理反应。在产生一系列的不同境遇下的社会现实反应之后,依托现实知识和实践反应所产生的群体逐步集中,相互在共同的认知知觉系统下完成群体的整体性强化,这种强化造成群体间差异性的增大,最终带来类化的完成,群体的异化分裂。在第二阶段认同中,人们进入到一种辨别(distinguish)状态。这是要将个人或者物体从社会现实中判断出来,要通过个人在群体中生成的社会特征,即以社会认同作为判别对象来完成的。当人们选择了某种社会群体特征作为成员身份标准的时候,个体就开始建立自己的社会认同,以便在内群体特征中附加自我。这是主体对客体的自我认知及立场的建构,是弗洛伊德所谓的"自尊"的某种塑造。在社会认同的第三个阶段,"比较"的产生就更加有趣了。弗洛伊德的心理学就强调"比较"的概念。任何个体内在投射都需要外部投射的承认,或者说是"比较"才能完成。社会认同统一也是如此,自我的社会认同建立需要在"社会比较"内完成其意义的存在。群体差异性起到了明显的作用,同时也造成了很多社会问题。群体差异过大,则要求造成"比较"的结果通过更多的社会实践行为来释放,来消解"比较"带来的社会认同间的摩擦。认同时所产生的压抑需要得到释放,所以如民族间的战争、文化殖民、宗教对抗等都是这样而来的。反过来,从另一个角度看,比较的过程是社会认同不断流动,保持社会活性的必要阶段。通过比较制造外群间的碰撞和兼容,使得内群不断分裂和独立,这才是社会认同带来的社会进化的前提动力。

与此同时,另一位心理学家乔治·贺伯特·米德(George Herbert Mead)则提出了"主我"(I)和"客我"(me)的概念。她认为每一个个体的自我都是由这两部分组成的。"客我"是在和社会群体的不断互动中形成的,他(她)需要从社会群体的其他个别人的特征内或群体泛化的主体上感受自己,我们所谓的人格就是在不断和社会互动中建构起来的。人们不断追寻"自尊"(self-esteem),这使得他们有动力来追求自我认为更加认同的社会认同,从中找到认同价值来满足个体。当代艺术的生产正是不断介入社会行为,通过繁杂的知识系统不断建构新的实验行为，在某种意义上形成了文化认同中的精英化身份，使得在社会阶级中的资产阶级人群向往参与、收藏、运作当代艺术，从而实现其社会认同的建构，完成自尊心满足。所以，社会认同是目的性较为明确的社会行为，从"超我"中获得"本我"的满足。人们需要通过内群体和外群体之间不断比较才能获得这种认同感知，内群体中产生偏好（preference），外群体中产生偏见（prejudice）。个体在社会认同中获得的还是自尊的满足，个体在自己的群体里优越性越强，自尊满足感越高，此个体更容易和其他群体产生冲突和偏见。一旦未能达到认同的直接目的，他们将从群体中离开，寻找新的认同群体进行社会活动。在这个过程中，塔菲尔和特纳认为有三种变量将主宰群体间的差异表达。第一，认知的主体必须在主观上认同他（她）的内群体，他者的规范界定不足以完成这种认同，必须有自身完成其身份内化的部分。第二，在社会现实中，群体比较的可能性由社会情境决定，差异的高低优劣其意义根据比较主体的不同，也有着不同的显性状态。这不可以一概而论，更加受到社会背景或者说是意识形态的挟持。第三，外群体需要有充分的比较条件，可比性的增加往往带来区分差异的增加。在这些变量中，社会认同往往依托社会制度来保障。在心理学家埃里克森的理论中，他提到了"意识形态"一词，在他看来意识形态的存在就是保障个体和群体认同安全的方式，作为崇高的理想和意义将共同认同实现并延长。但这种社会认同在个人认同的焦虑、抵抗和欲望中不断增长，要求群体不断强化群体认同并在其内部建立新的认同，我们说的流动的认同群体在这里有了可能。

那么具体是什么样的机制让我们不断进行社会认同活动呢？理论家塔尔克特·帕森斯（Talcott Parsons）认为这个问题的答案是人类生物动力机制和社会控制机制共同协调的产物。也就是说，人类在处于满足生存自私的前提下不断地以"剥夺机制"[1]的方式建立社会认同，并进行与

---

[1]　William Bloom. Personal identity, national identity and international relations[M]. United Kingdom: Cambridge University Press, 1990:25-53.

他者的碰撞。在此同时，人类又在社会认同的发生下激活了本来就存在的合作内驱力，在社会控制机制内完成个体的内化。整体看来，帕森斯的认同理论相当消极，其主要含有人类行为的被动性和社会体系的欺骗性。如何在失去自我和在调停中形成不安和焦虑，成为他认为社会认同前提的基本底色。但是在哈贝马斯的理论中，社会认同的动因变得更加清晰了。他的理论出发点来自哲学而非心理学，其立场更加积极主动。哈贝马斯认为认同需要建立起安全解释系统，让社会存在现实通过群体和个体认同机制运转，形成社会结构和社会制度的合法性（the theory of legality）[1]。这位社会学理论家给了四个概念，即原始的（primitive）、传统的（traditional）、资本主义的（capitalist）、后资本主义的（post-capitalist）。他以此去了解个体认同、阐释系统和社会结构之间的相互关系，从底层理解社会认同的形貌。社会进程带来社会制度的完善，并不能完全解决社会认同所带来的危机以及底层逻辑的改变，国家体制的建立也无法确立具体的集体认同格局，它仅是社会底线层面的安全保证。它也是社会认同不断演化和消散、聚合和凝结的重要保障。在社会文化领域，特别是当代艺术中，西方中心主义是一种社会认同的体现，制造出的非西方中心化认同则不以一个国家的意志为转移，这就很好地说明了社会认同和社会制度之间特殊的层级关系。所以，哈贝马斯强调，无论什么社会阶段，社会认同都需要通过某一种类似神话或意识形态等其他安全阐释系统来满足认同的行为冲动，他们需要把自己和情境联系在一起从而获得认同，在社会现实面前形成足够强烈的安全感，不然则会带来焦虑的释放、一种不安的社会行为。从大的社会领域说，社会认同很多时候都是在民族认同和国家认同间体现出来的。但是在社会的各个层面，正如哈贝马斯所总结的那样，社会认同作为一种建立安全阐释系统的机制，广泛地存在于不同民族和国家间，是深入社会生活群体内部，在不同文化结构基地都在变化的社会实践行为。反过来看，这些基层的

---

[1] "合法性（the theory of legality）"是指在社会科学（社会学、政治学等）范畴内讨论通过政治权力手段形成人们在国际秩序基础下的社会价值认同。主要理论来自哈贝马斯和马克思·韦伯。

社会认同动态不断向上链接，形成社会认同的体系，最终影响的是相关国家认同和民族认同的社会上层建筑。

所以在亨利·塔菲尔、约翰·特纳的理论下，社会认同理论进一步具体化介入。首先，社会认同理论有两个不同的分支。其一为社会认同理论，其二为社会分类理论。两个分支都承认，社会认同源于认知因素和动机因素，然而社会认同理论关注的是研究人类进行支持或对抗群体中个体身份的心理学动机。社会分类理论则是侧重研究个体怎样鉴别自我并作为群体中的一员来做出社会行为。迈克尔·A.豪格[1]（Machel A. Hogg）认为，社会认同的方法一方面建立在群体间的关系上，另一方面也于群体内部的互动。其次，社会认同不仅是抽象出的身份概念，而且还会赋予社会互动和依赖内涵的任何方面。这里就涉及文化艺术活动的发起及影响在社会认同中的作用和价值。最后，他强调社会认同过程更是一个认知结构，个人和群体的关系影响着群体间的相互位置。在生活中，每个人都身处于不同的群体之中，形成不同的社会认同关系。如在学校和同学老师，在家和父母亲戚，在专业领域和同事及领导等，这些群体不断影响个体的认知过程，也影响了个体反馈在不同群体的作用力。那么当代艺术策展在这里如何建立起其作用面，形成社会认同上的展览价值？

从当代艺术的角度切入讨论展览的认同价值，其实是从社会文化活动中讨论社会性群体建构的问题。回到哈贝马斯的《公共领域的结构转型》，在这里，他强调公众因对文化的需求，将从"文化批评型公众"走向"文化消费型公众"。结合第一章，西方展览体制的建构历史中，原有的沙龙机制具有政治性特征，到后来的双年展机制展览开始从"政治"形态中得以解放，资本价值在背后的逐步发展，让文化生产成了大众进行私人群体建立认同性社交的重要方式。资本主义化越是深入，文化艺术的资本化现象也随之更加贴附经济结构内核。展览展示的形态必

---

[1] 本书涉及的社会认同观点主要来自迈克尔·A.豪格,多米尼克·阿布拉姆斯.社会认同过程[M].高明华,译.北京:中国人民大学出版社,2011.

须应对社会认同的结构改变而不断发生自身的转变。这好比人体的细胞一样,当体内的血液温度升高、血流加速时,细胞流通、活跃程度变高,使得各种脏器都需要随之调整相对应的状态。社会认同不断活跃,群体的解构和建构迅速发生,应对这样的现实情况,策展实践对于展览的价值体现必须做出快速的反应。1969年,当哈罗德·史泽曼的"态度展"给予社会以惊叹时,其背后的逻辑层面更多的是一种新的社会认同群体的确立。在以策展人、艺术家为文化身份的群体间,新的艺术观念、态度、政治诉求等捏合在一起的群体需要以新的展示形式来批评和外群体不同的态度观念,从而建立其在社会中的"自尊心"。在这个过程中,在群体内部,作为最为活跃的策展人哈罗德·史泽曼成了内群核心的价值内涵的表述人,他的行为带来了群体间的碰撞与冲突,新的社会性当代艺术创作群体们开始反对官方体制的艺术态度,开始和社会公众的认知发生交流。直到今天,群体的社会认同仍然建构着当代艺术策展的全球性话语的认同。当然,今天的当代艺术语境也不仅仅来自这次展览本身,它更多的是20世纪60年代到70年代西方社会思潮的产物,是重要观念的物化。在这次展览之后,其群体内部也会出现新的分裂,有新的认同群体产生,而外群体的拓展和发展则体现在西方当代艺术语境向非西方世界的延伸。这也是1989年法国"大地魔术师"展览带来的争议之处,其社会意义还是在社会认同机制下,群体间新的文化摩擦,社会信仰下的规则兼容。这两个直观的策展事件本质上说明了当代艺术策展及展览史和社会认同的时代发展过程有着不可分离的联系,这种联系当然也会延续到中国的当代艺术策展历史脉络中来。接下来,我们用社会认同的理论方法来看一看国内近40年的策展实践中、展览价值里,认同价值的形貌和实质及其不断演变的过程。

亨利·塔菲尔、约翰·特纳等人认为,社会认同带来的社会变化以两个新系统作为渠道,即称之为"社会流动"和"社会变迁",它们所代表的意义是社会群际关系的结构以及本质的个体信念系统。"社会流动"的信念系统可以解释为,社会个体生活的社会是具有可塑性的弹性特征，并且可以为之渗透的。他们对其所归属的社会群体和社会类别的成员身份所带给他们的生活状况不满意时，便可以通过天赋、运时、勤奋或其他方式个体性地流动到其他更适合他们的群体里。而"社会变迁"的信念体系可以解释为，群际关系在社会中的结构有明显分层，其分层对个体来说，他要脱离自身不满意的群体成员身份，从原属群体转移到另一群体中是相当艰难的，只有通过改变群体的地位，才能使自己的地位有所变化。中国改革开放之后的社会文化认同领域要面对一次大型的"社会流动"现实的到来。

在这个过程中，中国当代艺术一方面不断在西方语境中寻找文化身份的认同感。这可以理解为群外行为中的碰撞与对抗、交流和融合。另一方面，在国内的当代艺术语境内部，持有不同艺术理念、方法、认知的群体，通过不断策划展览或艺术事件来形成群内行为。他们不断在同一价值体系和生存情境下追寻内部的群体间不同的向心力、凝聚力。而散落群内发展过程中的无数群体，则需要制造"群体动力"（group dynamics）[1]，稳固和发展群体的生产力以及文化效益，将危机指向外群，保障群体的持久存在。这样我们就不难理解，在20世纪80年代到90年代，如此多的国内群体性艺术家不断产生，以策划展览来彰显他们的立场和态度。在这些艺术事件中，他们不需要建构和观看群体之间的文化感知认同基础，而把重心放在了如何彰显他们内部的文化理论和态度上，以便于群内个体之间增加凝聚力，寻求向心的可能。

让我们从历史中找具体例子看看。1979年的星星美展作为自发性的群体事件，并没有所谓的策展行为，却是一次很好的展览价值事件。当时官方无法认可的艺术作品却具有了社会现实的情境意义，围绕现代艺术的定义、艺术的社会功能、艺术的个性释放等问题，艺术家们开始自发地在共同身份[2]下集合，相互依存，当现代艺术及后现代主义尚未在

---

[1] 迈克尔·A.豪格，多米尼克·阿布拉姆斯.社会认同过程[M].高明华，译.北京：中国人民大学出版社，2011:116-117.
[2] 这种身份来自非官方认可的、自由艺术的爱好者。他们以共同的艺术认知为认同核心，形成群体。

国内社会文化中获得"合法性"的时候,"星星画会"这样的群体需要形成自身的认同群体,获得认同安全阐释系统来满足每个人个体的"自尊"。这只是一个开始,整个20世纪80年代,出现在全国各个地区的艺术群体通过人际认同到群体认同,不断出现的艺术群体也在各地实践着艺术展览生产工作,如"八五美术新潮"等艺术现象推动了文化思想的大变革。随着艺术理论家、批评学者、艺术史家的加入,现代主义艺术及后现代艺术思想成为一种完整的体系逐步引导各类艺术群体的出现。如北方群体、杭州的池社、厦门达达等,他们都有自己的态度,但始终在他们之上的,还有一个层面的认同正在被清晰地建构起来。

1989年,"中国现代艺术展"的发生标志着一个思想变革高潮的暂时结束,而在这时的西方由法国蓬皮杜艺术中心策展人马尔丹所策划的"大地魔术师"正在悄然筹备中。在中国的当代艺术开始反思自身的前卫艺术发展的未来之时,西方当代艺术则要开始尝试将非西方艺术中心的艺术家们带到欧洲,在当代艺术语境下形成文化展示。马尔丹在与费大为的交流中确定了其中国行程并和王广义等诸多艺术家进行了深入的交流,确定了邀请黄永砅在内的三位艺术家前往法国参加本次展览。前章我们已经介绍了展览的过程和意义,中国当代艺术在这一年开始和西方当代艺术领域产生了关系,并日益紧密起来。不同文化身份的艺术群体开始相互交流,西方语境下如何和"中国制造"的西方艺术形式语言形成关联,这使得本身在国内的多样认同的群体间要共同面临新的认同过程。这就是塔菲尔和特纳所说的外群和内群之间的关联认同。原本国内的群体性认同之间所形成的外群认同关系在此成为内群关系,原本艺术本体观念作为认同知识基础范畴的文化内核在这里上升为了国家和民族之间所产生的文化身份认同问题,内群的偏好和外群的偏见在这时显得格外清晰。整个20世纪90年代至21世纪第一个十年,这个社会认同的大问题,从来没有离开过中国当代艺术领域,并承担着主要角色。面对这样的局面,作为群体内部的个体,他们的反应是全然不一样的。部分艺术家在1989年"中国现代艺术大展"之后,选择了离开国内前往国外寻求新的艺术发展可能。这部分群体以吴山专、黄永砅、严培明等为主，他们怀着对当代艺术语言和西方文化认知的客观性的执着，选择在这个语系内部发酵，找到去西方中心化下的人类社会文化认同的可能性。他们在西方的创作过程中，也会遇到被主体文化排斥的时候，也有被热情接纳的经历，但不可否认的是他们身上的中国文化符号仍然不能全部被西方文化主体所接受。2000年后回国的发展中，在地艺术生态对其警惕和批评又形成了新的认同矛盾。这种情况在策展人侯瀚如的论述中常有显露。他认为，这样的群体在西方成了"中间地带"。中间地带的艺术家和策展人游走于不同的认同群体间，却能够保持策展思想的活跃、文化态度独立。侯瀚如在他的"运动中的城市"里针对文化身份认同的问题作出了反思和批判。1989年大展上，策展小组内部也发生了对于当代艺术未来认同上的分歧，以费大为、侯瀚如为主要对象的理论家追寻西方现当代艺术理论，希望从哲学和社会性中寻找出路，从而谋求了国外发展。而栗宪庭、高名潞仍然坚守表现主义美学理论，希望从中国艺术家创作本体意义中寻找出路。两者带来了对策展的不同理解，也寻找到了不同的实践方法，在随后的两个群体中，又有不少策展人形成了新的认同群体。接下来在国内继续发展的艺术家沿着20世纪80年代艺术群体小组的发展脉络，逐步形成了以地域艺术区块为基础的地下非官方式的内部发酵系统。换句话说，艺术家和策展人在群体性认同的内部不断互动交流，形成了更加稳定和清晰的认同基础。但其面对的本质问题则是关于当代艺术情境下艺术在国内身份认同合法性问题，以及在国际中，中国艺术的独立身份认同问题。

这一时期形成的展览也具有这样的特征，展览围绕文化身份认同价值，依托阐释性价值的生产完成策展的实践历程。在这里，社会认同隐藏在策展实践背后的两条线索中，即上述所谓的两个方向均产生了各自的脉络。一方面，大量策展人围绕艺术创作的实验和前卫性，争夺艺术展示空间，不断希望获得展示意义与认可，从社会文化艺术权力中获得认同。2000年冯博一和艾未未策划的展览"不合作方式"成了典型案例。

第三章 凝视展览价值的内核

另一方面,国内以"后感性"为代表的艺术策展实践则从艺术和观念出发,寻找非西方意识形态下,国内以实验艺术为本体的创作思路,这一类展览以艺术观念为群体认同,将展览作为知识生产,在寻求艺术外群知识性认同的同时,同样渴望得到官方文化艺术的认同确认。此外,国外发展的策展人和艺术家们在海外艺术生产中不断引入中国艺术家和作品,将文化身份认同的主题作为他们和西方博弈的主要内容。是在西方语境下保持本土艺术的独立特征,还是迎合西方艺术文化的假象,获得符号式的认同关系,被接纳和消费,这都是摆在国内外华人艺术工作者面前的问题。在这点上,帕森斯的结论显得更为明显。作为非西方世界的代表符号,中国在通过当代艺术获取在西方的身份认同时,仿佛掉入了一种"骗局"之中,无论是抵抗还是融合都仿佛会失去身份"自我",艺术家的创作在左右为难间前进了近七年。在这里,认同的层次多维而交叉,时代铸就了这一时期的展览认同价值的重要地位。2008 年,关于认同价值在策展实践过程中的讨论,节点性事件是由策展人高士明所策划的"与后殖民说再见"。这个展览在特殊的节点对社会认同的多层面建构当中形成了一次总结。在下一章节,我们将详细介绍这次展览的策划及如何对展览认同价值进行构建。

进入2010 年之后,上海世博会带来了全球国际视野对中国文化的关注。同时,在全球化资本经济发展的新阶段,当代艺术策展在中国的实践也进入了新的阶段。当代艺术在中国完成了文化身份认同,全国大张旗鼓地创办艺术节、年展活动和博览会。全球化语境的探讨逐步将中西意识形态的问题从中国国内的火热讨论中移向了边缘地带。在国际舞台上,中国艺术家的面貌已经和西方艺术家没有任何的不同,他们都有着一套"熟练的"当代艺术创作方法,完全融入了国际化艺术语境中。原有的两套认同路径在这时发生了变化,认同群体的类化主要是因城市化进程中在地性和全球化之间的碰撞与矛盾,与此同时,互联网技术带来的信息社会现实冲突也形成了社会认同群体内部更多的细分化现象。时代带来的意识情境化变幻让人们的认同行为走向了大群体下的细分化。

细分化的结果直接影响社会个体和群体价值观的重要体现。个体在微粒社会[1]里形成了被动式的席卷，他们不再像80—90年代的中国人那样拥有主动形成社会认同群体的可能。全球资本的自动化带来的资本流动的价值最大化，让日常文化生活中的方方面面形成群体比较的可能，完成社会认同大群内部的群体细分化。每一个群体都有他们自己的趣味爱好、信仰体系、认同观点、生活态度。日常所说的80后、90后的趣味截然不同，95后的二次元也分为多样的"品味"，赛博朋克群体不会和汉服文化的人玩在一起，海外留学背景的艺术家常常不认同本土学院培养出的艺术家。诸如此类的现象，让本已混合现实的社会群落更加复杂。特别是在2015年之后，全球去中心主义思潮再度兴起，互联网新技术带来了人们对社会新变革的重新遐想让本来就细分化的社会认同体系变得更加零碎。这个时期，策展人从21世纪初的身份大认同时代中抽离出来，从主体策展的阐释性–认同关系中走向了客体化认同–资本性的关系中。换句话说，中国的策展实践者不再更多地以阐释性问题意识出发，形成文化身份认同的语境，从主体意识向外群建构逻辑，希望获得更多认同的反馈，达到社会认同，而是根据社会现实出发，从日常中形成和资本消费对应的群体认同的文化语境，满足客体的趣味投射，从而达到和策展消费群体之间的社会认同。这两种不同的认同结构带来的是完全不一样的策展性质。前者建构的是精英式的认同关系，通过所谓"学识"拉开大众层面认同的群体难度，制造个体的"群体盲思"完成群体向中心的凝聚力，它透过更具阐释性的社会语言向外扩大对外群的侵略性。而后者的策略则在于利用社会认同的从众心理，建构去"个体化"标签来完成"去个体化"，让个体在资本逻辑中形成可批量扩张的社会认同群体。在这里我们需要注意的是，社会认同的理论强调，个体和个体之间在需求相互依存而满足的条件下，形成群内的凝聚力行为。也就是说，进入2010年之后的展览景观所要形成的是某种对观看大众群体的消费满足，

---

[1] 详见克里斯多夫·库克里克. 微粒社会——数字化时代的社会模式[M]. 黄昆, 夏柯, 译. 北京：中信出版社, 2018.

从而通过这种文化依赖形成内部的群体划分。策展成了驱动社会群体认同内部动力释放的重要行为。然而，问题的关键远远不在这里。在景观性展览过程中，潮流、时尚、个人膜拜性的趣味形成了某种集体行为。观者进入展览所接受到的看似"个性"的文化消费，每个人都可以自主地选择自己喜欢的艺术展示对象完成内心的满足。然而，最终他们避免不了的是对同一性消费娱乐快感，以及资本所营造出来的文化趣味阶级性所持有的痴迷。这是一种不可逃避的"去个体化"（deindividuation），让他们趋同于同一趣味群体中，具有"领袖气质"的个体、建构某种宗教感。然而这个"个体"是被幻觉化的，为资本社会所建构的假象。策展实践往往在这里成了推动实现去"个体化"本质的行为。要想达到这种目的，从社会认同过程理论中我们可以看到，在个体缺乏辨识度的情况下，选择最为薄弱的感知经验入手往往能够成为最为便捷的开始。而在展览景观对于去"个体化"的策略实施中，以视觉为经验（人最容易接受的感知方式），沉浸体验为营造，带来的是经验上的震撼。当然，有人要质疑，那么为何"去个体化"能够在展示文化的语境中如鱼得水，制造展示的消费奇观呢？

这里，我们还需要引进一个社会认同理论中的概念——从众（conformity）[1]。从众基于社会心理学当中所提及的关于不同群体间的冲突，当要解决这样的冲突时，社会认同强调形成一种规范去解决问题。这种规范则是建立社会内群关系的重要标准。同一类人有着对同一规范的认可或共识，所以他们在一起形成了认同关系。例如喜欢前卫艺术的群体会对杜尚及博伊斯产生浓厚的兴趣。他们有着自己的规范去化解和别的群体之间不同的认知矛盾。这样的内群有着内部共享的规范（信念、态度、立场等），同时形成了刻板的对外群的认知。他们在自我范畴化的过程中获得了某种社会认同，然后形成对这个内群的刻板规范和学习，从而达到和群内规范资格最为显著的人保持一致的行为特征。例如

---

[1] 迈克尔·A.豪格,多米尼克·阿布拉姆斯.社会认同过程[M].高明华,译.北京:中国人民大学出版社,2011:199.

热爱去网红展区打卡拍照的人，他们首先将自己归于热爱一切好看和美的时尚群体之中，他们通过互联网讯息不断学习群内网红的行为来使自己保持和网红一样的认知水平和行为举止。于是，展览的内容不重要，展览是否能够成为网红规范行为和从众化的内容就极为重要了。所以，策展在如今已然不需要过分地通过生产艺术事件去完成群内非展示性的认同交流，而是需要制造可以在从众心理下让社会认同群体不断扩张的具体形式。在飞速发展的信息化时代，这种参照信息影响让从众认同拥有了较快的扩张速度。当下的策展已然不是20世纪90年代作为差异化认同间的独立存在了，它走向了快速"大一统"的策展现实之中。所以，可以看到2010年之后，大量围绕小众议题，具有流行性话题的展览不断涌现。2012年后，不断出现关注年轻艺术家生态的展览，策展人通过新的艺术问题，向市场提供了更多的艺术品源头，而艺术家和艺术圈主题通过各自的资本需求形成了一个共同而松散的社会认同关系。又如近些年来不断火热的艺术与科技主题的展览，策展人找寻艺术人气的问题意识，通过这样具有IP和展示景观的展览来博得更多展览消费群体的喜爱，投向他们的社会认同方向。可以说，这个时候的展览认同价值不再是生产出来，而是被呈现出来的。认同价值在这时已然成了被呈现的对象，而不再是在文化内部发生刺激事件，推动社会认同的流动。从涂尔干先生的社会学角度看，大量的策展实践在如今的娱乐消费景观下，正在不断地从"集体表象"（collective representations）中分裂出更多的社会表征。如同各类人群对于文化趣味和认知，无论是"元宇宙""区块链""第二人生"，还是女权主义、种族主义、消费主义，他们所在群体中体现出"共识观"（consensus view）。这种观点需要在文化艺术的事件中得到确立。这种认同行为迫使策展实践在语境的建构中必须考虑情景化的因素，将人们不熟悉的日常事物转化成为熟悉的属于集体认知的日常体验。这些情景化的内容和这些认同群体有紧密的关联性。这让我想起了2020年，虚拟游戏《集合啦！动物森友会》在线上完成的展览案例，展览建构的语境就是依托二次元世界形成第二人生的情景，让展

第三章 凝视展览价值的内核

览呈现互联网游戏群体的认同生活，从而通过展览的关注度实现自身认同价值的存在。

在短暂的近40年时间里，中国当代艺术携带着策展和展览历史，逐渐生长出了西方世界不可理解的特殊现象。从文化身份认同的大时代再到如今的文化趣味认同，认同的指向从本质上已然发生了改变。从弗洛伊德和米德的理论中可以看到，社会认同的内在心理学逻辑是从"自我"和"超我"中找到解释系统的安全感，形成社会制度下的个体和群体间的相互依存关系。这一点，在20世纪80至90年代的中国策展实践中能够得到鲜明的体现。大量展览不断找寻文化存在的合法性，寻找中国思潮的独立性，建构新文化在旧机制中的存在意义。这是对于每一个策展人、艺术家和艺术参与角色最好的个体认同。但随之而来的21世纪头10年，我们发现展览价值体系中的认同价值不是主体生成的，而是从呈现固有社会认同群体的趣味价值而来。这种认同价值的背后，已然不是"自我"和"超我"的逻辑存在，而是以资本消费所制造出来的"本我"欲望来类化的认同内核，其本质是一种心理学中的"自恋"[1]欲。这是一种个体自我投射，从主体到客体间的满足。我们深陷各种自我趣味满足的时代，自恋带来的是一种"自洽"，而消费娱乐社会带来的就是将看似建立趣味认同的群体"隔离"收集，在他们所制造的认同对象中形成领导者性质，建立群体从众动力，逐步完成被动消费，使其完全被物化，进行集体收割。近些年来，大量的展览正是迎合了这种扭曲的认同价值，形成被固化的认同群体，不断地被资本塑造和拆解，展览就在这里形成景观和经验幻觉，提供给资本以物化的事件，呈现认同群体的资本价值。认同行为，不再从展览中向外走去，而是向内走进孤独的黑暗，在他人的社会欢笑中满足自我陶醉的本我欲望，最终和资本背后的真实幻觉形成认同幻觉，让个体的主观意识消亡在孤立无援之中。策展

---

[1] 参见桑迪.霍奇兹.自恋[M].蒋晓鸣，译.北京：中国轻工业出版社，2009.书中将"自恋"看作一种普遍的人格，是本应该投向自我的客体的力比多反向投向自己的一种心理现象。过分的"自恋"会使得本人与社会及其他客体在交往中遇到障碍，并且很可能沉溺于自我的虚幻世界中。

行为,在不断地和资本博弈中,正是需要在这样的危机下,在智慧中寻找策略,用自身本应该有的认同价值建构使命去推动文化事业的发展,提高群体的认知水平、社会认同的安全活力,而不是作为被僵化的认同群体价值的牺牲品、商业动机的帮手,去禁锢社会个体。

第三节　展览展示的存在机制

从本质上来说，本书讨论的展览价值可以说是展示文化价值。在当代艺术的策展中，展览并不是目的和结果，而策展的结果其实是展示文化的具体形式。我们之所以将展览价值作为大的价值体系来讨论，主要是因为其广义的"展览"语境在当代艺术中的普遍性。在这里，本章所谈及的展示价值，正是希望看到展示文化的普遍意义价值走向具体化"展示价值"[1]概念的过程，即通过视觉文化对参与者的价值塑造，走向艺术展示手段和展示目的间价值理解的过程。这个过程正是策展实践在中国从事件到景观发展的展示语境，也是当下急需要解决的展览展示的客观问题。

一说起展示价值的话题，我们一定会想到瓦尔特·本雅明在《技术复制时代的艺术作品》这本书中提到的展示价值的问题。他非常明确地提出作为传统艺术所具有的膜拜价值，在艺术技术的发展中，艺术作品被不断复制用于传播，在其原有真性的围绕之下的艺术作品失去了所谓的"灵晕"[2]。这种失去让人们不再能够从艺术品中获得所需要的精

---

[1] 这里的展示价值讨论范围在于策展实践过程中，在于策展观念和思想形成传递过程中，是关于方式与方法的价值内容。
[2] "灵晕"（Aura）是本雅明美学思想的中心概念之一，也是其理论最为难以理解的一个词。它

神膜拜价值，但由于复制性的艺术生产，艺术更多地具有了展示价值（revelation value）[1]。这需要从展示的两端的主体和客体对象开始。在本书的第一章中我们给大家讲述了中西方的两个关于"展示"的故事。一个是马克西米利安一世和丢勒合作凯旋门版画。另一个则是中国的"西园雅集"，一场特殊展览的故事。前者运用艺术语言——版画，通过其复制性的特点，让马克西米利安一世的尊贵权力得以传递给世界上的任何观看者。这是一场将展示作为权力策略的重要案例。另一个故事中，中国人的展示方式更加独特，他们只在严格的身份认同下完成一种内部小群体的分享。文人士大夫们彼此以德行贤识为群体标准，聚集在一起，只对彼此展示他们的书画、诗文、音乐。他们的展示文化面对共同体内部完成，可以说这不是一种客观的展示性。一个是向外不断输出文化信息，一个是向内不断排演文化信息，这正是中西方在文化艺术上重大的展示差别，这直接导致了对于现代展览发展的影响。换一个例子来看，在欧洲的文化中，作为公共空间的广场是城市的核心区域。而中国的城市发展中往往都只有私家园林，而非公共广场。这都说明中西方文化传播中，差异的根源在于公共空间的建构上，而公共空间正是展示文化发展的重要场域。所以，我们回到早期的欧洲历史中，看看展示价值的发展如何兴起。

"随着各种艺术从仪式中解脱出来，展示的机会也就越来越多。可到处送的人物雕像的可展览性要比固定在庙宇中的神像大得多。木板画的可展示性或许比以前的马赛克画或湿壁画大得多。弥撒曲的可展示性或许原本并不亚于交响乐，可交响乐由于其产生时代而获得的可展示性却要大于弥撒曲。"本雅明在他的《技术复制时代的艺术作品》一书中曾经这样谈道。事实确实如此。当我们从艺术家的自身方向来理清展示价值最初的心态之时，本雅明的这段话让我们从艺术形式本身来看

是物体外部形式之外的本质样貌，是与情境、事物本身关联的独特存在，是不可复制的具有膜拜价值的存在。
[1] 这里翻译得不一样，胡不适翻译《技术复制时代的艺术作品》时译为展览价值。

第三章 凝视展览价值的内核

待展示性的问题。在他看来，艺术作为客体，有三种可能性去拓展其展示性。第一，是空间上的可能性。当艺术不断前行的时候，脱离膜拜价值的艺术作品也摆脱了传统的膜拜空间，即教堂等。教堂开始不断成为"总体艺术"的公共空间。在这里，雕塑、绘画、音乐形成了最早的"沉浸式展览"现场。信徒在这里产生前往天堂、不断迷幻的感知。艺术作品之间从叙事到感知相互呼应。以意大利米兰大教堂为例，米开朗基罗的天顶画和周遭的雕塑、彩窗的光影相互辉映，如同当代的"酒吧"弥撒。这就是一种展示语言的综合表达。此外，大量的艺术作品加上商业的介入，自空间性的拓展，有利于观者欣赏的空间感大大加强。再加上对古代遗迹的发掘，大量为人们所认为蕴含美的艺术品，被搬到了展览馆。在这个空间展示平台上，用我们主观所缔造的展示价值来进行自我满足。第二，是作为艺术形式本身有拓展展示性的可能性。比如版画，其刻画手法与特殊的艺术语汇让出于单纯的视觉经验和艺术家本身的观念都得到了更好的展示。我们再以摄影为例。它是建立在彻底超越真实基础上的技术方式，图像的生产带来了不断给观看者以全新阅读的可能性。摄影图像在传播中和观者发生关系，制造多种展示性，有让现实和真实形成双语的特殊魔力，创建有效的展示价值。第三，时间环境对展示性的拓展。我们不能单纯认为随着时间的延续，在某些方面，后出现的艺术形式其展示性一定超越前者。它还受制于时间段内人类主体环境的客观条件。由于这样的因素制约，艺术形式间的展示价值比较，是不存在永恒的判断的。需要看待的是某一时间段内人类作为主体的心理状态与社会环境，本雅明关于弥撒曲和交响乐的例子再典型不过了。

虽然本雅明以艺术创作的内容来诠释展示价值的意义和方法，但对于作为"总体艺术"化的策展行为，同样能符合本雅明在展示性这一部分的精彩论述。回到展示性和展览之间的关系上，一旦明确了策展者与观看者的身份，展示对象就具有了展示价值。展示是表达的过程，是传递言语的途径。在西方艺术语境中，由于长期对社会的公共性意识的建构，展示价值在文化生产过程中形成了大量的可塑空间，建构了艺术展示的传播途径。在展览史中,随着欧洲皇室收藏的公开化,大量的"知识"被释放于公众面前,在公共知识生产的过程中,展览成了一种需要被策展人形成展示价值,将阐释性的知识输出给公众的事件。如果说一个展览的阐释价值是展览的生产内容价值,那么展示价值则是一个输出的过程价值。所以,不少策展人在实践行动中将两者捆绑紧密,相互策应。没有展示的动力,就不会有策展的行动。这是布展将会取代策展成为展览生产的指定动作。只有面对"他者"的展示,才有可能完成艺术品以及策展的成立时刻[1]。陆兴华在其《艺术展示导论》一书中再次强调,本雅明提及的作品"灵晕"在某种意义上,更加追求在观者面前的"反光",在观众身体和经验之上的闪亮。只有这样的相互阅读,才是展览展示价值的被确定。这也是策展生产价值的一种检阅方式。[2] 进入到资本主义消费社会,资本的绝对属性——流通,让其对文化艺术生产的要求也具有展示性。因为展示价值是催生文化艺术传递速度的关键。后现代主义的出现,让传统的策展人在展览中的展示价值获得了新的意义。在现代主义艺术发展时期,策展人仍然以稳定的展览空间形式、阐释语言逻辑以及固有的展示时间线索来形成展览展示价值的表达。与此同时,他们以传统博物馆发展历程中的展示性手段作为展览的形式语言,单向地向观者展示艺术内容。但有趣的是,艺术家们更具前卫的艺术观念创作,使得原有的展览展示性受到了挑战。大众无法完全在传统的展示方法中去理解艺术家作品。同时,艺术家的作品本身也因为在建立自己的阐释系统从而为展示价值的转换带来了困难。也就是说,观众已经很难在展览空间里,单从观看层面去了解艺术作品的意义。这时,艺术展览从"观看"性展示走向了"阅读"性展示。观众不再仅仅通过一目了然的视觉和展览阐释来了解艺术主题和作品。他们还需要去利用展览的空间、作品之间的关系、策展人的"提示"、艺术家的陈述、视觉空间设计等多方面来读懂当代艺术展览的问题及反思。非空间类的展览也一样,策展

---

[1] 详见陆兴华. 艺术展示导论[M]. 北京:商务印书馆,2019:116.
[2] 详见陆兴华. 艺术展示导论[M]. 北京:商务印书馆,2019:272.

第三章 凝视展览价值的内核

人通过实践发动各种艺术事件，这些事件的行为逻辑也需要观众联系各种不同的知识背景、空间场域等，依靠"上下文"读懂策展行为的实质。1969年，当哈罗德·史泽曼在伯尔尼美术馆举行"态度展"时，公众对其展览的意义无法理解，对艺术家的创作更是一头雾水。展览在此建立了更高的自我阐释价值，而降低了展示价值。这时我们可以得出一个结论，即当代艺术策展行为所指向的展览展示价值在对展示对象提高的文化个体要求的同时，本质上削弱了其展示公共性的群体组成，带来一种精英化的展示性。公众在接受这个展览的同时，要花费大量的时间成本去形成对展览的认同反应。一目了然的艺术时代仿佛在这里走到了终点，人们在兴奋和焦虑中迎来了策展新的时代。所以总的来看，展示价值在当代艺术展览中其核心的价值构成有三个：第一是展示界面的公共性范畴。换句话讲，展览在社会公共领域有多少人在其传播过程中引起共鸣或认同。"态度展"显然就不是生产给全社会来看的艺术展，老少咸宜的博物馆文物展或许在展示价值上可以轻松地超过它。第二，展示方式的成本定量。一个展览内容信息的传递路径的营造和选择，决定了观看者理解的难易程度，成为展览展示形式语言的关键。策展人可以在不同的展示手法上设置思维"成本"，并预设接受者的"接受成本"，这也影响了艺术展览的展示价值的数值。第三，展示语境的创立成为展示价值的关键。展示价值不会独立存在于当代艺术展览中，作为对外开放传播的意义，语境成为展示性"形状"的逻辑。还是以"态度展"作为例子。哈罗德·史泽曼的展览语境是将艺术作为介入社会批判和反思的语言。他的展示价值围绕着这个语境展开表达，所以一切关于展览的艺术作品和实践都准确地在这个语境中被生产出来。展示手法和语境之间的准确性最终将决定展示价值的厚度。这三个因素带给我们去看待一个当代艺术策展实践里展示价值的内在成分，使得我们不会以简单的思维去评判展示价值在不同展览中的重要面貌。

在巴纳比·德拉布尔（Barnaby Drabble）看来，策展不仅仅是如何处理作品的呈现方式的问题，更重要的是在与艺术家和公众之间建立合作和探讨中，发展批判性的内涵。[1]这必须基于语境的构筑，并且在展示界面中处理好公众、艺术家、艺术作品、机构多维度的"画面"。这些画面是要在固定的时刻、于"此在"中发生意义。批评家陆兴华认为，策展的展示价值要给予制造"事件"，让公众参与进来共同完成对艺术作品展示价值以及策展展示价值的完整抒写。[2]所以，在这里，我们还可以看到安德烈·马尔罗（André Malraux）所提出的关于"想象美术馆"（le Musée imaginaire）[3]的概念。这往往更像是如今人们利用互联网技术在不断刷新和制造的图像目录，每天更新个体的讯息内容。但马尔罗认为，"想象美术馆"正是用策展的方式将艺术的展示性变成公共性的个体经验，形成多样的，对历史、当下、未来的即刻理解。思想在未被展示前是具有无穷可能性的，而展示价值的诞生是对无穷性的终结，却也是对传播性的孕育。从"大"思想到"小"展示，其实完成的是策展在不同阶段，对所抱有的不同文化使命的转变。从某种层面上看，美术馆在此更像是一个不断发生内部排演的知识库，稳定的个体理解将被推向外部的展示和传递。观众在特定的场域和时间里，重新回应"展示价值"在展览中的定义，作为消失的"灵晕"之补偿，在复制艺术家的创作"意义"上，为策展行为选择不同的暂时结局。换句话说，观众在这里并不是我们理解中的旅行游客，他们的观看和阅读都是来做某种"游览"的特征。他们需要建构自己的"凝视"去协同策展主体、艺术家作品完成展示的多维互动性，来增加自己的感知经验。

为了更好地理解展示价值在当代艺术策展中的位置，笔者想引进罗兰·巴特对文学领域作者创作的一对概念。他认为，我们普通的写作者以读者的角度逻辑为主要出发点，他们的创作在可控的方向内保证后者

---

[1] 详见贝丽尔·格雷厄姆，萨拉·库克.重思策展：新媒体后的艺术[M].龙星如，译.北京：清华大学出版社，2016.
[2] 详见陆兴华.艺术展示导论[M].北京：商务印书馆，2019:15.
[3] 《想象美术馆》是系列画册，于1952—1954年完成。马尔罗作为总编和策划人，其实完成了一次文本和图像的平面策展工作。他搜集了大量关于古代的作品，变成一系列影集，让观者去发现其内在的文本价值和问题意识。

对其写作内容的基本理解。这样的小说很多，电视肥皂剧和好莱坞电影往往都是这样的艺术作品。罗兰·巴特将其称为"可读性"。另外一个概念却恰恰相反。作家第一写作的对象是自己，写作的逻辑是封闭向内的，并不以阅读者的阅读逻辑为重要参考。他们将写作的形式语言创造看作自我阅读的独特目的，至少是对极小认同群体的创作交流，这种作品非常难以读懂，如卡夫卡的意识流写作就是很好的案例。此类作品的特点被称为"可写性"。策展的实践在展示价值的塑造上亦是如此。策展人针对策展行为的逻辑，自我发问，同时和艺术家们一道找寻内在认同群体相互的交流和批判，此时策展的过程比结果更加重要。这种结果不以观看者的理解为期待，只是具有实验性的拓展策展知识生产的可能性，所以展示价值并不成为展览的重要价值部分。另外一种则是相反，策展人将展览结果作为重要的目的，形成和观者理解的更高默契，策展人在由问题到抒写展览的过程中逻辑清晰地交还于"阅读者"，这使得展览"可读性"更强，展览的展示价值也就更重要了。我们可以看到，策展人就是某种意义上的作者，策展就是写作的过程，而展览或展示事件本身就是展示价值生成的载体。无论是可读性还是可写性，对于策展实践的不同阶段，它们都是具有公共性价值存在的。当代艺术策展的社会性建立，让策展与展览的展示价值更加紧密联系。回头看无论是罗兰·巴特还是福柯，对于当代性的"作者"概念都需要建立在一个被消解的位置，艺术作品需要放置在展示价值的背后，由参与的观众在"阅读"中共同完成。策展也不例外，它是建立公共性文化事件的展示行为，是从艺术家到艺术作品再到策展动机不断生成的方法。展览不是"死"的，而是活的，被观看和参与是其不同解读的过程。在尼古拉斯·伯瑞奥德的《关系美学》[1]中，展示价值被认为是需要在社会行动中发生效益的，是在社会公众及社会关系机制内完成其"意义"。展示的不是艺术品个体，不是策展人个人，是共同体的共享、链接和移情。策展的实践是帮

---

[1] 具体参见尼古拉斯·伯瑞奥德.关系美学[M].黄建宏,译.北京：金城出版社,2013.

助社会个体去找寻在群内认同价值体系下的个体差异性，这是一种抵制资本主义景观社会以差异分类来同质个体性的重要方法。人们在流动的关系场域中相互摩擦，抵抗被异化的可能。

然而，当我们理解了展览展示价值完整的公共性意义的时候，我们往往又忽视了一个问题。那就是在策展实践当中，我们如何运用策展人的权力去构建和公众的共谋展示性的关系。在景观化策展的当下，策展人往往在构建展览景观迷恋的情境之时，狭义地去将展览展示价值的构建权力看作一种虚假的"互动"关系。经验和行为上的公共展示成了所谓展示价值的表面指标。而观众的每一次参与性表达，仿佛都在策展人的掌控之中，或者说是景观展览生产者对观者消费的意图设定之中。景观式策展基于研究的是在展示消费场景下的观者，如何具有展示价值内在的恋物心理[1]，从拜物到感官刺激来补偿他们缺失的日常生活情境以及对感官经验的痴迷。这种补偿被看作是我们内心充满的一种恐惧，抑或是某种"欲望"的源起。恋物是一种获得，来弥补我们内心缺失的感受。当观众走进展厅的时候，策展人在艺术家作品（往往现在就是一些艺术体验性商品）和观者之间建立了一种"缺失"与"获得"的体验场景，而在看似激烈的互动过程中，营造的仅仅是策展人预设好的观者快感。这时作为观者精神的补偿，一种在日常社会生活中难以获取的某种自主发泄式的幻觉出现了，在高速资本化社会发展运转的今天，人们的欲望被压抑到了某一极点之时，这种幻觉的补偿是极为容易被利用成快感进行贩卖，而景观展览的刺激就是在展示性价值的消费中不断实现的。这种快感往往是单向的。当然，观者进入到策展人的"预设"之中，预设者或许同样也有了某种成就的快感。但这不是真正的展示价值在对于当代艺术策展的原有理解，而是一种基于商品价值，供需关系的恋物结果。展览作为结果，促成了观看个体的物化，个人心理和感受力的再次"缺席"。如今的"当代"是建构于每个人在社交媒介上作为个体物不

---

[1] Sigmund Freud.The Standard Edition of the Complete Psychological Works of Sigmund Freud[M].United Kingdom: Hogarth Press, 1961:152.

断被展示的情景之中。朋友圈、微博、Instagram（照片墙）等，展示的习以为常让他们往往对于展览的展示有了某种更为强烈的渴望。他们希望从中获得文化附加值的"展示"，又或者是对展览物占有的欲望，以"二手"展示的方式在其个人展示的平台上，重新获得价值。这时，我们的策展人就会考虑如何利用观者的欲望，去做好"展示"奇观的补偿，让社交流量成了展览主客体两端快感的来源。那么在中国，数千年来都没有所谓的社会公共性意识，将如何看待当代艺术展览在国内30年发展中的展示价值流变过程呢？

  从第二章中基本上可以看到的一个面貌是20世纪80年代，中国的策展萌发时期，不少艺术展览都是群体性自发组织起来的。他们怀有相同的艺术观念、艺术态度和立场，以及同样有着类似的地域背景文化。与此同时，当代艺术带来的先是思潮，再是艺术事件（展览）。最早带领艺术界转向，替代策展工作的人大多都是当时的艺术史家、理论家和批评家。他们具有高度的知识文化水平，可以说是精英主义下的艺术话语权的拥有者。他们建构艺术观点，阐释艺术立场成为展览的关键价值。当其面对公众的展示性时，并不作为重要的内容加以生产。在1989年"中国现代艺术展"中，观众们和艺术家作品之间的"阅读"几乎是无效的。人们怀着好奇心和看热闹的心态走进了中国美术馆，他们带着闹剧般的感受离开这里。展览在这个公共场域下的展示价值完全被抹平了。展览成为艺术家表达和发泄创作欲望的场景，策展人试图建立展示语境，却被混乱的展览机制阻隔了目的。策展人和艺术家在精英化的小群体里建立了完整的"自洽"展示，这颇有些像东方雅集形式的内核。特别是在20世纪90年代的10年间，当代艺术策展工作往往进入到地下层面，不为公众所知的展览事件成为前卫艺术家和策展人相互推演思想、彼此"把玩"观念语言的活动形式，不同艺术团体间仍有着不同的艺术见解。部分出国发展的艺术家则全身心地投入在西方话语中进行生存创作，逐步和国内的艺术家形成了艺术理念上的分歧。他们虽然将展览的场域放置在一些公共空间中，但是面对公众的展示有效性并没有出现。策展人将展示内容选定为日常生活概念之物以外的"框",一种作为"意义""意识形态"、信仰之物的框。在这个框中,所有的观看者必须受到策展人的策展展示的规则约束而完成他们所设定的展示目标,大众的艺术认知系统和当代艺术的前卫性之间存在着鸿沟。同时,当代艺术展览由于没有获得众多美术馆的官方认可,所以在展示性的塑造上,也没办法使得其获得更多的公众认知渠道。一切都在艺术界内部发酵,展览的展示价值还未曾有所发展,这一时期的策展实践如同罗兰·巴特说的"可写性"超越了"可读性"存在。更重要的是,中国当时的当代艺术语境深受西方话语影响,其策展人的展览展示价值集中指向西方世界的观看者,即那些拥有国际话语权的"行业"者们。在这时,大众观看者并不是策展展览价值里的重要对象,而展示价值也湮没在了认同价值之下。当然,这也与中国长期以来缺乏对社会公共性意识的建构有关。从公共空间、公共意识、公共参与等多方面来说,传统的东方文化几乎是不存在的内容。在改革开放的过程中,以公共性社会参与为"底色"的当代艺术策展,需要这样的土壤去发生实践活动,但这仍需要一个漫长的过程,直到今天,这个过程仍然尚未完成。

2000年的上海双年展是一个标志性的节点。这次展览不仅引起了艺术界的轰动,更是让上海市民了解了当代艺术展览和自我文化身份间的特别关系。展览全面免费对公众开放,这也是官方美术馆为当代艺术展览合法性做出正面回应的一次展览,公众和艺术家之间形成了某种难得的信任关系。文化交流在展览的粗糙的展示形式面前完成了前所未有的碰撞。2002年,第四届上海双年展则进一步以问题意识带动策展理念的方法,让展览更加国际化。策展人邀约大量国际艺术家进入展览,形成标准的国际双年展艺术展示语言,公众逐步开始认知和阅读展览,策展的展示价值进入了新的阶段。与此同时,全国各地的当代艺术策展实践也形成了"春笋"效应。正值中国全面进入全球经济体系,形成全球化文化语境的重要时刻,政府极力促成各类展览活动的举办,一方面引进国际资源推动国内当代艺术生态的发展,另一方面间接推动了国内民众和当代艺术展览之间形成日常性的感知碰撞。我国在2005年参加威尼斯双年展时所建造的中国馆,就是一个很好的案例。不仅在国内,国外的策展实践事件也在推行展览的展示性,展览作为个体面向国际,展览成为展示价值的载体推向西方世界。策展人开始在新兴的社会公共性场域里完成展览生产工作。观者和策展人间形成了稳定的交流区域,展览的展示价值在这里得到了更好的生成条件。虽然2000年至2008年间的展览从策展的展示性上看有了很大的提升,但作为快速资本堆砌起来的当代艺术行业,仍然未能够建造真正而有效的展示价值系统。原因在于:其一,艺术家创作的形式感仍然存在着更加西方符号化的语境,创作意图并没有太多面向公共性文化展示;其二,国际资本的涌入以及国内资本的崛起,将展览的资本价值导向艺术品个体的价值。也就是说,展览的学术性带动市场性,将艺术作品的价值放在展览价值的重要位置,阐释系统和认同系统在这里更加值得被策展人精心确立。相反,展览作为展示性的一面并不在策展语言的重要方向上。2009年后出现的全球金融危机使得在华海外资本受到了严重冲击,当代艺术的发展进入了本土资本接管的阶段。地方政府开始介入当代艺术展览的生产中,私有资本的扩张也需要文艺概念的赋能。各地艺术节、年展、艺术活动等层出不穷,不再需要单体的艺术作品作为文化价值的主要载体。展览成了一种需求的集合,让背后的生成资本能够更好地获得文化艺术带来的附加值。策展实践开始被要求形成完整的展示价值系统,用来在公共性社会消费市场中发挥其特殊作用。地方政府、国有企业、私人资本都希望借文艺展览吸引人流、拉升土地价格,以此谋求财政收入及经济效益。这使得展览必须强调展示界面的形式塑造,来更好地和公众完成展览的"可读性",公众的体验和感受仿佛成了策展人心中必须考虑的一个因素。与此同时,新媒介技术的成熟带来了当代艺术展示系统的新感知,作品能够从展览的单体展示中获得更好的公众效应,从而建立认同群体。2007年开始的上海电子艺术节成功地为上海市带来了新媒体艺术体验和讨论的大平台。艺术的展示价值来自摄影、版画这样的可复制艺术形式,而新媒介艺术的蓬勃发展更是对展览的展示价值提供了巨大的助力。

2016年之后，在作为景观的展览中，新媒介艺术的技术性带来的奇观化使得其更多地摈弃掉了阐释价值和认同价值，走向了展示价值独占结构主体的展览生产现象。除了艺术形式语言带来的对展示价值的重要生成以外，更重要的还来自资本结构在当代艺术生态中的位置调整。随着中国国内经济发展速度放缓，当代艺术在文化生产中的泡沫逐步消失，使得资本自主推动社会结构调整，原本大量的文化消费供求关系发生了变化。文化生产消费成为占据资本流动的动因，也就是说，公众对于文化消费产品的诉求被认成资本聚拢进行再生产的绝对因素。展览不再是精英主义下的阐释生产，而是要成为资本转移和扩张的重要消费载体。如何将展览的展示价值发挥更大作用，是策展实践效应中的关键。为保证观众以最低的理解成本获得阅读趣味，策展人必须在展示空间内进行情景化布置，为观众提供熟悉的认同语境，以支撑观众的参观体验。所以，展览在这里成了一种消费商品，满足观者的各种消费补偿，消费展览的逻辑在观众看来就是消费展示内容的过程，展示价值的高低直接影响了消费过程中的快感，也直接影响了资本价值的产生。然而，展览的展示价值过于"肥大"，终将使得其成为一种没有内容的"景观"，也是另一种文化领域的"迪斯尼"。艺术作品的单体价值以及策展人的问题意识都没有能够在其中得到最好的展示，展示性本身的内在属性如同生成了"肝硬化"效应。如果展示价值本应该向人们提供内容的输入途径，但当它硬化成为内容本身的时候，输入端的另一端已然不复存在了。这样的策展实践是当下的现实，也是"问题"策展的实际存在。

展示价值在中国策展历程里，形成了从无到有，再到无奇不有的局面。一方面，公共性社会空间在国内的逐步完善，促进了公共文化消费的放大增长；另一方面，多层迭代的当代艺术知识生产机制中缺失文化内核。在没有内容的时代，只有将展示的形式作为内容才能获得其存在的可能性，这也是策展反思自身问题的重要一点。在这里，展览作为商品的展示价值已然不再是策展所谓生产事件中讨论的展示价值，策展人确实已经是"死去"的状态，而"观众"却没有被"激活"。娱乐景观让展示的两端都成了僵硬的复制品。在这时，展示价值和资本价值捆绑了展览的核心价值体系，我们要看到的是作为商品的展览，而不是作为展览的艺术。

第四节 展览资本的演变逻辑

我们谈及"资本价值",许多时候将会牵扯庞大的概念。在这里,我们势必先做出一些讨论范围的界定,以方便后文我们在展览价值体系中研究"资本价值"属性时给予更好的理解。本节中,笔者将讨论的范围限定在经济学和社会学的领域,不过多从哲学理论出发去梳理展览的"资本"。关于资本的定义,我们还是要回到《资本论》中对它概念的介绍。它是"由经济制度本身生产出来并被用作投入要素以便进一步生产更多商品和劳务的物品"[1]。所以从这里可以看出,"资本"从基因概念源头起就是一种不断扩张,能自我复制、再造、膨胀的物品。它们的数量可以改变,也可以通过人们的经济活动生产出来。人们通过不同的社会经济制度,在契约中形成各种资本聚集的可能性。这些资本的拥有者以主体需求为目的,形成对资本的使用,完成资本价值的主体到客体的使用价值转换,最终获得资本本体的满足、主体诉求的满足。换句话说,资本是在不断带来更多剩余价值的过程中形成的一种劳动关系,它不是"物体"本身,更不是我们所谓的"钱"。1986年法国社会学家皮埃尔·布尔迪厄(Pierre Bourdieu)在他的"资本的形式"艺术中,根

---

[1] 引自卡尔·马克思.资本论(第一卷)[M].中共中央马克思恩格斯列宁斯大林著作编译局,译.北京:人民出版社,1975:67.

第三章 凝视展览价值的内核

据社会学理论范畴来讲资本分为经济资本、文化资本和社会资本。他认为,文化资本的存在形式分为具体状态、客观状态和体制状态三种,并紧密结合社会阶级、权力和文化本体进行诠释。布尔迪厄将文化资本作为资本的一种可利用的无形的教育行为、受教内容和文化体制形成剩余价值,完成文化资本价值的产生。策展正符合这三种状态的合成行为。策展人要学习文化技能和知识,同时又要拥有相当量的文化产品用于参与和生产,最后还要在文化的体制中,如艺术机构、协会秩序中获得认可。当然,布尔迪厄的"文化资本"阐释的重要矛头指向的是文化权力的获取,强调资本价值的本质在文化中是确立权力的地位。在这里,笔者不做过多的阐述,因为我们在认同其理论观点的同时,希望更加聚焦在展览价值的资本性上讨论,试图说清楚艺术或者说当代艺术在文化范畴内完成价值构成的表层意义。然而,在此,我们面对策展行为产生的生产结果——事件(event)或展览(exhibition),即实物化或被"物化"的行为体进行讨论。它们作为主观劳动者的脑力劳动和知识再造形成了有效的文化商品,在社会中这些"商品"通过展示的方式,形成了知识生产与消费之间的行为,在无形中完成了社会价值的体现。"商品"在马克思那里被看作是具有使用价值,可以进行交换的东西。也就是说,商品本质上是一种交换关系。艺术品是否具有价值,关键在于其是否可以在社会关系中进行交换。可以说,艺术品是抽象的人类劳动,具有使用价值和价值。它们变成了商品,就和"拜物"形成了联系,特别是在早期的商业型艺术生产中,艺术品的唯一性被无限放大,它身上所体现的膜拜价值让艺术作为商品形成了巨大的资本积累。当然,如今展览本身也在成为艺术生产的商品,只不过它的商品价值在于其和消费者发生的展示价值聚落,便捷地提供了文化艺术服务。在经过"总体艺术"模板,多年来对艺术创作及展览生产边界的模糊,展览可以被称为更为庞大的艺术商品。我们会更多地采取经济学的方式,将事件和展览作为文化产品进行资本价值讨论。这里的文化资本被理解为第一层含义,即在文化价值范畴内所生产出来的具有资本价值的商品。值得强调的是,资本价值下的当代艺术事件和展览完成的重要价值生产在于对此商品文化价值的讨论和文化阶级权力消费的讨论。这个不难理解，我们重新回到马克思的《资本论》中，寻找艺术生产的概念。马克思认为艺术是特殊的生产，它是一种精神生产，艺术生产和消费具有同一性[1]。本雅明在马克思的"艺术生产"基础上继续发展，强调艺术的技术性以及艺术创作的唯一性（灵晕）。不难看出，本雅明的观点是强调艺术价值在独特异化的社会中推进消费和生产合二为一的可能性。并且强调，在资本主义发达时期，艺术生产出的价值将形成一种从膜拜价值到展示价值[2]的全面转化。从本雅明这里，我们可以看到当艺术家的"艺术生产"将精神价值的唯一性膜拜转向可以供社会大众消费的现实，艺术的传播性让艺术价值走向了大量的附加。在这一点价值上，我们也可以看到它是如何推动中国策展实践价值体系演化的。当互联网下全球化时代的到来，20世纪80年代至90年代展览以艺术作品为中心进行问题阐释及艺术研究的方法逐渐不再适应艺术作品作为精英阶层独有消费模式，面对互联网传播机制，以及数码复制时代的艺术所带来的讯息分享时代，艺术作品的唯一膜拜性在中国被打破，艺术作品的展示价值被加强。与此同时，在这样的工业化文化生产的迅速扩张下，中国的艺术教育也建立了以知识讯息分类构建为基础的教育体系，大量受艺术教化的人群成为消费艺术文化价值的主体，市场的拓展加之传播时代的到来，艺术作品的展示性逐步趋向以艺术品集合及分类认同价值为体系的展览本体。消费者更愿意消费展览的展示性，在这个传播平台内部消费艺术生产的价值，给展览的资本价值锦上添花。这让我们想起了古代印刷术对艺术价值生产的绝对帮助，在传播媒介的更新下，更多人受到知识的教育，形成了对艺术消费的文化诉求。到了18世纪欧洲资本主义兴起，皇家博物馆向公众开放，展览带来展示价值的形成，更多人受到艺术的熏陶，追寻更高的艺术生产的同时也带来了艺术消费升级的可能。资本主义社

---

[1] 邹广文,宁全荣.马克思生产与消费理论及其当代境遇[J].河北学刊,2013(4):7-33.
[2] 详见瓦尔特·本雅明.技术复制时代的艺术作品[M].胡不适,译.杭州:浙江文艺出版社,2005.

会机制是在不断制造文化阶级分层的同时,贩卖各种可以进阶阶级归属渠道的文化消费品。总而言之,艺术生产方式和消费方式同时不断更迭推进,都基于资本对价值的无限拓展的需求,资本价值也是商品艺术生产[1]的核心本质。

在21世纪的现实世界中,一切都显得特别明朗。全球资本主义系统让我们完全被吸入全球景观社会之中,我们深入沦陷在不断制造交换价值的资本价值体系里。人们在交换价值的套现中变得更加异化。过度的交换价值需要从新的方式中获得某种新生,这往往需要建立共同性的社会关系来完成。资本主义发展到如今,已经不再是将生产和消费紧紧捆绑在"使用价值"之上,全球化市场下要求任何可以消费之物都要进入市场之中进行"交换价值"的生产。这两个价值的重心转变需要有主体的行为和意识来把控。文化艺术领域当然也不例外,策展正是介于生产者和消费者之间的那一道"媒介"(中介)[2]。如果说传统的博物馆是以生产"意义"、阐释"知识"为目的策划展览,那么可以说,这是一种以建构精神性使用价值为基础的文化行为。然而,从20世纪60年代以来的当代艺术策展,则把"事件""发生""参与""过程"作为策展的核心行为,策展人作为中介人的属性确信无疑。策展如同是将艺术文化在艺术家、观者之间进行加工、服务、转译的特殊行为,最后促成某种资本价值的实现,即从使用价值向交换价值的转变。在这个过程中,策展人往往形成了某种能力,引发其话语权力,让市场在其控制之下,让艺术价值个体得以流通,在交换中优胜劣汰。所以,从资本主义价值体系的本质看,策展捆绑着展览物,是在"中介性"的根本逻辑下,在现代化社会中获得了某种文化特权,"交换价值"是其生存的根本。那么,在交换价值的过程中,常常需要有"落差"性的两者才能建构出交换的价值。所以,策展行动总是在文化的差异、不同认同之间寻找可以形成"巴别塔"式的文化冲突、矛盾,在不同语境中寻找可以碰撞的点。在

---

[1] 凌玉建.论艺术生产的产业化转向在《资本论》的视野[M].北京:中国社会科学出版社,2012.
[2] 参见保罗·奥尼尔.策展话题[M].蔡影茜,译.北京:中国青年出版社,2014:20.

另一个层面上说,形成了差异性内容,在消费者和生产者之间,又必须形成知识储备的差异,以及观看视角的迥异。展览的资本价值正是在"不对等"中形成,虽然在表层特征上,策展行为总是希望让"对等"成为最终目标。

有了对资本价值在展览价值体系内清晰的概念,我们便可以从另一个角度来讨论它在中国策展实践发展历程中,不断随展览和艺术事件演变的形式以及生产的方法。结合第二章的历史事实,我们可以看到,20世纪80年代初,中国策展实践在萌发阶段,其重大的价值判断还在于对策展结果价值内阐释价值和认同价值的塑造。这种局面的形成主要是因为当时国内经济市场尚未完全形成,艺术本体的市场也未能成型,这使其得以不断扩大再生产,追寻最高剩余价值的资本,这显然不会进入当代艺术的价值运作中来。从另一个角度看,在阐释价值和认同价值的共同生产中,20世纪80年代初至90年代末,中国策展实践正在为有效的资本价值形成不断地生产出可以被作为消费的内容。他们一方面形成可以被中国当代艺术市场作为文化资本的商品,更形成可以用以和西方当代艺术市场交易的消费内容,即文化权力、身份、符号为内在文化"物"。另一方面,则是在当代艺术本体、文化知识再造以及艺术的社会性里寻找本体资本价值的可行性。由于跳跃式的艺术发展,尚未完整经历现代主义艺术思潮的中国,直接与后现代的文化艺术语言嫁接的现实,就是本土经济社会中的文化需求并未给策展人和艺术家们过多的价值消费的对象。他们只能够以精英主义的态度,形成对社会大众文化消费诉求的假象。另一种策略则是西方资本的介入将会给他们带来展览和艺术事件上的新价值。1989年,"中国现代艺术展"成了一个节点性的展览。在这里,展览带来了上述两者不同的资本价值塑形的碰撞。在展览中,艺术家和策展人不同的艺术价值观导致了20世纪90年代的10年由两种不同的资本价值推动中国策展实践的发展。以侯瀚如、费大为、高名潞等在内的策展人和黄永砅、吴山专、严培明等艺术家一同前往国外,在西方资本语境内部形成当代艺术策划的资本价值生产。而许多中国艺术家如王

第三章 凝视展览价值的内核

广义、张晓刚、方力钧等则选择在国内,在西方资本外部进行探索,形成资本价值的交换,完成自我艺术价值的生产。当然,在国内,大量的艺术家仍然在探索当代艺术本体价值,形成非政治性和西方想象式建构的独立身份。这样的实践所产生的艺术作品和展览大大增强了国内艺术市场的多元面貌,更为千禧年后的艺术文化资本价值的飙升提供了前提基础。20世纪90年代的10年间,国内的大量当代艺术展览多以非官方认可,在地下状态进行。可以说,缺乏资本的引入使得展览本身的资本价值难以形成。但1992年,策展人吕澎所策划的"广州·首届九十年代艺术双年展"则是一次标志性的事件。在这里,我们可以看到展览最初的资本价值形态,它自身不具备被资本追寻,可以扩大生产的可能性条件。但这次展览作为艺术家和艺术作品资本价值的特殊载体,完成了媒介性的存在。换句话说,展览服务于艺术家和艺术作品,形成了他们所持有的文化附加价值的不断提升,这些"商品"在展览的学术、批评、阐释中得到了资本价值的重塑。大量的赞助人、收藏家通过展览找到了资本和艺术相对接的可能性,这也为未来中国当代艺术市场内艺术作品和展览的价值确立形成了典型的案例。这一时期,展览的资本价值体现还隐藏有另一种形态,那就是艺术商业机构的不断出现。20世纪90年代中后期,不少外国人开始进入中国成立一些画廊、艺术交易平台等。本土其他领域的资本也开始成立艺术展示机构来推动当代艺术作品价值的提升。这些机构中,展览无疑是被生产出来的内容,但它们依附于艺术机构的资本价值共同打造中国的艺术市场,并强调资本价值的转换与流通。旅欧的艺术家和策展人不断向西方介绍非西方中心的艺术可能性,他们的展览发生在国外,已经具有了完整的资本价值体现。在西方语境中,资本价值对第三世界当代艺术话语的窥探往往在这种双向博弈中获得了某种优势。中国的策展人推出"独立"的展览,输出中国的艺术生态,同时也导入了大量资本,在21世纪首个十年里,奠定了资本价值在国内策展实践中的重要位置。

在这十年里,在资本主义全球化的推动下,中国进入国际资本体系的时代到来了。对于当代艺术来说,不可避免地需要全面面对资本的挑战。外来资本的融入将原本本土艰难缓慢发展的艺术实验情境反向拉升到充满快速消费和泡沫化的情境之中。西方资本拥有成熟和严密的资本价值生产逻辑,它们强势地介入当代艺术的方方面面,在推动其发展的同时,也造就了未来不可逆的"价值"伤痛。海外大量的艺术机构入驻中国,从学院、画廊、媒体、美术馆、基金会到拍卖行等,完整的艺术商品ік资本价值生产链逐步形成。资本投入艺术家作品交易、展览生产、媒体推广等,同时结合国外西方核心的当代艺术机制,艺术品附加值不断提升,文化消费的内容不断被塑造,中国艺术家和艺术作品风靡全球,成为资本追逐的对象。这一时期,展览不断服务于当代艺术家和艺术作品文化价值的包装上,资本价值在这里仍然以展览和事件内容对象作为意义存在。与此同时,资本价值在深层次推动阐释价值和认同价值不断在艺术展览作品或展示事件中发酵,从而刺激文化资本价值的迅速可消费化,符号语境的"批量"生产带来了便利的路径,让西方人看到了某种意义上"可口可乐"化的中国,反向抑制中国的"可口可乐"出现。值得注意的是,2002年之后,中国的地产金融等相继和当代艺术市场进行了对接,完成了资本链的形成。在随后的几年中,北京798艺术园区、北京藏酷创意园、上海M50创意园等都成了艺术策展事件发生的平台,艺术作品、艺术展览和艺术赞助机构、个体形成了资本化的利益共同体,使得基于艺术作品为单位的资本价值得以迅速增长。在2008年后,随着全球经济危机的到来,中国经济的自身资本进入其艺术市场的比重不断加大。此后5年间,大量的民营美术馆、艺术中心和地产文旅艺术项目都带来了大量的内容生产的消费需求。资本希望鉴于客观的艺术市场,将原本承载艺术品价值推动的展示事件,变成可以为这些艺术资本项目服务的重要手段,开始商品化"展览"。在这几年中,如北京民生美术馆、上海余德耀美术馆、龙美术馆等都先后成为艺术展览策划的重要场地,展览的资本价值诉求也越发明显。展览不再仅是作为艺术家作品价值的推手、附庸,它更加需要具有可消费的文化内容进行文化资本内部的发掘,完成展览资本价值的显性确定。策展在艺术机构中的资本化之外,中国的地方政府在发展经济的策略上,也和策展行为发生了紧密的联系。全国双年展、年展和艺术节的不断举办,让展览的资本价值体现在地方政府对文化内容的生产需求上。展览成为被要求用以吸引文化旅游消费群体,形成新的文创产业模式的手段。换个角度看,这些来自资本塑造的物理空间成为艺术策展的思维枷锁,将策展凝固成为以展览为目的的生产,"事件"开始走向"景观"。单纯层面上的展示价值与资本价值具有了更为紧密的可操作性联系。这显然已和20世纪90年代中国先锋艺术家和策展实践者对展览的理解相背离。策展从事件到景观的迅速转变,从现实入侵到了艺术行为个体的内心。不仅仅在中国,全球范围内以地方性政府为官方行为的艺术展览策划层出不穷,不但如此,一些在具有悠久历史的双年展机制下生产的展览内容也出现了单薄无感的尴尬处境。资本全球化带来的是策展实践的全球诟病,资本的深入让展览的面向充满了快消品的特征。一方面,中国国内社会经济水平提高,大量文化艺术带来的精神消费诉求的提升使得展览不再总是精英化的价值分享,它更多时候应该符合下沉式的、大众化的价值同一体[1]。另一方面,西方文化资本输出已然形成了资本后殖民的全球化成果,在此基础之上,展览的景观化不可避免,支持展览背后的资本属性不再追寻中国艺术作品的资本价值,反而从展览本体出发,寻求展览单体资本价值背后的剩余价值最大化。这种现象还有一个原因在于,缺乏文化资本基础性发展的中国,对于文化艺术的资本化的生产周期缺乏理解和相应的体系。涌入当代艺术市场的资本急于用商品化思维经营艺术家作品,希望抽离传统艺术市场运营机制,这样导致的结果是大量作为资本价值潜在"商品"的艺术作品反而成为制约资本扩张的重要存在。艺术家们的作品脱离了学术阐释系统,无法建立精英式的认同系统,导致其最终只作为艺术潮流符号,在资本流动中"结块",被抛弃。同样,赞

---

[1] 不是统一体,是建立资本标准化的一种同一性表现,每个消费者在资本诉求的设置下,形成一样的消费价值内容。

助市场中的私人资本建立美术馆，希望通过艺术机构和展览体制进入艺术市场的循环资本扩张中。但他们缺乏艺术身份的自我定位，少有艺术阐释态度和认同价值，没有建立起自己的艺术品收藏系统，这与西方多年来积累下来的艺术资本价值完全不同。所以，艺术投资者更愿意以流动速度、效益最好的展览展示作为"单体"商品，完成他们对资本价值的全面"想象"，中国的"文化工业"（culture industry）[1] 逐步形成。这里就要谈及阿多诺所提的概念了。在他看来，"大众文化"不可以用来谈及文化艺术生产，因为这种主动自发性的文化生产是一种虚幻的假象。真正的文化需求正式被资本社会消费主义及娱乐化所设定出来，这是一种"工业式"资本本质。而展览在这一时期的本质发展就是"文化工业"形成背后的根本现实。2012—2016 年间，中国大量引进国外现代艺术及后现代艺术的艺术家作品，以展览的形式推广他们的文化价值，形成展览本身的资本价值内容。大量的民营艺术机构也在这时看到了展览作为商品的资本价值，并迎合市场需求，改变策展行为的动机，寻求从"策展"问题到"问题"策划的本质转变。问题意识带来的展览的独特性、唯一性和艺术创作一样遇到了文化工业的改变，伪个性化和标准化成为策展"职业"化生成的重要特征。策展人的专业性逐步向"职业性"转化，个人价值在资本价值大的体系内也被改造掉了。2016 年后，随着"罐头展"[2] 风潮的逐步淡出，新的一轮基于新媒体艺术形式的沉浸式展览又成了当代艺术市场当中的热词。展览的内容是景观化的，展览的消费是直接性的。在这里，艺术家和策展人形成了同一的价值认同，即迎合消费群体的艺术认知，形成具有资本价值的展览内容生产。美术馆和艺术机构都在追逐展览背后的利益最大化，资本在消费者面前如何进行不断生产和扩张成了引导策展内容的绝对力量。这些被购买来的展览不

---

[1] 文化工业，即大众文化产品的标准化、齐一化、程式化。一般把"文化工业"术语的发明权归于阿多诺和霍克海默。
[2] 所谓"罐头展"，是流行于艺术策展市场行业内的术语。指从国外引进到国内，从策划到展示再到商业运营模式全套进行购买的展览。这种展览如同罐头一样可以即开即食用，不需要加工，反讽了策展景观的实际工业化的现象。

需要策展人的出现，所有的展览生产环节都已经被量化到具体环节，工业化操作，按部就班。通过出售者的"安装使用说明书"就可以完全复制这样的展览，策展人在这里已然成了"吉祥物"。用展览的资本价值作为文化资本的交换内容，这时，资本价值的本质性占据了展览价值体系的大部分组成，而它迫使展览的展示价值也需要更加具有消费价值属性。与此同时，它还间接地适应社会结构的转变，在全球资本的自动化时代下，改变了认同价值的内在定义，将原有的文化身份认同，改为以展览为媒介，形成社会微粒化群体的社交认同。在这里，阐释价值被压制或转换，因为在资本价值面前，阐释价值的生产与"变现"[1]需要的成本过高，而在快速性信息化社会中，任何技术的生成都在改变人类思维接受信息的速度，这种体感进化让我们对传统阐释系统的表达产生了某种排斥。这和20世纪80年代策展实践中强调展览的阐释性，不断深挖策展问题意识，以多种论述方法建构展览价值不同，艺术品单体的市场价值已然不是阐释价值背后的落脚点。作为商品的展览，展览的阐释性成本没有展示性来得直接和快速，面对消费群体，阐释价值的传递性也没有展示价值来得更加具有效率，即观众文化知识的壁垒必须得以拆解才能达到价值体系的确认。在这个确认的结果下，资本价值需要的更多是展示性而非阐释性。2010年世博会举办之后，当代艺术发生的展览主题、研究和阐述已经往往成为聚集艺术作品生产展示功能的展览符号，甚至是简单的理由。2018年，一个名为"随机展览标题生成器"（Random Exhibition Title Generator）的奇特网站上线了，每个人都可以根据自己的需求在该网站上生成随机的展览主题。这一具有讽刺意义的"小工具"揭示了策展实践在资本消费社会下面临的种种危机。在这里，策展人的策展行为被架空，独立策展更加变得不可真实实现。在资本价值的强烈要求之下，"独立"的策展性不能独立，标准化景观式策展成为趋势，策展逐步无法从问题意识出发走向阐释与认同，而是从消费资本出发，

---

[1] 变现(liquidate)，在这里隐喻指将非物质化的资产转化为物质性的实体资产。

逐步形成一个可消费的认同问题，这更像是夜晚的霓虹灯招牌，推动消费行为的聚集和复合化。展览要求简单快速地链接社交可能，在时间性的限制下完成资本的最大化。这样，展览的产品要为主观个人提供简易快速的认知渠道，所以，我们宁可进入到teamLab的无界视觉想象中，也不愿意走进诸如"水体"主题的上海双年展内。人们更愿意将时间成本换取个人微薄的剩余价值，并递交给背后的展览资本。近些年来，各种流行于世的沉浸式体验艺术展览又代表着展览产业化生产进入了新的阶段，即大众媒体时代的逐步衰落，具有传统文化符号消费的产品逐步被消费情景化的产品所代替。人们开始不满足于文化虚荣的消费，也不再为大众媒体的引导所买单，他们开始自发地希望在一个情景化场景中去消费他们的艺术欲望。这就带来了各种策展实践上的转向。新的IP取代旧的符号，当代艺术策展景观正在升级。

　　回过头看，当代艺术策展实践作为有价值的行为，因为对文化的不断作用，形成新的文化知识，通常称之为"知识生产"。从马克思的"精神劳动"中可以得知，劳动力花费大量的学习，占据知识和技术形成可以被交换的价值。进入20世纪，现代主义到后现代艺术发展的过程中，艺术品从技术和愉悦美学，转向了对观念和知识理念的消费。这使得艺术的创造力需要更多的积累，艺术家的参与则需要和更加多元的资源进行融合。策展结果就是这样的一个重要组成部分。艺术家的作品必须在展览中形成语境化价值，它的意义逐渐需要和展览内容以及阐释形成一体。资本无论是面对艺术品，还是展览事件，都牢牢把握住了其物质材料和生产资本，艺术家和策展人只有将自身的智力、技术、创造力、知识作为交换条件，才能实现自身价值，策展的行为依托于建构资本价值的目的不断地形成剩余价值为资本所扩张。在策展的具体实践过程中，它的本质注定了它需要在劳动关系内发生效应，在彼此的认同中完成行为的意义。所以，当代艺术的策展工作，不得不在资本化的社会价值生产内完成。它一方面需要秉持当代艺术的批评和反思，这也使得其对资本需要警惕甚至反抗。另一方面，策展在社会性的作用下，必须接受资

第三章 凝视展览价值的内核

本价值的作用力,使得其文化价值能够完全被生产出来。这样一来,作为矛盾体的当代艺术策展本身的产物——展览或事件,就要具有满足两者共同的特征,即不断具有展示价值和资本价值、认同价值和阐释价值。在这里,资本价值是最为抽象的一种价值内容,在资本主义全球化、自动化的现实面前暴露无遗。资本价值的重要意义在于推动中国的现实,形成30多年的飞速发展,快速地让文化资本从形成到消费,从社会到物质,无处可藏。

资本价值在这四个概念中是最好被理解的。但是,它仿佛是一个不用论证且具有"废话"危机的概念。跨国资本主义发展带动的是全球化语境下的消费娱乐社会时代的到来,资本的触角涉及社会各层面的生产之中。作为文化艺术生产的一部分,策展结果带来的展示文化当然和资本价值产生密切联系。理查德·希尔顿(Richard Hylton)在他的文章中提出:"不管有多少关于'策展人'和'有关策展人'的讨论,主要靠公共资金资助的画廊在其他方案制作(和雇佣)政策方面都变得僵化了——亦即,虚假的包容性和非商业性。"[1]资本和当下的策展无法切割,只是形态的转变和包装的多样而已。在中国的策展脉络中,资本价值的形成具有一定过程,它的形态也在不断发生转变。从艺术家到艺术作品再到艺术展览展示。资本的渗透形成了自己的规模和方向,它们时而进入策展人的"独立"逻辑里,时而干预策展载体,如在艺术机构的生态中,时而以意识形态的转换作为方式进入策展的实践。越以展览为目的存在的标准化策展,越将会有可能成为资本价值占据主导地位的景观化展览。越将策展作为行动,策展结果作为实验本身的展示事件,反而越给资本价值的存在提供了难题。策展需要的是反对被固化的展示模式,松动无孔不入的资本同一性。所以,只有在策展过程中设立出非职业语言的"套路",让资本扩张在这里受到阻碍,那么或许可以形成中间地带,完成展览价值体系中的多维度的平衡。资本价值是隐匿在价值

---

[1] 参见朱迪斯·鲁格,米歇尔·塞奇威克.当代艺术策展问题与现状[M].查红梅,译.北京:中国青年出版社,2019:72.

体系深处的"王者",为人们所心知肚明。但在近些年来,资本价值在展示文化价值中的影响可以说形成了垄断性的结构。这种展览商品化、消费化的现实让我们必须从策展的"问题"意识中找到解构它的方式和方法。

第四章
－ 超验的现实切入 －

本章我们需要了解作为策展所展现出来的价值体系，其结构的时代性起到了决定因素：策展是由主体的个体性所产生的具体行为，它的效应并不是影响客观展览价值体系发展的内在动因。换句话说，策展作为人的行为，是由不断受到客观情境对于文化策展结果生产的需要所决定的。但如何将主体创造和客观现实的境遇发生的合理碰撞，这也是策展需要思考的本体问题。在20世纪80年代的初期，中国的策展实践往往由策展生产中所需要的社会价值诉求所决定。改革开放后，中国与世界初见之时，如何适应新的价值观，如何面对世界环境下国内社会全新的文化视角，这使得策展实践结果需要建立起拥有表现性、批判性的阐释价值。在这种价值体系结构的引导下，大家的展览在批评家、理论家的策展"代职"下走上了特殊的策展实践之路，形成了以批评阐释为特别方法的展览表达。20世纪90年代中后期至2008年之前，中国策展和世界语境的展览深入融合，从国外当代艺术理念的输入，到2002年之后中国当代艺术成规模的输出，如何建立中国在西方语境下的当代艺术身份，建立文化的独立认同，形成完整的中国当代艺术发展的独立脉络，成为时代给予策展生产语境中重要的认同价值要求。在此期间，无论是在海外长期存留于"中间地带"的策展人，还是国内活跃的策展实践者，他们都通过策展实践建立认同关系，追求文化平等下的艺术实验，如侯瀚如的"运动中的城市"、上海双年展体系的建立以及中国在威尼斯双年展上的几次标志性事件等。2008年之后，随着全球经济危机的到来，中国文化艺术世界进入新的阶段。继续细分的当代艺术情境加之更为资本化的介入，消费主义娱乐化社会逐步完善于中国的社会价值逻辑之中，使得整个社会逐步转向将策展彻底"职业化"。展览成为文化消费的产品逐步形成了新的策展结果的价值体系格局。被凸显的展示价值用以构建商业逻辑和资本价值。近些年来，展览价值的体系又出现了新的特征，在社会"微粒化"[1]发展的新现实下，原有展览中认同价值的意义也在悄

---

[1] 后文详见克里斯多夫·库克里克.微粒社会——数字化时代的社会模式[M].黄昆,夏柯,译.北京：中信出版社,2018.

然发生转变，正如我们前章提到的那样，认同不再出现在大文化的概念下，而在建立认同社群的内部中形成细分化，认同价值成为裹挟着展示价值和资本价值为大众消费展览的重要动因。

但在这样"被动"的因果关系里，不能只看到消极的虚无主义，需要明确的是，从策展的行为意义上，其带来的当代艺术策展实践对展览价值体系的主观调整以及做出的外部补充，也是策展行为在时代中的重要价值。策展人虽然不是展览价值的必要条件制定者，却是其充分条件的提供者，寻找价值体系内部的平衡，不断松动价值的概念定义，让策展结果带来艺术语境的厚度充分影响社会文化结构。所以，策展人通过自己的智识性行动形成有效的对时代展览价值的应对，让社会的展示文化形成更加良性多元的价值体系，在不断形成展览景观的现实层面，保持策展从思想到行动的多维度、多元化、多领域，让策展获得流动的能量。本章将对前章理论性概念做梳理，我们要以"超验"的角度在策展和展览的历史中找寻有态度的个案，让史实解析指导未来面对展览价值体系时，策展积极应对应有的动力和方法。

第一节　建构阐释价值的中国策展案例

中国策展的历程，从20世纪80年代初的萌发时期到21世纪初的迸发时期，整个策展实践中策展人都在不断地制造策展"事件"来宣扬自己的策展观念和艺术立场。这里有多种原因的体现，其中有关于中西方文化身份认同的构建，也有艺术本体的延伸和尝试，同时也有艺术风格新美学的概念营造等。阐释价值成了当代艺术策展先行实践者们表达欲价值的核心，它还在展览的形成中占核心价值地位，而且是主导型价值内涵。通过研究以下策展案例，我们来深层次地剖析阐释价值的构建在时代背景下的方法和意义。

一、后感性的任务

让我们先从"后感性"系列展览的策展案例中寻找阐释价值在国内策展实践中的重要"形状"。"后感性"这三个字代表的是某种艺术观念的阐释，它源于20世纪80年代末，是中国当代艺术短暂的低谷和自省期间所出现的新思想，是某种综合艺术形式下针对当时英国出现的"感性"

第四章 超验的现实切入

倾向艺术现象所回应甚至带有反思和批评意义的艺术实践。1999年邱志杰和吴美纯策划的"后感性：异形与妄想"展览成为一场持续了十多年的中国本土实验艺术实践活动。当时，年轻艺术家形成了一个松散的团体，不满当时艺术圈的流行趣味，反对观念艺术的一统天下，不受材料和观念的束缚，强调现场的可感受性，以拓宽艺术创作和实践边界为己任。许多人至今仍活跃在当代艺术创作的第一线，是中国当代艺术的中坚力量。"后感性"的出现基于艺术家邱志杰的集中理论，理论构建成了其重要的文本，阐释价值是1999年这次展览的重要核心。

邱志杰在其《后感性的缘起和任务》一文中，提到"潜意识—感觉—感官—理性—后感性，这里，把感觉置于感官之前是哲学家陈嘉映先生《论感觉》一文中提出的观点：'感觉是感官的根源。看、听等基于感觉，是笼统感觉的分化……感觉首先是混沌的综合感。'而后感性所引起的反应也是'感觉'而不是'理解'，又形成一组对照：作者的观念—语言传达—观念艺术作品—读者理解—读者的观念—阐释作者的猜想—语言实验—后感性艺术作品—读者的感觉—批评—进一步实验"[1]。在十多年后的"后感性"回顾展中，策展人邱志杰表示，"后感性"在方法上可以简单地归纳为一种"穷尽理论"的工作，"当理论不够用的时候，我们逼出自己身上潜伏着的、可能有的那种叫灵感性和开放性的东西。就像我们倒退走路，这时候我们身上每一个毛孔都打开，去感知整个场景向后退去，探测后面那份土地是不是可靠"[2]。策展人李振华认为，"后感性"主要围绕的是其提出的集中理论。第一是关于其反对观念艺术，即强调艺术动机、趣味与计策的反应，是针对展览现场艺术家根据展览创作的机制型作品的批判，尤其反对的是某种基于"观念"产生的趣味的倾向。邱志杰在《〈后感性〉展览始末》一文中提及："事实上，'后感性'的想法于1997年的时候就已成形了……90年代初最为风行的以世相为题材的艺术如政治波普、泼皮等潮流都功成名就大势已

---

[1] 邱志杰. 后感性的缘起和任务 [J]. 美苑,2001(5):2-4.
[2] 邱志杰. 后感性的缘起和任务 [J]. 美苑,2001(5):2-4.

去……我在1994年、1995年间写过一批文章与以王林、易英为代表的有庸俗社会学倾向的艺术理论家进行论战。论战的核心是作品不是"意义"的表述,而是"效果"的营造。"[1] 邱志杰提到的"意义"正是阐释学中强调的某种理解的结果,而"效果"则是阐释领域重要的相互包容的某种语言上的自由,一种不追求"正确"理解和描述,而是让阐释通过观看和被观看,制造和被制造,形成不断生产的可能性。邱志杰对于当代艺术阐释价值的思考是在核心的后现代意义上所构建起来的。"后感性"的展览无疑是阐释价值凸显的最佳策展案例之一。第二,早期邱志杰推动"后感性"艺术思想的发展,强调展览中艺术家的创作突破媒介化的身体,强调艺术创作的直接性、开放性、社会性。第三,邱志杰基于对身体的认知,以及摆脱所谓西方当代艺术符号性惯性的植入,他更加强调从"后感性"中寻找中国式的内修与思想之间的关系。这是从感知到认知的过程,也是建构中国独立的前卫艺术的关键路径。所以,基于此,"后感性"不是一次性的展览,而是随着艺术展览发生的事件,不断实验新的思想,产生新的阐释价值,这是一系列的策展行动,更是思想的推演。可以说,"后感性"不再是以展览为思想的载体,而是以艺术实践行为为方式的思想历练。

回到1999年,"后感性:异形与妄想"展览呈现的是具有开放性的展示现场。展览成员主要是来自中央美术学院和中国美术学院的青年艺术家,他们在现场通过艺术家内化的探索形成现场机制艺术,给予新知识和方法产生的可能。艺术家们逐步远离了负责的社会文化批判语境,把注意力放在自身基础的身体感受力上,希望从对其开发的内容中找到纯粹而准确的文化姿态。展览组织较为松散,但大家的艺术理想则趋于一致。艺术家们相互创造自我的艺术感受力和思想的场域,而艺术家个体间的交流超越了所谓观看者与艺术创作者之间的理解。展览阐释价值在艺术生产的机制内部得到完成,展览更可以说是一个总体艺术感知与

---

[1] 邱志杰.《后感性》展览始末[EB/OL].http://artlinkart.com/cn/article/overview/e4agzys/about_by2/Q/3a3avz.

第四章 超验的现实切入

阐释思想的剧场。观众以创作者的身份介入,而整个强调现成的剧场性正式成了策展人邱志杰未来艺术策展过程中的重要形式语言。怀着"后感性"基因的艺术家们成了拥有自我阐释系统和艺术研究方法论的重要个体,他们参与了大量的国际年展和艺术活动,影响未来的当代艺术在中国的创作面貌。

邱志杰将"后感性"分为三个时期。第一阶段是1999年到2001年,这阶段的"后感性"艺术家们使用各种极端材料来加大现场的刺激,否定枯燥的、标准的观念艺术,创造激烈的现场感(图4-1);到了2001年之后的第二阶段,"后感性"艺术家们对"当代艺术成为一种比赛制度"的现状进行反思。邱志杰与刘韦华策划"长征计划",随着"长征计划"进行到每一站,参与人的身上就会出现相应的纹身,这个行为把中国人的身体艺术推到了一个"与历史结合的高度"。"后感性"的艺术家做了非常多的实验,去对抗一种展示制度,为此他们向剧场学习经验,把展览的发生本身变成一种实验性的现场。第三阶段可认为在2005年以后。随着798艺术区的成熟,越来越多的艺术家开始做个展,"后感性"作为群体的小组活动某种程度上似乎已经停滞了。"但我发现在不同的角度上,大家都已经纷纷深入到了历史的现场。"邱志杰提起了几位艺术家的实践,"我们看到刘韦华的《狗咬胶》是'后感性'的第一批权力建筑;我自己走上南京长江大桥,从关注身体到关注生命;我现在手里拿的这颗苹果,是刚才李宝元先生给我的,这是他在甘肃的石节子村开发的项目,这次展览有琴嘎和他们合作的作品。"在邱志杰看来,尽管"后感性"的艺术家们似乎平时并没有固定的组织和定期聚会的交流,但是都不约而同地从不同的角度深入到整个中国社会内部,从事历史感的工作。

可以说,在邱志杰与"后感性"相互影响了多年之后,在这种围绕理论知识和感知结构相互推动的机制下,邱志杰实现了策展下阐释价值向策展及艺术创作方法论上的塑造,他形成了中国本土独立发展出来的具有重要实践理论意义的阐释体系。他改变的是消解中国现代艺术进程中对"意义"的权利塑造,以阐释参与性的方法,让展览的阐释价值获得了解放。艺术家、策展人和观者都是阐释价值的共谋者,情境和场域的重要性也在总体艺术的方法下获得了艺术生产者新的理解。我们在"后感性"之下,会看到哲学、社会经济学、人类学、社会学等多种方法的思考,而个体感知则是这些理论的具体支点。"后感性"超越了展览本身的时间和空间局限,完整地实现了一种策展文化的表达。

图 4-1 1999—2001 年邱志杰"后感性"第一阶段
(图片来源:中央美术学院官网)

二、以"上海"阐释"海上"

前章我们已经提到,上海双年展的开启是策展人机制在国内建立的重要标志性事件。确切地说,侯瀚如在第二届上海双年展的策划,带来了以国际策展视野为标准、如何构建展览阐释价值的典型案例。2000 年,主题为"海上·上海"的上海双年展由上海双年展组织委员会主办呈现。它以文字符号的方式,隐喻了展览将阐释文本放在了全球化和在地性的问题之上。策展人为侯瀚如(法)、清水敏男(日),官方的策展人由李旭和张晴组成。当时的策展体系还是由策展团队分国内国外的策展分工为机制，形成平均式的策展工作方法。展览的作品类型来自绘画、建筑、媒体、影像、装置等艺术形式共计300余件。艺术家从欧洲、美洲、澳洲、非洲、亚洲几乎全球地域的当代领域而来，以当时最为实验的艺术姿态，来到上海，来探讨国际性敏感的文化议题和社会问题。策划组选择的中国艺术家大部分也是当时当代艺术界最具代表性的艺术家，他们在创作方式和艺术观念上有着个性化表达。这次展览除了主体的展区，还有如艾未未、冯博一所组织的"不合作方式"等外围展，[1]它形成了一个完整且重要的双年展体系，并且分层次地推进了策展实践的阐释内涵。这次展览的本质意义来自其通过阐释问题主体形成了策展叙述报告，获得了中国官方体制对当代艺术合法性的承认。这个结果一方面是时代下20多年来当代艺术策展和艺术创作实践积累下来的，有着艺术发展的历史必然性。另一方面则是本次展览以侯瀚如为策展团队的实践，通过深切的国际性议题的研究和阐释，用当代艺术的展示性语言完整地勾画出了当时中国的城市化进程问题，以及全球语境下中国艺术的客观问题。阐释价值让原有只生产"意义"理论的中国策展人看到，阐释的策展行为来自对社会现实问题的主观表达和研究，切实地将艺术家纳入到策展阐释叙述中来，形成场域下重要的叙述主体。更重要的是，阐释性需要面对公众，寻找被观看者的视野，需要呈现的是阐释内容的可塑性。在国外多年的艺术策展者侯瀚如带来了国际的新思想，新的自由主义背景下的资本全球化以及后现代主义下的后殖民主义的理论等。整个亚洲在此新思想的刺激下都想通过建立去西方中心化的思想来推进自身文化的独立和自信。

艺术理论家朱青生曾经写道："1995年以来，在中国大陆思想界出现一股倾向：要针对中国自己的现实和现代化问题，重新批判，建立对世界、社会、人生以及艺术的评价标准。……中国在艺术上要评价世界，才举办上海双年展，但是一旦有机会来评判，却又没有自己的标准，无

---

[1] 具体参见马钦忠.中国上海2000年双年展及外围展文献[M].武汉：湖北美术出版社，2002.

法可依,无律可循,所以只能启用'侯翰如类型'。"[1] 所以,侯瀚如的本次展览其使命在于建立当代艺术在中国的阐释方法和体系,以推动尚无法建立国际当代艺术标准的中国后现代语境发展。侯瀚如深刻地知道在中国现代化进程中文化所处的位置,即在经济飞速发展的前提下,传统文化标准和语境的丧失,在后殖民语境下,本土文化和全球化之间的矛盾关联等。他是处于"中间地带"的观察者、行动者,所以需要不断地生产其"第三视角"下的问题意识。从此展览对于他的策展行动来看,主要的并不是为国内的当代艺术做好标准的建立,而是如何做好策展阐释系统在未来中国语境中的基础工作。侯瀚如希望将如埃蒂安·巴里巴尔(Etienne Balibar)去中心化和错位的概念的阐释内容输入正在发生社会生活巨变的中国文化场域。他将问题意识的生产方式带到国内去激活未来当代艺术在中国的实验发展。面对当时的国内当代艺术现实情况,策展团队邀请了大量国外艺术家的同时,兼顾了如黄永砯在内的多位海外华人艺术家,他们自20世纪90年代出走国外发展,和侯瀚如一样是在文化上处于"中间地带"的艺术创作个体,他们在两极文化间形成某种链接,让展览的阐释话题有层次地推进。虽然这些艺术家在当时引起了国内艺术家的特殊批评,但不可否认,从本次展览的角度看,他们带来的作品展示性激活了展览的阐释深度,黏合了在后殖民主义在中国的理解力,以情境再造的方法达到了策展人的论述初衷。在此基础上,策展人构建的多元文化的阐释系统让传统艺术观念和前卫国际艺术思想在这里发生碰撞。从陈佩秋的青绿山水到黄永砯的装置,从尼亚玛的土著绘画到马修巴尼的实验电影,都是让"你家成为我家,我家是你家"的文化立场。[2]

策展团队的阐释内容首先从展览的空间属性切入,在上海双年展这样一个具有独特历史记忆的场域[3],深刻地将文化身份的展现融入展览

---

[1] 朱青生.中国第一次合法的现代艺术展——关于2000年上海双年展[EB/OL].[2017-12-23]. https://reurl.cc/70L3KQ.
[2] 侯瀚如.在中间地带[M].翁笑雨,李如一,译.北京:金城出版社,2013:97.
[3] 上海美术馆的地址原来是英国商人所造的跑马场会旧址。

阐释主题之中。这举动一改西方常用的白盒子纯中立理性的空间，而是用建筑记忆来烘托策展思想的底色。观者进入展览之中，将这种空间氛围和充满新奇和难以理解的非传统作品放置在一起，直接映入的就是一种矛盾和冲突感，这种经验无疑正是全球化和在地性本质带给文化个体的冲突感。所以，侯瀚如在《上海，一个赤裸的城市》一文中强调，整个上海在20世纪90年代的经历就是在不断推倒重建中，以直接、无畏的方式构建起现代化城市。在这种现实情形之下，文化冲突与矛盾现实赤裸地暴露在社会日常中。"他将一种乌托邦的欲求赤裸裸地摊开。"[1]这里是中国特殊发展阶段的缩影，是资本在中国扩张下的必然过程。这为原本的文化生活状态带来了原本精神信仰的松动和转向。艺术在此时同样会受到巨大的影响。艺术家们不再是20世纪80年代在没有资本市场介入时那样去以乌托邦式的理想建构前卫艺术。此时，如何用艺术形成资本，物质和金钱在"文化状态"现实前变得更加赤裸。艺术创作现实生态就是很好的"上海时刻"的语言阐释。侯瀚如的这种判断，在他的本次展览邀约的本土艺术家背后，往往得到了他所认为的验证。这种验证其实同样是其构建展览阐释系统的一种内容。在他看来，展览的外围展及部分参展作品，虽然建构起来了一种特别的理论化阐释，但是其艺术家的创作在消费社会的前提下，在国际话语权和背后资本的观照下，难免有更加赤裸的动机。艺术的实验性在在地和全球文化碰撞中形成了某种空洞。艺术家往往体现了其社会工具性的简单价值。可以说，侯瀚如及其策展团队利用策展的话语权构建阐释的同时，用阐释的游戏方法展现了隐匿于背后的文化危机，更深层次地让展览的阐释性得以深化，这也是一种在阐释中呈现阐释的方式。2000年的上海双年展，侯瀚如最为强调的阐释价值就在于他对"地方"概念的不断挖掘。唯有建立地缘性的概念，联合历史、文脉、认同的价值内容才能谋求当代艺术在中国的可持续发展，获得合法性。所以，展览阐释中的矛盾和冲突，都是不可

---

[1] 侯瀚如.在中间地带[M].翁笑雨,李如一,译.北京：金城出版社,2013:98.

复制、不可移动到其他的双年展中被述说的。真切的"上海精神"是策展团队论述展览内容背后所想建构的意向。这种精神不仅仅是一种空无的西方文本,因为文本是西方的"先进",而这些文本同样被运用在亚洲和非西方大量的年展案例中,侯瀚如等人想要给予的是文本的使用价值在展览中的体现,是一种对文本的实践性阐释。艺术家们的作品不是对文本的说明,而是对文本的反复论证,相互批判。从展览空间上看,2000年的上海双年展采取了独有的阅读层次。侯瀚如尽心设计观者的阅读体系让阐释系统的观者在理解中形成了某种有效性。他首先在双年展中给予具有直接性的阐释作品,即由刚果艺术家波蒂斯·伊萨克·金格乐滋(Bodys Isek Kingelez)的作品讨论非西方城市化进程作为主导,直截了当地让阐释语境进入到观者意识之中,随后,在美术馆的三楼,这个以传统书画展示空间为特征的室内,他并未改造空间属性,而是搬进建筑师张永和的城市建筑作品,讨论城市进程消失的社区关系,提出坚守上海特色城市文化的话题。这让展览的阐释语境深入到上海在地话题之中,推进了展览文本在日常社会的感知。在展览尾声,策展团队以中国传统山水和自然意义作为结束,回到本土文化和西方当代之间的语言关系中,让更加抽象的问题——"什么是当代?""何以为当代?"成为展览"合法性"大讨论下的阐释支点。观众带着思考离开,将会拥有自我的解释系统回应展览的阐释价值。

可以看到,2000年上海双年展让我们不得不相信,阐释价值在那个时代的重要意义,对于展览的核心价值,策展人不断从空间到文本,从艺术到艺术家再到艺术作品,从观众到艺术物,从抽象到日常,从社会到个体。但是,我们也要看到,这个时代下的展览阐释系统往往对观看者的语境给予的是一种关闭性的状态。从策展源头上看,它们都没有把阐释语境交给观者去塑造。这和我们所讨论的阐释价值的开放意义有差异。当时急于在国际上建立价值认同的中国艺术,缺少面向社会观众的开放姿态,展览往往是为地方官员、西方策展人、收藏家等群体服务的。阐释价值在这里更像是一种"论辩外形内的妥协和依附"。所以,无论是"后感性"还是第二届上海双年展,它们虽然给予了当时中国策展实践以太多的方法,但重要的是其阐释语境一直都在生产非独立的文化内容,直至今天都不曾消散于艺术批评之中。如何正确理解策展的阐释价值语境,还需要策展实践者多年的艰辛实践。

三、行走着的写作

前文提到,邱志杰在"后感性"的第二个阶段中,曾经和策展人卢杰、艺术家刘韦华共同策划了展览"长征计划",这样一个去展览机制,以策展行动为指引的艺术项目。长征计划是发起于1999年的艺术及策展项目。以北京为基地,长征计划视本土与国际之间不断变化的语境为自身诞生、成长的土壤。2002年的"长征——一个行走中的视觉展示"奠定了长征计划概念和方法上的基础模型。中国革命史上的红军长征为"长征计划"一系列不同的国内和国际艺术项目提供了一个隐喻性的框架和讨论语境。依托这样的项目,卢杰成立了长征艺术空间,直至今天都是中国当代艺术非营利项目和营利空间来回转换最佳,最具影响力的本土艺术机构。项目首次策划在2002年,以"一个行走中的视觉展示"为主题,将策展理念和艺术创作合成方法论上的讨论。每一个项目中都有历史情境和当下思想之间的交叉生产。项目不以传统的白盒子展示价值为目的,而是将艺术项目的策展性与作品的在地性作为展示主体,实时阐释了特定语境下的文化叙事。其中,艺术家的创作包括影像放映、讨论、创作视觉、行为表达等等。可以看出,"长征计划"的关键是在于新的文本生产,它是对传统的文本进行重新阐释的策展实践。在这个过程中,策展人和艺术家及在地参与者形成共同的认知主体,在认同价值的共存意义下,形成可以被不断排演出的文本。从卢杰、邱志杰关于"一个行走中的视觉展示"的策展论述中,可以了解,策展人察觉到中国当代艺术正在从原有的生态体系中被快速地拖入到西方当代艺术体制中去,建构以精英文化为主要基准层的文化现实。

脱离民众的现象让他们需要从革命中进行某种批评和反思,而这里的"长征计划"则是以一种特有的意向指向现实的当代艺术语境。同时以集体性记忆为阐释基础,在诠释学意义上生产出新的文本,去给予文化生产的受众——阅读者,以新的内容。前文我们提到,阐释的重要内涵不是去解释一个事物,不是去说明一个问题,而是通过逻辑的阐述形成一个新的可以生长的对象。长征计划的展览正是这样子去给予经验式的阐释价值,去取代所谓含有说教权力的"意义"植入。策展人发起项目的动机在于摆脱中西方现代性语境之争,从艺术的外部进入艺术本体,在"体""用"之争之外,摆脱"西方"套路,抛弃乌托邦式的想象。项目希望抓住中国社会独有的社会主义生活经验、革命的思想意识、本土的传统语境等去建构具有深层意识重任的行动。卢杰和邱志杰选择了田野调查和话语分析作为方法,以新考古和新地缘相结合,寻找历史痕迹中与当代思潮相结合的点,并且使其在现场化。阐释的方法是从同一空间意向上的不同时间中,形成来回语义的转换,在深厚的历史可能中,寻找到策展人自身的主体立场,在这样的立场中卷入总体的艺术创作与叙事。观看者和参与者要想完整地了解事件的阐述内容,必须带入自身的经验以及知识性的储备。

  整个项目建构阐释价值的方法在于行走和在场,从经验个体与历史文本中寻找基点,不断地生产和排演。卢杰提道:"活动试图在长征路上重温革命史和新中国文艺思想的形成因果,尤其是毛泽东关于文艺为工农兵服务的思想,以及'西方'同时期类似的思想和其后受毛思想而出现的思潮在中国之外的表现;分析'西方'思潮和艺术在过去和现在是如何影响了中国艺术的原创与接受;我们对'西方'的书写与阅读,'西方'对我们的书写与阅读,是如何对彼此对自身的认识和再造起着重大影响。就像其他对于中国文化的简化或误读,西方毛派可能也从他们自身的权力诉求出发积极地误读着我们的历史。我们需要的是将误读厘清,并正视误读的创造力"[1]。整个计划共策划了20个活动,通过实时

---

[1] 卢杰,邱志杰.长征:一个行走中的视觉展示[J].艺术当代,2002(4):39-43.

第四章　超验的现实切入

发生的行为与历史性的并置，形成历史、地理、艺术、政治多维度的互动。每个活动都被要求展示、创作和讨论，形成对阐释体系最多元的生产。参与者不再是被动的观看者，他们随时可以进入阐释系统，在由阐释到理解的过程中，反思和批判。这种阐释不断生长出在地性的认同价值，让超文本的链接关联参与的个体，让本土的文化和历史的阐述建构新的认同载体。大众和当代艺术间也留存下了新的认同关系。"长征计划"从长征出发，走出了长征的寓言，其中包括2005年"长征——唐人街"项目、2007年"长征——前卫"、2010年"胡志明小道"项目（图4-2）、2018年"长征档案"、2019年"行星马克思"等等，长征计划项目逐步从国内语境的历史文本语境中走向了地域文化的阐释拓展，从艺术创作与在场发生走向了注重文本以及阐释讨论的理论生产中。所以，如果说长征计划以前是个体感知和经验背后的创作型阐释，那么现在，"长征计划"所在做的策展工作则是在艺术实践排演之下的知识性建构。用批评家、策展人高名潞的观点来看，这是在生产一种语境文本，它可以帮助我们去梳理思想和观点。阐释成了一种写作，让意义松绑于日常现实与历史塑造之中，让理解和对话形成在没有策展主体，没有创作主体的相互阐释之间。

图4-2
2010年"胡志明小道"项目
（图片来源：长征空间官网）

图4-3
"改造历史：2000—2009年的中国新艺术"
（图片来源：今日美术馆）

四、一场"解释意义"的展览

"改造历史：2000—2009年的中国新艺术"作为后奥运时代的一次总结性展览，是不得不提到的展览。策展人吕澎通过艺术史观的传统方法，将近十年的当代艺术形成具有可以被理解的、被阐释的艺术面貌，展览代表了以"意义"为先导，传统艺术价值生产模式为基础的展览方式。所以，这个案例也是补充回应了中国策展历程中构建不同阐释价值的组成方式。本次展览的策展人由艺术史家吕澎为主导，联合策展人朱朱、台湾学者高千惠来共同完成策划工作。整个展览分为三个部分，分别在国家会议中心、今日美术馆和阿拉里奥北京艺术空间举办，它们分别对应"主题展"、"特别文献展"（根据主题展相关历史文献所编辑、整理、展示）以及"中国青年新艺术邀请展"三个部分（图4-3）。整个展览从历史线索出发，搜罗了中国当代艺术从2000年到2009年间最具代表性和特别艺术意义的大量艺术家，并基于此展开研究，对十年间艺术的发展中的"新"进行梳理、提炼和总结。展览怀裹着艺术史中史学价值观，用脉络和面貌完成这十年来的艺术发展特点的归纳，并且推出重要的艺术人物和事件，大线条地勾勒出了近当代的发展时空。本次展览也是策展人吕澎长期写作现当代艺术史项目的重要空间性延展。此后出版的《中国当代艺术史：2000—2010》，就是本次展览核心阐释价值的浓缩。

策展人何桂彦评述道："策展人希望对2000年以来的中国当代艺术创作做较为全面的回顾、梳理、总结，力图将一些代表性的艺术现象与作品通过展览呈现出来，从而搭建一个基本的理论框架和艺术史的叙事脉络，为艺术研究者提供一些必要的文本与视觉材料。"[1]从展览呈现的意图看，策展人希望建构"中国新艺术"的价值尺度问题，从而建立阐释价值的话语构架。策展人将新的价值体系架构的参考系定在从20世纪

---

[1] 何桂彦.期待新批判话语的建立——兼论如何建立评价2000—2009年中国当代艺术的价值尺度问题[J].东方艺术,2010(3):89.

80年代到90年代的这十年中国艺术价值生成的对象。强调艺术史的情景已然发生重大变革,因而阐释批判话语系统也需要更新和发展,而此次展览就是为阐释价值建构新的机制。可以说,整个展览几乎涵盖了这十年在艺术市场和国际艺术情境中发展最好的艺术家,策展人采取了传统的阐释体系生成方式,从重要人物和作品中找寻"意义"。无疑,这是最为快速有效地解释这段历史的艺术价值的内容方法,但是同时,它也舍弃了除此"意义"之外的各种其他意义的可能性。历史的面貌是多层次、多趣味、多维度的,而精英主义和艺术传记体方法下的艺术史往往忽视了多维角度的社会学基础。所以,这次展览以集体化叙事为背景,却又与作品的个体和主体阐释之间存在着某种断裂,作品之间没有所谓的阐释语境或者是展示策略。展览更加像是一种艺术史写作文本,而阐释价值让观者抛弃了对个体艺术作品的理解以及不同艺术群体间的阐释内容。展览中的空间展示价值和认同价值在阐释"意义"的强大压迫下,显得格外微弱。展览的全部展示意义都在于构建这一代艺术群像背后的艺术价值,即某种意义上的资本价值,而其虽然建构了庞大的阐释价值,却没有完整地激发其新的艺术批评阐释方法。所以,展览的阐释价值建构方法是多种多样的,这取决于策展人的实践理念与动机,不同的策展方法论中,都会围绕着主体思想的显现而来。但不管是何种方式,阐释价值的存在都需要以开放的态度,保持批判的立场,对可活化的"意义"进行排演。当然,这是以艺术史的逻辑方法进行策展实践的典型案例,语境文本的写作同样带来了主体对于艺术现实的观点及立场。这种颇为集中式的思想输出充满争议,却客观地符合中国国内艺术的历史脉络。虽然当代艺术的生产本质是要去除某种固定的权力"意义"写作,但现实是,就算抛弃艺术史写作式的策展方法,它也未必能够逃离开景观化、资本化的权力聚拢。所以,无论哪种策展的实践行动,最重要的还是回归其价值体现的平衡,以及对权力结构的警惕。

第二节　认同价值在矛盾中的策展策略

谈完阐释价值在中国当代艺术策展实践案例的体现之后，接下来，我们将在认同价值体系方向上结合实际策展案例来补充说明其重要性。本节的认同价值主要还是讨论2000年前后所产生的对于中国当代艺术文化身份认同的群性内外关系。这个关系长期以来都未曾得以真正的梳理和解决，直至今日我们都没法摆脱这种潜意识对认同价值的具体藐视。所以，认同价值在中国展览史中的主导地位体现，其实经历着不断变化的过程，同时也有一个不变的主要线索。20世纪80年代末到90年代，认同价值主要体现在外群体间、国内艺术群体间的碰撞性认同，以及中国当代艺术语境下的艺术实践者与西方当代艺术话语权核心之间的博弈认同。在策展的阐释方法下通过展览作为行动的方式，获得主体性认同关系，实现依托主体的价值认同。2010年前后，随着展览产业崛起，策展实践职业化，展览成为产品，策展成为标准"动作"的时候，展览的认同价值则由主体性认同价值转向了客体性认同价值。也就是说，策展实践通过展览的展示价值构建参与客体（也就是消费客体）之间的认同关系，赢得他们的认同诉求。这一点背后的逻辑是娱乐消费社会对展览内核的本质性改变，策展已然不是思想的实验场，而是景观的体验场，消费是主要目的，而认同价值的形成必须以强有力的消费力作为目的。

第四章 超验的现实切入

一、运动中的认同

谈及认同价值在群外性质的社会认同问题，让笔者想到了1995年策展人让·克莱尔（Jean Clair）所策划的威尼斯双年展。他带来了世界现代史上作为危机的文化身份认同问题。策展人认为这种身份危机主要来自"文化自我"意识的不断打造。它磨灭了"他性"，用看似现代化的思想建立了文化壁垒，形成了认同社会群性的内外边界，这也深刻地影响了华裔策展人侯瀚如。

作为20世纪90年代初出走国外谋求发展的中国理论学者，侯瀚如于1997年至2000年间在海外举办"运动中的城市"系列展览，游走在西方文化语境和东方文化传统身份之间。这种特殊的身份处境，包括黄永砯、吴山专等一群在西方创作当代艺术的艺术家，甚至说是整个非西方艺术语境下的第三世界国家的艺术创作者的文化处境。因而这些人也希望通过策展行动构建独特的文化身份，在多元的文化姿态下形成具有艺术创造力的社会群体，所以侯瀚如找到了对策展实践抱有开放态度的策展人汉斯·乌尔里希·奥布里斯特，两人合伙谋划了一系列策展行为。

展览在3年之间，游走了7个城市的不同艺术机构和城市地点，其中前后来过维也纳分离派会馆（Vienna Secession）、法国波尔多的CAPC当代艺术馆、纽约的P.S.1、丹麦的路易斯安娜现代艺术博物馆（Louisiana Museum of Modern Art）、伦敦的海沃德画廊（Hayward Gallery）、曼谷全城的多个空间和机构以及赫尔辛基的奇亚斯玛当代艺术博物馆（Museum of Contemporary Art Kiasma）。这个系列项目共有100多位来自建筑、设计、影像、社会时间、视觉艺术等多艺术语言的艺术家参与。它更像是一个社会实践方式的事件，是一个流动在城市化进程语境中不断在地发酵的思想演练场。整个展览不断地在变化和挑战中完成。最让他们激动的就是在泰国发生的、影响东南亚艺术生态的一站展出。

故事的一开始是侯瀚如和小汉斯一起策划维也纳分离派会馆一个关于亚洲当代艺术的展览，作为对维也纳分离派百年的致敬。[1] 两人都不想延续"亚洲传统"作为异国情调的神话，不想向西方观众简单地表征（represent）"亚洲"，而是直接去展演（present）正在亚洲发生的城市化和现代化进程。基于这些考虑，一开始就决定不去选一些已有的亚洲艺术家作品来代表亚洲身份，而是去创造一种新的让艺术持续发生的展示机制。他们发起对西方现代主义白盒子话语权的挑战，用策展作为行动力去构建充满未来和自主身份认同的艺术展览。这使得展览前的状态比展览结果更加重要。

两个人用半年的时间，调研了几百位艺术家和建筑师，不断地进行讨论。在这些地方的当代艺术生态中，由于缺乏西方式的美术馆和画廊，他们的艺术思想往往都发生在城市的公共空间中，在日常社会基层的市井之间。所以，他们将视野放置在对城市公共空间想象力和创造力的调研上，通过调研他们找到了属于非国家形态下的某种社会认同关系。侯瀚如在采访时曾说："展览本身就应该是一个有机的微型城市，艺术、建筑、城市设计、电影、音乐、表演艺术、社会行动在其内外同时发生。我们想象的'城市'也并不在国家的边界内，而是代表不断被重新定义的情境，其无序性和永动性投射出未来的多重可能性。于是，我们决定把展览叫作'运动中的城市'（Cities on the Move）。"[2]

展览中，艺术家没有国籍的标注，而是以城市作为单位身份标注。城市化情境让艺术家联合构建出了社会的群体性认同关系，代表不同的群体在展览中阐释他们的艺术面貌。

在维也纳分离派会馆的展览现场，建筑师张永和依托中国的四合院概念设计了展示空间，上下两层的脚手架和纤维布构建了建设中的、临时的城市形貌。各个地区的艺术家们依托临时的城市空间想象，展示他们认

---

[1] 维也纳分离派（Vienna Secession）是在奥地利新艺术运动中产生的著名艺术家组织。1897年包括克里姆特在内的一批维也纳的艺术家、建筑家和设计师发表宣言，与传统的美学观决裂，与正统的学院派艺术分庭抗礼。
[2] 侯瀚如,于渺.我与"运动中的城市"（1997—2000）[J].画刊,2021(3):29.

第四章 超验的现实切入

同文化意识下的创造力。在展览现场，展示空间成为日常，充满艺术表演和放映活动，展览空间也被出租。展览的展示性价值形成了新的突破，亚洲艺术家群体也在这里找到了认同价值，并且和西方的白盒子话语空间产生了相互博弈和共存的关系。在这次展览之后，侯瀚如和小汉斯建立起来了重要的认同群体，他们涉及了不同城市，并同时对社会性介入和艺术公共空间意识产生重要的共识。随后展览开始在多个城市巡回展出，一共7个城市，策展人开始在不同的城市与其文化基层的现实发生遭遇。每个城市的历史和现实情境与艺术家发生遭遇，展览如同详细的研究阐释报告一般，和艺术家一起塑造了其在地性文化的厚度，不断地塑造着被掩盖的社会认同的颜色。

曼谷的"运动中的城市6"主要得益于奥雷6个月的在地工作。项目将矛头指向曼谷特殊的城市语境，它面对西方的想象以及亚洲特殊的地域面貌，一方面不能复制所谓西方艺术机构的展示形式，另一方面则要回到西方语境中寻找和在地情境融合的内容。策展人认为当时亚洲城市里的展览无法被任何一个机构所承办，也不应该是一个一般意义上的展览，而是一个城市事件。因此，城市的建筑、街道、交通系统都成了展览的重要载体，展览不是一个指定空间，而是曼谷这座城市。50多场艺术活动在全城先后开花，成为1999年10月份曼谷最大的艺术事件（图4-4）。

图4-4
1999年曼谷"运动中的城市6"展览宣传
（图片来源：中国香港亚洲艺术文献库）

无论是美术馆还是画廊，又或者在电影院、酒吧、广场、购物中心，甚至在摩托车、轮船、广告牌、火车站、网络平台上，都有展览的深入介入。艺术在此成了用认同关系建构一个城市获利潜能的核心方法。侯瀚如通常将建构展览中的认同价值的方法，定位在如何激发艺术创作主体的公共性、自组织方式和不断排演的展示形式上。在流动的意识认知碰撞中，认同价值便可以在参展艺术家和在地日常情境间展开。再加之建筑师的跨界加入，空间情景的叙事融入，让展览的认同基础得以更完美地烘托，公共空间在日常和特殊膜拜感之间找到了平衡。

可以说，"运动中的城市"其实是一场以策展方式进行的某种社会文化运动。事件代替了白盒子美术馆的空间，将展示价值注入城市的公共空间性。在运动的开端和过程里，策展都在不断运用在地性文化意识来构筑从艺术家到观者这样一系列的认同群体。主体的认同展示和主体间的认同兼容让展览成了形成城市文化语境、阐释亚洲当代艺术的重要载体。展览的阐述价值交给了艺术家的行为与实践，交给了观看者的日常生活与展示体验间的关联。展览作为事件以当时极具影响力的"关系美学"理论作为指引，让认同价值的搭建在社会公共关系来回碰撞。它注定要摆脱传统资本指引下的展览模式，也让这个系列展览激活了策展"实验之场"的重要内核。

正是这样一系列的重要策展实验，让侯瀚如在西方语境下引起了巨大轰动，随后，他也受邀参与第50届威尼斯双年展（2003年）的策展工作。这届双年展的总策展人波纳米将主题定为"梦想与冲突：观者的专政"。可以看出，总策展人已然将西方中心主义带来的艺术权力与后殖民话题带来的多元化文化理想之间的矛盾和共存作为展览的焦点问题。文化身份认同将是重点被非西方中心语境的艺术家们拿来讨论的主要方向，其中包含侯瀚如策划的"紧急地带"单元，以及"广州快车"主题下打包的中国艺术小组和机构。

值得注意的是，本来建构首届威尼斯双年展中国馆出现的计划，被"非典"事件所影响延期到了下一届双年展，而其中计划要展出的王澍、刘建华、吕胜中等人的作品只能在广东美术馆展出。所以，在全球化的大议题下，在后现代思潮引导下对后殖民文化的讨论中，2003年威尼斯双年展成了中国当代艺术最为闪亮聚焦的一届，也是在这里他们的文化身份问题得到了最深入的展现。

回过头来讨论"紧急地带"的策展内核，它是侯瀚如在"运动中的城市"项目下的一个政治化版本。[1] 展览并非关于亚洲的某种艺术呈现，而是关于所谓现代化过程中，如何在社会、经济、政治、文化中抵抗主流体系。这种主流体系带来了某种殖民性的压迫，而"紧急地带"的可能性往往在于反抗和博弈，展览现场在侯瀚如的策划下显得更像是一个互动剧场。作品杂乱、密集地布置在空间内，观众被给予必须参与和主宰的权利，某种对身份价值认同的方式就是在这种如同社会交易市场和集市的环境下被生产出来。这一风格也延续了侯瀚如的策展理念，即将策展作为行动，展览作为事件，社会作为空间的方法。

侯瀚如更像是艺术家，他将整个展览看成一件巨大的讨论文化认同的遭遇事件，将最终的阅读权和参与权交给观者。在"广州快车"部分中，侯瀚如同样邀请了张永和对空间进行了大量改造，提高了展示界面的实用性。在这里，他邀请了艺术家们延续韩国光州双年展的艺术小组工作模式，向西方社会展示了中国城市化进程中，广州作为特殊案例所体现的社会问题，以及带来的文化身份在地性认同的话题。这样的情景制造，强烈地表达中国当代艺术对新的文化身份的渴望，在西方话语权下，用特殊的方式寻求文化认同，建构群体性的认知基础，从而获得在西方语境内部的艺术话语权。

在小汉斯的"乌托邦的车站"板块中，由于其和侯瀚如的特殊关系，大量的中国艺术家参与到了单元之中。这个单元在整个双年展体系中起到的是一种对未来性构建的期望，一种冲突过后的自我安慰。所以，中国艺术家们在这里和其他文化发生交流融合，阐释东方式传

---

[1] 详相关内容查阅:成都当代美术馆,王洋.历史之路:威尼斯双年展与中国当代艺术20年[M].北京:中国青年出版社,2013:195.

统文化的和谐理想，形成全球式的理想认同。这届威尼斯双年展中，最能代表文化身份认同的事件就是中国馆筹备的过程。这意味着中国官方不仅承认当代艺术的合法性，而且希望它能够通过这一系列文化表述方式进入到国际经济文化的对话当中去。至此，关于"认同"的时代任务，貌似得到了某种即时性的平衡。然而侯瀚如及诸多当时的策展人明白，"认同价值"在策展中的任务远没有结束。它反复在失效和实效、批判和斗争中来回激荡，但不可抹去的是，以"运动中的城市"及之后的威尼斯双年展项目，都为我们在那个时代树立展览中的认同价值，明确在西方语境下建构群体思想起到了重要作用。它对"关系美学"的理论实践也让我们在数十年之后的今天重新看到了摆脱景观策展的某种方法。

二、个体重启的"再见"

如果说侯瀚如的系列展览在国外建构起认同价值在展览中的核心位置，那么随着2008年中国奥运的结束，即将到来的金融危机前夕，关于此类价值体系的讨论则形成了最后的高潮。2008年9月6日，第三届广州三年展在广东美术馆和广东美术馆时代分馆开幕。策展人高士明、张颂仁、萨拉·马哈拉吉等，带来了"与后殖民说再见"主题展览（图4-5）。

互相关联的四个分主题单元集合了178位来自全球40多个国家的艺术家。四个分主题即是四个分论点，也是四个展览问题态度。首先作为第一单元的"行进中的计划"共邀约了17组艺术项目，它们是为本次主题"与后殖民说再见"量身定制的艺术创作，一方面成为策展团队的学术延展，一方面也是不断发生和具有实效性的策展阐释。其中，大部分的艺术项目是来自艺术家当时多年来一直在持续进行的行动计划，艺术家在这里介入到了社会中，不断生发问题意识，产生社会思考，艺术家成了参与者、研究者、创作者和提问者。

图 4-5 2008 年第三届广州三年展
（图片来源：广州三年展官网）

策展团队巧妙地让展览成了讨论和分析的场域，阐释价值和认同价值在这个板块得到了融合。策展人和艺术家一同批判、深挖展览主题，不断讨论并将策展研究对象、艺术家的社会关切、田野方法的艺术目的、艺术语言和话题之间的经验方法等问题清晰化。"行进中的计划"可以说是一个半成品，是需要参与才能完成的开放体，是基于消除展览物理空间景观化的阐释行为，也是建立群体性认同的事件内容，更是强调社会关系美学和批判机制的艺术表达。第二单元名为"思想屋"，顾名思义，以思想作为指引。这里是由19组知名国内外艺术家、理论学者、批判家等形成的一个创造性精神场域，让思想的现场打通整个展览的核心模块。可以说，这个单元是一个跨知识结构领域的系统。它让艺术家们能从这里吸纳更多的思想能量去激发艺术创造的可能。这更像是将艺术创作的孕育状态和展示状态全部交给观众，让知识生产成为阐释和认同的存在本质。第三单元为"自由元素"，这个板块的艺术家们用多元的创作形式如绘画、雕塑、装置、影像、声音、写作、行为等，构筑了大主题下以认同为前提的一系列艺术"结果"。它们都相信后殖民语境和多元文化主义的流行话题无法抵制和难以呈现的现实，这也是主题立场的经验表达。除此之外，展览还有7个"特别计划"。它们是由来自国际上不同地域的三年展研究员及艺术家们生发的项目。它们旨在从他者角度来回应"和后殖民说再见"的展览主题，详细表达在后殖民话语所开启后，复杂现实扭曲和搅和的历史境遇。这些项目包括：中东频道，由哈立德·拉马丹（Khaled Ramadan）策划；东南亚剧场，由索帕婉·布尼米特拉（Sopawan Boonnimitra）策划；消失的现场，由郭晓彦、崔峤策划；会饮居计划，由朵若芬·阿尔布莱希特（Dorothee Albrecht）策划；墨西哥的早晨，由史蒂文·林（Steven Lam）与塔玛·吉马雷斯（Tamar Guimaraes）策划；广州三年展原始档案，由斯蒂娜·艾德布洛姆（Stina Edblom）与亚洲艺术文献库策划；组织变异，由艺术空间（Para Site）策划。特别计划拉开的是世界维度，让展览的问题意识形成更加庞大的认同体系，吸纳各种认同群体的加入，形成相互佐证、相互补充、相互支持的策展格局。

　　作为策展的中心概念，"和后殖民说再见"的核心理解从某种意义上说是一种现实处境，在多年的文化对撞中，讨论在全球资本化的现实冲击下往往让策展实践失去了本来的意义。高士明在《行动的书：关于策展写作》一书中写道："'后殖民'作为话语，是策展的层面上说的，作为语境，则是我们所有人共有的。"[1] 后殖民主义正在被高度的意识形态化和政治化，失去了原来的批判性。也就是说，原本希望获得西方群体认同的行为本身并未走向其最终的目的地，反而走向了一种反向的"政治正确"、一种对抗性的"话语权力"。在这时，策展人和艺术家们往往用二元论的方式膜拜差异，维护符号形式语境，制造一种政治性奇观。这是认同价值在中国当代艺术走向意识形态顶端的必然形态。简单的二元论对抗仿佛让多元的文化理论又一次陷入新的困扰。在策展人看来，他希望构建的是"后殖民"之后的景象，突破某种意识形态想象，尝试解决多种无效状态下的认同冲突。在他看来，一种现实模仿虚构的

---

[1]　详见高士明. 行动的书：关于策展写作[M]. 北京：金城出版社，2012:257.

时代，一种作为假肢的资本主义"身份"，正在构建全球化的伪神话。[1]
这是正在形成的未来态势。所以从某种意义上说，群外的二元对抗转向多群体内部，资本主义奇观下的内部认同正在活跃流动。在一个无法逃脱的、被无限限制管理的全球资本奇观中，无论是二元论的哪一端，都需要在确认彼此的价值形态和内容的前提下，寻找社会个体感受力经验的具体存在。也就是说，在"后殖民"之后，我们要建构的是多重现实和多元历史现实下抵抗同一对象的方法，而不是以"认同"作为切割政治性和个体日常生活的价值标准。文化差异不是认同的本质需要。在当下形成的局面，在针对资本主义娱乐消费时代里，我们要去"个体化"的压迫，保证人们个体经验和生活样貌的差异性。只有这样，我们才能在社会群体内部形成不断具有创造力的社会能力。"异质生存"不是活在"他者中间"，而是作为"和后殖民说再见"策展行动的重要态度，也是对认同价值在中国文化事件生产中的正确理解。在展览中，策展人希望将现场形成一个临时的、具有多元文化"价值协商"[2]的场域。在这里，大家可以在有效的语境下获得"交流时刻"，让艺术家们形成一种"无归属"感的自由身份。在这里，认同的价值或许才能够赢得暂时的有效。高士明强调的是个体化的独立与开放性的艺术时刻，强调艺术事件的此在性，而不是具有普遍归纳意义或者是某种意识形态强势下的认同枷锁。然而，这次展览的目的不是要和后殖民话题完全割裂，而是建立性的语言体系，在拥有相同在地性文化身份的内群才能完成所谓的议题新界定、现实的新批判。展览要告诉我们的是，并不是失去"身份"的凝视，就会失去"认同"的可能。形成认同的渠道不仅仅只有政治正确的策展单行道。所以，这里所要理解此次展览的重点在于对"国际性"的重新理解、对"本土"意义的拆解和重建。展览作为一个重要的艺术事件在当时形成了一种鲜明的立场，即中国的当代艺术不附庸于西方的机制下，也不是作为对立面的重建。它是一种"可能世界"，一个独立

---

[1] 详见高士明.行动的书：关于策展写作[M].北京：金城出版社，2012:269.
[2] 高士明.行动的书：关于策展写作[M].北京：金城出版社，2012:285.

存在的艺术此在。这或许是中国当代艺术文化认同身份争论十多年来，所形成最为确切且已经深刻影响后续文化发展的阐释了。

现如今，我们从这个讨论半径再延伸出去。认同价值在展览中的内核转移，如今带来策展人希望通过在群体性认同中做好新的社群文化探究工作。有时这是一种实验场，有时又是一种所谓的社交文化服务工作。全球化经济一体化已不可逆。传统的文化族群间的认同关系已被娱乐消费时代的群内化分裂和融合所消解。我们需要以国内策展案例作为探讨载体，关注认同价值在当下的展览中的真正形态。2017年，由OCAT上海馆和线上艺术平台"文化馆"共同策划了"朋友圈+：文化馆线上艺术计划展"。展览将生产于社交媒介的艺术创作进行线下的延伸展示，对当前互联网环境下的艺术创作和技术应用、线上展示和线下再现等共生关系展开讨论。策展人鲍栋想通过重新对具有集体认同的概念——"文化馆"的新定义，来完成在社交媒介下，如何形成群体性认同关系的艺术展览，同时也展开了策展新的展示媒介探索。20世纪60—70年代，文化馆的概念来源于组织人民群众开展文化娱乐活动并提供场地的文化事业单位。这是早期集体主义下的文化生产和传播平台。但是在当下，互联网时代带来的是艺术媒介的不断更新，文化馆的存在无疑是滞后的。另外，"朋友圈"的出现，本质上是在社会认同形成过程中的群体认同现象。每一个个体的朋友圈都是不同群体在个体当中的交叉体现，是一种交织性的群内认同机制。策展人想要搅动一种认同群体内部的某种文化事件，让互联网发展背后的社群认同不断在当代艺术的展示刺激下，获得新的建构和消解，从而影响艺术参与者个体，也包括艺术家和观看者。2016年初，策展人鲍栋和艺术家陈友桐开始利用微信平台作为线上艺术计划"文化馆"的展示平台。展览通过投稿、约稿等方式来选择、指定艺术家作品，展示移至线上微信"朋友圈"，并陆续发布参与者的作品。作为移动端的线上艺术计划，"文化馆"项目的参与者不局限于狭义的当代艺术圈，还包括了诗歌、戏剧、音乐等领域内任何可能的创作者，作品类型涉及任何具有想象力和可能性的媒介。在"文化馆"初

第四章 超验的现实切入

创的一年里,共有46位艺术家与艺术团体参与其中,进行了50次推送。这次线下展览集合了影像、装置、新媒介等多种展示形式,构建了日常生活和互联网世界相关的混合现实感受。这些作品在体现了艺术家批判性创造力的同时,也表现出中国移动互联网文化的诸多特点和即时潮流。很多作品包含对手机媒介与应用程序的批判,但这种批判又经常是以娱乐化、游戏化,甚至即时消费性的方式出现的。小视频、直播、触屏、GIF动画、表情、贴图、小游戏等几乎所有的网络技术与文化的现象热点都被艺术家利用进了"文化馆"的作品中,它们既是中国当代艺术的一部分,也是中国当代文化复杂现场的一部分,它们让"朋友圈"不止朋友圈。展示价值在对认同价值的推动中,在此形成了天然而无需融合的默契,展览的参与者成了展览展示的参与者,互动走向了参与,让展览形成了很好的认同群体的广泛外围。从策展人的介绍中,我们看到展览所运用的艺术创作媒介和针对的社会议题,都紧紧扣住了无法摆脱虚拟社交媒介下的人们,其生活现实与精神诉求的媒体化现象。展览形成了完整的认同感知底色,在某种感受力"恒温层"的背景下,成了展览认同价值所要承载的认同群体。在本次展览中,可以回应当下展览认同价值的形态,就是在认同群体中建立认同感,寻找群内被隐匿的一致性体验。在娱乐消费化时代下,微粒社会使得每个人都要在不同的群体中寻找认同的即视感,而策展的展览更需要帮助他们建构自我认知,形成不被资本固化的某种新"微粒"。

第三节　展示价值时代的到来与策展的回应

在这里，再次强调一下关于"展示价值"在本书的讨论范围。哲学家陆兴华在他的《艺术展示导论》一书中，详细分析了艺术的展示性与策展意图及其重要关联，在社会参与中艺术品展示的价值与社会意识的联系，探索未来艺术展示的可能性。围绕展览（策展的结果）强调其展示下所采取的形式问题，以及展示功能所带来的与观者或参与者带来的"阅读性"可能。也就是说，展示价值从策展展示形式语言及观看效果当中获取的价值。这一定义可以说仅是陆兴华所提到的展示价值中的一个块面，但仅这一个块面就在当下引起了策展实践的某种危机。

在策展中，由于资本价值将展览看做可以产生利益的商品单体，所以谋求对观者（消费者）的一种需求则成了投资展览产业的重点考虑内容。策展实践不再成为原本作为社会实验、艺术前沿的发生地，而是某种"服务"价值的创造之所。观者们的艺术消费诉求，往往来自感官经验和感受力的直接体验。直接的高浓度的趣味需求让近些年来的艺术策展往往偏离了其行动的宗旨，制造可感的艺术奇观反而成了不断涌现的策展实践现象。当然，这个过程不仅是策展行为的问题，也是艺术市场影响下，艺术家们的创作现象。整体艺术生产机制的"下沉"，让原本

第四章 超验的现实切入

精英化的当代艺术圈层[1]，消解在更具有资本灵活性、符合资本自动化时代的大众艺术圈层中。艺术家们的创作意图被迫调整，从而使得自己更加能够适应社会生存。它带来的结果就是和策展生态同意选择了"服务"姿态。更加值得关注的是，从20世纪60年代至今，当代艺术发展过程中，技术的话题一直不断深化，不但形成了当代艺术家和策展讨论的实验场，而且不停息地引起社会公众趣味消费。特别是近十多年来，随着互联网技术的发展，大数据时代下，区块链、人工智能等"时髦"的技术相继被引入当代艺术中，艺术家们的实践探索往往和观者的感知诉求产生了不同的语境。资本导向不断要求当代艺术的前卫性降维服务于艺术观看者的消费意图，所以不少策展景观依托新媒体的语境形成所谓的展览产品。面对这样愈演愈烈的现实，不少策展人采取了策展的策略维系展览价值的平衡，坚守艺术实验场的策展诉求。

一、合成现实下的展示文化

早在2008年，中国美术馆就曾在奥运文化项目系列中成功举办了"合成时代：媒体中国2008"首届新媒体艺术三年展。这是国内较早的以大型年展项目为平台讨论技术与艺术课题的策展实践。[2]系列展览敏感地察觉到了当代艺术即将到来的新问题，并且强调着艺术的未来性。时隔三年，2011年，第二届展览"延续生命：媒体中国2011"则成为这个三年展系列中最为重要的策展案例。策展人张尕是国内较早关注新媒体艺术并引进国际新媒体艺术理论和展示案例的学者。他选了除中国外，几乎涵盖了全球各地区共23个国家的近88位（组）艺术家的53件

---
[1] 在欧洲的当代艺术批评届，不少理论家称精英艺术为"高级艺术"（High Art），而大众艺术为"低级艺术"（Low Art）。
[2] 2003年，声音艺术家、策展人姚大钧在北京策划的"北京声纳2003：国际电子音乐节"是最早在国内发生的新媒介当代艺术事件。随后，2007年，在中国美术学院主导策划的"上海电子艺术节"早于这次三年展，更加突出新媒体的现场性特征。

作品，其中40件为三个主题展作品，13件为"天气隧道"特别项目作品。展览面向人类环境生态问题进行拷问，寻找人类的未来生存寓言在哪里，艺术如何作为"延续生命"讨论中的重要语言，来引起相关哲学思考和知识拓展。策展人张尕希望通过现场的展示性震撼，来用艺术的想象力去唤起人们对此问题意识的认知、感受并参与讨论。很显然，在这一点上，展览本身不是一次所谓完全由阐释价值主宰的展览，策展人不是在用难以理解的科学技术和晦涩的艺术语言来构建一篇"说明文"，而是希望在社会性参与和对话中，避免形成技术带来的艺术景观，通过展览的展示价值创造一个展示的平台，让展览成为事件，切入社会日常，建立群体性认同。展览根据美术馆空间划分了三个单元，在论述上选择逐步递进的思维节奏让观者从经验感官刺激找到切入口，逐步寻找到生命样貌层出不穷，所给予的生态反思的解读，从而进入展示情景。当观者走出展览之后，所回顾的不仅是身体经验的余温快感，还有对生态环境危机在历史下的沉重缘由，引发更具哲思性的自我拷问，更加客观地理解人类现代化进程中的人类中心主义的弊端，以及环境主义新态度带来的使命感。

　　展览第一单元名为"惊异之感"。策展人希望从新媒体艺术的"拿手好戏"感官刺激的营造中寻找到展示价值的充分可能，通过当代艺术和技术的结合，让人们的经验重新得到激活，提升艺术展示性的能量，让当代艺术拓展人类的视角，突破传统循规蹈矩的人类感知模板，融合多感系统之间的结合，从而转化人类主题的认知位置。在这里，大量的互动感应的作品得以展出。例如比利时艺术家劳伦斯·马斯塔夫的作品《虚无观测站》（图4-6），人们可以坐在巨大的透明容器中，感受龙卷风的旋转风力。作品外面的观者看着体验者的现场，可以说相互都成了展览展示的一部分，惊艳了当时的中国观众。另一位荷兰艺术家马尼克斯·德·尼斯的作品《15分钟大明星》则是将参与者的头像和娱乐世界的明星头像进行合成，让每个明星梦的持有者都能像安迪·沃霍尔所说的那样，成名15分钟。

第四章 超验的现实切入

图 4-6 劳伦斯·马斯塔夫《虚无观测站》
（图片来源：lawrencemalstaf.com）

随后，第二单元的"临界之境"板块将已经被感知经验沉浸震撼的观者带入深层次的讨论中。在这里，人工智能和物种杂交等议题成为人们新的自然客体，它们尚未被科学伦理所归类明晰。处于临界之境遇的这些技术带来的是生命更多意义的阐释载体，同时也是具有独特活力值得我们反思的存在。自然和人工话题在这里成了信息、伦理、生理多学科交换思考的内容。它们改变了我们约定俗成的自然法则，时刻提醒我们放平姿态，去接纳和建立新生命的可能。在这里，德国艺术家朱利叶的作品《点·动》将流动在塑料管中的红色液体凝结成为字母，让生命体完成信息化阐述的另类表达。巴西艺术家古托的作品《呼吸》则是让一个人工系统和植物结合生长。它可以通过动作、光和其他机械噪声给予环境反馈。拟人化的生物仿佛获得了更多的生存权利，并且试图和人类进行交流。最后一个单元名为"悬迫之域"。它的讨论对象来自生态环境在当下的问题。艺术家们通过自己创作的不同方式，让人们不断提高对环境保护以及可持续发展的参与意识和支持态度。克罗地亚艺术家伊娜的作品《柠檬的诗》是用1000个柠檬作为电能的生产源的互动作品。展览参与者可以通过作品体验一个奇特的实验，即用这样一个作品来一边发电，一边写诗歌等文学作品。旅居多个国家的艺术家海伦带来的作品《臭氧北京》，则是对北京空气质量的数据进行分析并转化为声音和视觉的多维时空作品。画面中通过代码生成的云出现在城市图片上方，凝结成可以不断变幻色彩的图像。这种视觉刺激类的作品直截了当地通过艺术作品的展示价值的输入改变了观者对议题阐释的理解。

可以说，展览的三个单元层层递进地将人类生存和自然的话题，通过艺术与技术的角度展现出来。观众在作为展示界面的展览中不断被主题下的艺术作品所引导，在展现出"科艺融合"的概念下，也让观看者感受到了社会议题的深刻，把控了展览在对"生命"和"生态"两个主题词认同价值的构造。

在展览展示价值的建构上，策展人张尔的主要策略来自三个方面：第一，突出艺术作品本身的展示性。这些艺术家的作品来自然和生态问题讨论，其形式语言往往和人们习以为常的生活感受力相关。这些作品在展厅中出现，让观者仿佛在日常性里找寻到了别样的感官刺激。也就是艺术作品突出自身展示价值的时候，放大了日常经验，并且推动了整个展览的展示气息，方便观者的参与和主动阅读。第二，合理利用展览作品的奇观效应，通过震撼的视觉感受，打通观者从感受到认知再到反思的路径。张尔在接受采访时强调，观看此展需有好奇心，展览不仅会给观众极大的视觉冲击，还会让观众脑海卷起智力大冲浪。这里说到的智力，其实是一种主动的思考和反思。由于策展人对于主题阐释的深刻，观者在奇观面前的感受力犹如被放飞的风筝，总是会被阐释线索拉回，在拉扯中发现自己的解释体系。所以，策展人对于展示价值的把握策略其实在于对展览内核阐释系统的深入设置。第三，强调作品的参与性。2011年前后，中国大量的展览往往缺乏参与性，其观看和互动的渠道不多，展览的展示性形式还处于传统的表达手段。在本次展览中，通过艺术家的作品展示性，不少作品的形式要求观者进行互动、探索和表达,这在当时的观看群体中产生了不小的反响。

整个过程中,观者成了展览的一部分,他们的行为不但对自己有效,同时也给予艺术家以有效性反馈。作品成了在展厅中不断生长、实时发生的对象。展示价值通过干预观看者的行为达到了一定的主题目的。在此之后,策展实践中,互动参与成了展示价值实现手段中直接的方式,而观者更愿意进入到这种展示游戏中,获得体验的快感。

展览以强有力的文本塑造来把控艺术作品高科技形式语言所带来的两面性问题,让展览的景观语境和阐释语境相互依存,恰到好处。在整个的策展情境中,策展人抓住了现实社会中的矛盾话题,利用观者的趣味欲望来形成对整个策展实验的逐步探索。随后,第三届国际新媒体三年展"齐物等观"也于2014年举办,延续了新媒体与人类命运共造未来的话题。可以说,新媒体三年展的持续策划,其重要逻辑就在于如何将展示价值和阐释价值在展览中巧妙结合,以"示"来形成"释"的价值嫁接。策展也给予我们一个启示:不能脱离形式语言进行形而上的述说,形式和内容都需要在价值体系内合理完成。

二、解压"展示"的魅力

在此之后,随着新媒体艺术的蓬勃发展,"新媒介"在艺术中的展示语境不断被策展人用来构建不同的展览,但是不少展览往往在最后的探索中走向了艺术景观式的娱乐现场。特别在2015年之后,大量策展景观下的展览在国内风靡。以新媒体艺术的符号作为对外呼喊的口号,策展人希望用奇特的趣味及未来语境来引发观者的文化消费。与此同时,仍有不少的策展人在资本运作下的策展现实中不断博弈,实现其策展实验的重要目的。其中2017年,由今日未来馆主办,策展人吴珏辉、晏燕为主导的策展团队生产的".zip:未来的狂想"新媒体艺术展是一个典型的案例。展览是继2015年"想象的未来丨今日未来馆"概念提出并在三个城市巡展受到广泛关注后，所组织策划的具有美术馆实验性质、最具新媒体未来探讨话题、对实体策展与混合现实之间未来艺术发展的大讨论。整个展览以".zip"作为核心概念，一次宇宙大爆炸成了点开".zip"的行为。所有展览的参展艺术家和作品都围绕着这样一个具有想象力的话题展开。每一件作品仿佛都是从压缩包中解压出来的艺术表达格式。所以，观者的参与就是要在这些格式中游走，在跨媒介交互信息和艺术、声音与影像艺术、虚构和现实关联、生命与机器交互等不同格式塔里完成沉浸式的冥想。艺术作品在趣味建构的体系中，得以更有效地展示给观众，带观众进入不同时空维度中去探索和感知（图4-7）。观众代表了现实性，而作品则带来了某种平行世界的虚构性。两者在交互展示的界面上赋予意义。可以看出，策展团队希望以一种具有虚拟数字时代的语言来创造一个与现实世界相关又正在脱离现实的一套完整世界观，通过利用这一套世界观体系，虚构出展览的阐释文本。

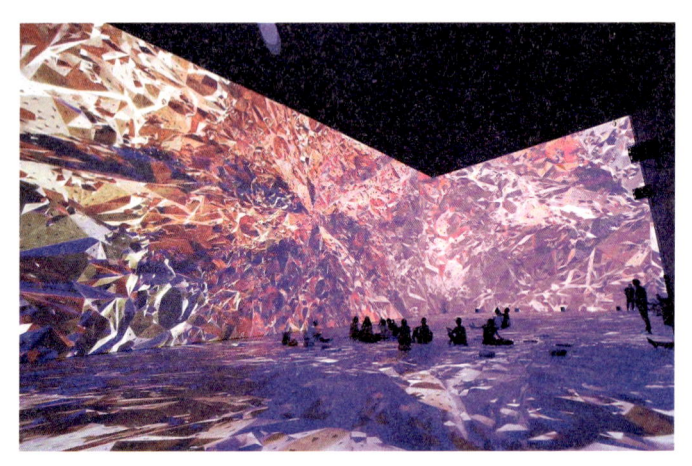

图4-7 2017年".zip：未来的狂想"新媒体艺术展展览现场
（图片来源：今日美术馆官网）

为了更加紧密地构建展览文本逻辑，策展团队邀请了以批评家姜俊、策展人宋振熙、艺术家汪琦琦所组成的艺术小组，围绕展览参展艺术家、作品、策展理念来形成一件可以贯穿展览内核的文本作品，即"60日谈"。这件作品不仅是参展作品，更是整个展览的文本内容。向乔万尼·薄伽丘的《十日谈》致敬，创作了一个60日时间内参展艺术家们和策展人一起围炉而坐，讲述数字虚拟时代的60则故事。这些故事内容来自他们通过新的世界观所改写的人类历史事件。作品形成了现实和虚构间模糊的地带，用拼贴图像的方式创作视觉展示。展览拥有自己的阐释价值系统，在逻辑上形成了一套可以抓住观看者思考方向的绳索。展览参与者不仅能在这里观看个体艺术作品，同时也可以通过文本阅读来形成一套自我解释的内容。本次展览中，最大的策展诱惑就是关于新媒体艺术在技术的支撑下所形成的感知奇观。相比较"延续生命：媒体中国2011"的展览又过去了6年时间，在这期间新媒体艺术在全球化的推动下，形成了新的技术格局，庞大的景观化创作语言往往会比艺术作品的问题意识来得更加强势，这对于策展的实验意图将会产生重要影响。本次展览同样要面对这样的问题，在主展厅内高达十多米的高空展厅，策展人采用了三面巨幅投影拼接技术，将沉浸式的体验做到了极致。观者进入体验震撼之中，是否会消解他们的认知意图，是特别棘手的问题。

我们需要感受到展示价值何以以合理的姿态加入展览价值体系，增加阐释性的文本，双向线索策展是一种方式、而构建群体性认同感，以未来想象力作为趣味认同则是另一种方法。作为展览赞助方，小米公司和策展团队一同从全球的"黑科技"中选择了不少用于展览的展示之中，同时虚拟现实、增强现实技术的强势加入给予青年一代兴奋的内容。极强的互动性带来了大量爱好科技的青年，同时，当代艺术中的实践者也对科技领域的研究产生新的兴趣，通过跨界手段，两个领域群体在对"未来"概念的认知下形成共同体、建立外群间的相互融合，让展览在观者之间形成认同价值观。

同时，展览极其强调与观众的互动，策展团队将策略放在观众的参与性上，让技术和艺术的展示价值由参观者的参与而得以释放，让媒介的多意性语言在沉浸式的正确使用下给予观众正确的引导。展示价值在这次展览中需要更多的参与与体验才能完成。所以，体验为基础色调才能发挥展览展示价值，从而服务于展览的阐释内核。

总体看来，这次策展的理解内核是清晰的，他们不断强调根植于现实日常的人类生活，而延伸出的另一个交织又平行的虚拟世界。两个世界的基点在于艺术家和观者的想象力、创造力，策展人寻找可靠的平衡点去让看似"景观"的现场，变得更加具有厚度。与此同时，策展实践还要和资本博弈，随着小米公司的巨额赞助，其资本的属性也干扰着策展团队的工作。策展人一方面使用资金的诉求将小米的技术资本转化为艺术资本，另一方面则是以跨界合作的模板强调艺术对于展览资本价值之外的附加利益。在艰难的调控下，展览成为国内当时第一个在民营美术馆发生具有学术和商业共同价值，完全由国内策展团队执行的国际新媒体大展。

当然，在展示价值的应对中，我们不仅要看到如"延续生命：媒体中国2011"、".zip：未来的狂想"展这样的特殊案例，同样在近几年里，我们更加不可回避的是如新媒体艺术家团队teamLab所带来的纯粹展示和商业体系的艺术展览。

就在今日未来馆对".zip：未来的狂想"展筹划之时，佩斯北京[1]在2017年5月20日召开了关于teamLab个展的新闻发布会。名为"花舞森林与未来游乐园"的展览将在北京开幕。teamLab主创成员猪子寿之（Toshiyuki Inoko）、工藤岳以及佩斯画廊副总裁彼得·伯琉斯为此次首展召开新闻发布会，而在媒体对作品炫酷的表现方式背后的技术和包含的哲学思考提出各种问题的时候，主创人员则呼吁中国观众参与到展览中用身体感受自身与世界限的模糊，以及人与无法控制的事物之间共存的关系。这样的解释无法遮蔽整个展览全面的视觉奇观性的特征，

---

[1] 佩斯北京位于798艺术区中心地带，2008年在中国北京成立，致力于中国及亚洲地区当代艺术与西方文化艺术间的交流，现已关停，撤出中国。

阐释价值在这里并没有起到更好的呈现，观者进入展览为幻觉感知所迷惑，阐释和展示之间出现了断裂。观众们消费的是展示内容本身，策展的实验场不再是展览的内容，它完全为展示本身所替代，最终形成了唯有展示性和资本价值的展览。随后，teamLab 的展览作品不断在各个城市复制。2019 年，团队建立美术馆品牌，在资本运作下，彻底将展示价值包裹下的新媒体展览形成了商品个体，在资本化的市场中形成交换。策展工作基本等同于商业服务工作。

早在2004 年，策展人高士明在其《影像—现场——2004 年上海双年展的构造与叙事》一文中，就已经预见到了展示时代的最终形态："全球化过程是一个世界'技术化'和'视觉化'的过程，视觉技术的殖民在世界范围内缔造了充满差异的现代性文化景观。"[1] 而这里提到的"充满差异"的景观特性成了展览作为商品进行全球交易的理由，但这种差异性逐步成为某种同一性消费诉求的特征，已被量产。

---

[1] 详见高士明. 行动的书：关于策展写作 [M]. 北京：金城出版社，2012:59.

第四节　隐匿的资本价值与策展实践

前文已经谈及关于资本价值在展览中的构造这一重要内容，它往往是隐匿在其他展览价值之后，清晰于策展人意图和展览赞助资本之间。早期中国策展中，由于艺术市场尚未形成，国内市场经济也未曾完整建立，原本就缺少发生土壤的前卫艺术和策展实践都只能在自给自足的艰难环境中自然生存。

在1992年，以吕澎为主要发起人的艺术批评家们开始了解西方资本与艺术直接的本质关系，寻求中国的艺术市场模式，推动当代艺术的发展。

但随着市场经济体制的深入，中国的社会发展成了全球化资本主义景观经济体下不可缺失的一块特殊区域。资本完全将世界无死角地联系在关于"娱乐—消费"方式下的共同体之中。消费逻辑成了人与人之间勾连而不可分的象征行为。

在这时，本以消解资本主义景观机制为常态目的的策展实践，往往也在被资本主义消费逻辑中无限放大其资本价值，展览本体的物化让策展实践走向了关于消费的象征。在这时，国内仍然有人在寻找特殊的价值平衡来坚守策展的初衷。如何处理资本价值与策展之间的关系，势必成为每一个策展实践者至今不可忽视的问题。

第四章 超验的现实切入

一、寻找资本的源头

1992年10月，作为中国首个双年展，"中国广州·首届九十年代艺术双年展（油画部分）"在广州开幕。[1]本次展览堪称中国艺术市场的开启者，企业家第一次大规模投身于当代艺术的市场里。批评家和策展人在资本的支撑下艰难完成了中国当代艺术资本价值的构建。本次展览由企业家刘勇和罗海全投资，吕澎以策展人及整个项目的总顾问身份出现。展览以高达45万奖金的形式来激励当代艺术家的参与，结果展出了近400件作品，引起了国内轰动。而这些艺术家如张晓刚、王广义、岳敏君、方力钧、周春芽、曾梵志等在如今已然成了中国当代艺术市场上的重量级人物。

从《江苏画刊》当年的报道中可以看到展览的属性有以下几个特点。第一，本次展览主要目的是以建立中国独立的艺术市场。第二，展览的经费来源是以国内企业集资进行投资方式出现。第三，高达45万的奖金带来了艺术界的强烈反应。整个策展过程中，策展人及学术主持吕澎邀约重要的国内批评家作为评委进行艺术大奖的评选工作，但他个人具有最终评审权。第四，评审工作对公共社会开放，并且强调评选理由。第五，在法律顾问的帮助下开展交易。第六、展览大力推动宣传工作。"双年展"的评审机构包括：艺术主持、艺术评审委员会、资格鉴定委员会、法律顾问、公证人、秘书处。参与艺术评审委员会和资格鉴定委员会的批评家有吕澎、邵宏、杨小彦、严善錞、易丹、祝斌、黄专、彭德、殷双喜、皮道坚、易英、陈孝信、顾丞峰、杨荔。此外，企业对展览进行了带有回报性意味的投资，从客观角度看，也保障了展览举办以及学术

---

[1] 详见吕澎. "广州双年展"中国广州·首届90年代艺术双年展（油画部分）20周年文献集[M]. 成都：四川美术出版社, 2013.

态度上的客观。

具有艺术话语权的艺术批评家们仿佛掌握了整个展览的学术核心,在市场面前,这些话语权的生产者们可以通过展览本身对艺术家的作品进行艺术价值的评判以及阐释。这是国内几乎首次直接将艺术学术性进行商业转换的过程。本次展览企业投资人投入了近300万元人民币,在吕澎和批评家的评审支撑下,艺术家的作品转换100多万元人民币。

虽然展览在当时形成了亏损局面,但是这样一些重要作品在30年后的今天,仍然不断产生巨大的价值,远远超出了当时展览的投入。而这些艺术批评家的加入在当前并非以商业资本为首要目的。相反,在20世纪90年代初,他们经历了80年代,从对现代艺术和后现代前卫艺术实验推广的艰辛中走来,他们的理想状态是通过自己的研究和批评让前卫艺术获得社会认可,在官方的系统中获得一席之地。

当然,1989年的那场展览的失败使得他们开始转希望于社会资本,用另外的渠道打造中国当时的精神文化高地。所以,在他们的内在动机中,仍然希望展览能发挥阐释能力,构建展览的阐释价值。本届展览之中,没有策展主题规定,既没有过多的问题意识投射,也没有需要策展实践形成某种文化身份上的认同,[1]更没有所谓的特别展示空间上的观念。

整个展览唯一要围绕的问题就是艺术作品在时代当中的前卫性所形成的学术价值与投资人带来的市场价值期待如何实现的话题,这是资本价值在展览形成中的庞大体量。但是,面对这些投稿来的作品,大量前卫艺术绘画作品和新的绘画语言,在资本价值转化过程中,正需要批评学者和理论家们的"理想"作为中间环节。

所以,展览在策展选择艺术家机制上形成了三个标准。[2]第一,参展的作品在选择上讲究从图像生成的语言入手,强调艺术家建立与打破规范的可能性。第二,要求作品能够针对内容上的文化内涵形成有效、具

---

[1] 换个角度看,或许形成的是批评家、策展人、投资人、艺术家等对艺术市场重要性的认同。
[2] 吕澎.'92广州双年展(一)[EB/OL].[2009-11-04].https://www.artda.cn/wenxiandangan-c-2443.html.

有冲击力的时代象征。第三,在表达上,建立具有可阐述性、可阐释的价值。与此同时,他们还在对艺术作品的保存标准、法律标准和商业标准都给予了规定。重要的是,本次展览主要针对国内的艺术市场,在特殊的年代,能够独立不受国外收藏市场的判断影响,建构自身艺术市场标准也是一种难得的情景。

这些标准围绕艺术作品和艺术家的艺术价值及市场价值实现所展开,展览本身以艺术运营的平台意义出现。吕澎在这里是艺术主持的角色,并主观决定着展览学术上的方向及内容。这种权力机制其实本质上就是策展人的机制雏形。但是,由于缺乏对西方策展历史脉络的了解,对于策展制度难有参考案例,所以这次"双年展"艺术主持的出现是某种自发性的和假意想象化的结果。组委会对于学术性的建构还是更为重视,评审委员会和鉴定委员会的成立,让"双委"的模式在某种程度上约束了学术主持的权力。所以作为策展过程中的学术批评成果,成了某种意义上更加具有资本价值的"文本财富"。

这些书面的评审意见和学术结论使中国当时前卫艺术家获得了学术肯定,并且影响他们在未来艺术市场价值的评判,部分艺术家更是通过这样的结论走向了国际艺术市场。

策展人吕澎看到了国外艺术市场的根本逻辑在于对艺术价值的学术性话语权的建立之中,有着深厚的学术价值的作品才能够在市场上形成完整的资本价值。资本市场和艺术学术之间需要相互配合完成的艺术市场,不可以仅由20世纪80年代的艺术理想单独指引。双年展建立了一套完整的学术话语生存原则,并将其发展成为20世纪90年代批评家和策展人利用民营资本完成艺术"自治"的重要模式。双年展也将整套艺术策展生产系统完整地形成体系,如资本(企业)、策展团队、批评学者、媒体、艺术家、藏家(市场)、制度等,成为策展实践发展必须完整的各种角色,而在这次展览中,这些角色背后串联的实质是由市场资本的指向性决定的。

1992年广州双年展带来的实质就是当代艺术体系需要得到资本

的支持。当代艺术策展必须在市场端敲开合作之门，才能推进其发展的可能。所以市场牵动下的策展行为需要依托展览这样的平台来承载艺术思想和艺术创造的权力问题，这个权力的实现必然通过资本的运作。在这次展览中的资本价值是一种投资行为，而非西方艺术资本运作中经常会出现的"赞助"模式。前者通过资本的大量回报获得收益，而后者则是在国家文化机制下获取额外的价值补偿。所以本次展览无法实现展览本身的资本价值，而把回报放在了参展艺术家个人及其作品的商业价值上。

但是，在当时的中国环境中，包括台湾和香港地区，都没有完全形成特别规范的艺术市场规则。这是因为当代艺术的发展尚未在第三世界形成多年来的文化积累，市场也只是资本搭建尝试阶段。所以双年展某种意义上是"摸着石头过河"，在迷茫中寻找出路。同时，企业作为投资者也没有可以参照的操作方式，他们在销售作品和寻找推广方式等途径时，往往形成了误区，走了不少弯路。与此同时，学术标准也受到了市场效应的约束。

"好卖"的作品和学术价值间仿佛有一定的差异，展览的资本价值与学术意义成了矛盾点。销售成了展览市场化必然的方式，这让我们不禁想起了威尼斯双年展诞生之初对于展览价值的要求，策展人只能围绕这样的价值限定完成其"独立"的策展实践。

同样，本次展览给予的结果就是让艺术走向由市场来决定某种秩序。策展人吕澎相信，艺术家作品的完成与否其实是市场最终决定的，他认为艺术家作品销售完成则是其作品成立的意义。这是一种绝对化的认识，但是某种意义上又是当时现实的体现。艺术品和大众的精神消费捆绑在一起，形成"供需"关系，精神消费也是商品生产源头。在艺术作品到资本的过程中，展览是一个媒介，或者说是一个共同体的凝介，让市场的各个环节以此为事件、形成链接，完成资本价值的各个层面的形成。展览资本价值的形成模式在未来十多年的过程中，都和艺术作品本体有关，与艺术家的价值体系生成有关。

第四章 超验的现实切入

随后，1993年，策展人张颂仁、栗宪庭在香港举办的"后八九——中国新艺术"展览中，展览的资本价值更加明显，这时，策展人的机制也在资本价值的作用下显得更为明显。参展的艺术家也借助这个平台完成了一次走向国际化的集体亮相。

依托艺术市场的本质诉求，通过策展挖掘艺术家和艺术作品资本价值的展览从1992年广州双年展开始，就不断地出现在中国国内的当代艺术策展领域。直到2010年前后，在全球金融危机的余波下，中国的艺术市场逐步出现了去泡沫化的过程。原有的红火发展的艺术家们，在国内外市场进入了各自"市价"的瓶颈期，虽然这些价格与艺术家个人已经没有了任何关系。而在国内的当代艺术发展中，随着头二十年时间的过去，市场对于新生代艺术资源的需求日益增大，如何形成可持续发展的中国艺术生态，是一个棘手的问题。与此同时，在2002年前后，中国两大艺术高校的扩招之举，让学院教育的"工业化"生产迎来了第一个十年。如何检验在扩大教育规模和在艺术市场对接中形成的新力量，需要一个新的思考角度，推动这一问题的实践。

于是在2012年，"首届CAFAM未来展：亚现象·中国青年艺术生态报告"（下文简称"亚现象"）在中央美术学院美术馆产生了。展览展出了国内外93位华人艺术家的200多件作品，策展团队由王璜生、冯博一、王春辰等组成。这次展览强调"未来"，即强调当时华人世界内35岁以下的青年艺术家的未来。展览通过调研考察了他们的生存状况以及创作情况。

这不仅是一次教学实验，更是一次中国艺术生态的全面调研。它的意义在于为中国艺术发展提供了新的艺术力量，并将他们迅速形成艺术价值推入艺术市场接受洗礼。从本质上看，这是一次田野调查方式的策展实践，同时也是一次会聚资本价值在艺术家及艺术作品个体上的重要展览。"亚现象"展览分为蔓生长（强调自由创作状态）、自媒体（在媒体世界里，艺术家对"媒体"的思考表达）、微抵抗（以反讽、幽默、搞笑甚至沉默等方式表达现实的艺术风格）、宅空间（青年艺术家对自我的关注、对自我空间的设定现象)、浅生活(青年艺术家对某种生活方式的看重)、未知数(年轻的文化现象的不确定性)等部分,策展委员会通过展览的主题内容概念,从被提名的290位青年艺术家中挑选出入围参展作品。另外展览期间还将发放提名集、展览集、议论集等文献,并举行一系列的对话会。策展团队希望以一种客观呈现的角度来完成展览的构建,将未来的趋势作为引发点,不断地将现象作为内容给予观者。这个展览此后成了中央美术学院的展览品牌,两年一次。学院成了艺术市场前端的"艺术现场",让前卫和先锋的学术性作为市场价值的保障,成功推出了新一代以80年后出生为主的中国艺术家梯队。本次展览也彰显了在成熟的策展机制下,如何建构展览资本价值在艺术家及作品市场价值内的体现。

从展览主题上看,策展团队直截了当地将展览意图作为展览主题,以策展对象作为社会田野。"亚现象"是个庞大的话题,但是又能准确地瞄准中国当代艺术切实的问题。提名代表人理查德·怀恩作为《美国艺术》主笔人,从一个西方视角来看待本次展览的意义,即一种特别的期待,希望当代艺术发展20年之后,看到全面系统的青年艺术生态的样貌。这背后的逻辑是如何面对这样的样貌形成西方语境对中国自身发展阶段艺术价值的判断,展览基于策展团队面对社会田野调查所生产出来的新青年艺术家们的现实问题。这是问题意识的构建,是阐释体系的粗略形成。每一个问题下都会有艺术家和作品对其进行深层次、具体化的解读。可以说,这些问题意识形成的单元不仅是展览本身的"骨架",同时也是面对艺术市场,这些艺术家及作品所产生的时代价值与意义。展览形成了《首届CAFAM未来展:亚现象·中国青年艺术生态报告提名集》这样特殊的调研成果,里面收录了提名人(馆长、批评家、艺术家、策展人、媒体人、机构负责人等)实名提名的原因和阐述,收录了青年艺术家的简介、作品信息和个人网站及微博等信息,将学术性延伸到市场需求之中,同时也将展览做成了一个资本价值转化的媒介,为艺术市场的进入提供了最好的平台。策展人王璜生强调:"此次策展的关键在于从学术的分析、学理的研究方面对青年艺术现象进行呈现,进行相关表述。展览重点不是对入选艺术家的推荐,而是考察'树林'的基础上,研究'树林'的生态,体现当下中国青年艺术的'树林'。我们挑选了'树种'去呈现'树林'的总体生态,反过来,我们也根据'树林'的发展状态研究'土壤'问题。"[1] 这是本次展览有别于其他展览最重要的一点。从这个意义上讲,展览本身已经超越以往的展览模式,它更像是一个"未来中国艺术市场趋势报告"。这个报告一头是学术性的梳理,另一头则是艺术市场的资本价值呈现。随后几年内,参展展览的数名艺术家如冷广敏、吴俊勇、陆扬等人都是活跃在国内外艺术界重要的艺术家个体。

当然,作为一次成熟的"未来展",它早已不是简单的如1992年广州双年展那样将展览资本价值意义放置在显眼位置的事件。从策展实践的价值合理性上看,本次展览一方面依托了可以生产阐释价值的问题意识,进行了具有重要意义的艺术生态调研,形成了学术性较高的青年艺术生态报告,以行走作为方法,测量中国艺术未来的趋势。另一方面,在"亚现象"的话题下,它将青年人一代的"亚文化"作为讨论对象,探讨青年亚文化与社会主流文化之间的局部、潜在、非主流的关联形成特殊的文化认同关系,让边缘地带的青年群体建立社会认同,在共同利益下完成时代给予的艺术责任。展览也在构成从策展到观者的认同价值,生产认同群体的存在感,明确这个群体的形象身份、立场和艺术态度。当然,首届未来展依托空间和分主题,在展示界面中很好地完成了空间到艺术家作品间的相互阐述,强调展示性价值对艺术家作品个体的植入。完成近200件作品的独立语境和互译关系的呈现,实属不易。从这里可以看到,展览本身的价值解构是合理的,资本价值隐匿在其他三个价值背后,给予合理支撑,并在展览

---

[1] 引自2012年,中央美术学院首届CAFAM未来展采访报道,新浪收藏 http://collection.sina.com.cn/ddys/20120724/143976582.shtml

之外形成了价值转换。展览既是艺术价值的媒介平台，又是知识生产的主体，可以说，是策展案例中和资本价值合理和解的成功体现。

二、城市创造力的"展示资本"

谈到展览和资本价值的关系，前面两个案例是从策展推动展览内艺术家及作品价值的意义上出发，而接下来，我们要给到的案例则是将策展实践和展览本身作为资本价值和文化市场的重要参与。

首先来看看2013年在上海发生的"西岸2013：建筑与当代艺术双年展"。2012年，上海徐汇区政府部门希望将其黄浦江西岸地块打造成为国际级艺术交流平台区块，创建"西岸文化走廊"[1]。于是邀请中国美术学院作为合作方，上海同济大学建筑学院教授张永和、李翔宁，时任中国美术学院跨媒体艺术学院院长高士明为策展人，联合打造一次国际双年展事件。

策展团队策划了以"进程"为主题的中国当代建筑特展、中国声音艺术特展、中国影像艺术特展以及"云戏剧-上海奥德赛"。双年展共有来自中国和其他国家共计80多名建筑师和68名艺术家参展。其中包括王澍、刘家琨、马岩松、犬吠工作室（Atelier Bow-Wow）、SHL事务所、安东·加西亚·阿夫里尔（Anton Garcia Abril）、汪建伟、张培力、杨福东、刘窗、颜峻、姚大钧、阿尔瓦·诺托（Alva Noto）等等。室外展部分为"营造"（fabrica）国际建造展，建筑师的建造与艺术家的作品彼此呼应，让当代最为前沿的两种生产方式与行动方式互相激荡；室内展以"进程"（reflecta）为题，即四个特展。

整个展览联动建筑与当代艺术的各种门类，融汇声音、影像、空

---

[1] 当时上海政府在"十二五"期间（2011—2015年）计划重点打造上海的"西岸文化走廊"和"西岸传媒港"，同时还将推进由龙华机场跑道改造的"跑道公园"等一系列公共环境建设。这片曾经的水泥厂、砂石料码头、塑料制品企业聚集地即将成为文化聚集高地。

间、装置、表演等创作语言，通过空间营造推动城市建设，通过艺术生产启发未来想象。"云戏剧-上海奥德赛"（图4-8）以上海开埠170年为历史背景，邀请生活在西岸在地区域的公众参与，让剧场成为建立认同关系的重要事件。演出的现场成了穿越历史和现实，充满艺术本源文化的特殊语言。同时，本次展览从建筑的角度构建公共空间，让历史记忆在空间的再造中形成对公共空间的重新激活。所以，激活常常从某种意义上来说就是对公共性下社会群体建立认同关系，而建筑的空间意义在此得以体现。整个展览的阐释系统充分而完整地体现了一个双年展体制与城市的关系，通过双向建构双年展的意义，即在面向历史的在地文化和面向未来的城市进程想象之间，寻求可以阐释的大量空间。

在展示价值方面，展览的作品依托特殊的展示空间而来，带有工业化行为痕迹的艺术动作成了阅读展览的另一条线索。现场的工业大时代带动了具有"小时代"设置的观众背景，人们重新回忆起具有上海城市记忆的片段。艺术家的作品无论是声音、影像还是装置都和环境空间产生了可以感知传达的新语言，观众在环境的引导下更加有可能去建构新的自我理解系统。同时，在这样大的展示性手段下形成共同的认同价值，一座关于中国传统烙印、国际都市进程、上海记忆闪现的多维认知。

图4-8 "云戏剧-上海奥德赛"海报
（图片来源：中国美术学院）

展览的本质价值在于通过一次策展实践，构筑关于上海西岸地块的经济价值体系，完成政府对区域发展的预设。这个体系从展览的4个部分中走出，构建了未来区块内的四种文化现象，即梦工厂、音乐厅、美术馆、新建筑。通过本次展览中建筑形式的加入，西岸地块的建设在原本就需要的硬件创造过程当中还进行了艺术价值的软性植入。一个事件形成了两个不同的结果，让这次展览全然成了一次合理而成功的资本价值生产。从整个展览过程看，其资本价值的生成同样隐匿于展览事件背后。首先，展览集合了国内外大量的当代艺术家和建筑师的加入，如国际普利兹克建筑大奖得主王澍、国际著名建筑师库哈斯、扎哈·哈迪德、中国声音艺术之父姚大均、中国先锋戏剧发起人牟森等，他们通过自身的学术价值及影响力，在西岸的这次展览中形成了无形的学术凝聚力，产生了区域地块资本价值的隐藏背书，明确了地区未来艺术发展方向的商业价值高度。其次，在建筑单元，这些知名建筑师的作品长期保留在了西岸文化区块，后来已然成为美术馆、艺术机构、活动空间和商业空间，基本完成了区块地区的空间设计基建。这是一种"一箭双雕"的方式，从投入的利益到产出的效益最大化。作品结合了资本成了在地化生活的日常空间，政府用文化的附加值创造了地区性的文化价值提升。再次，在展览中，作为第一媒介的现场，牟森的"云戏剧-上海奥德赛"剧场将整个展览的性质从一次中规中矩的双年展，发展为一次突破展示价值的艺术事件。这个时间形成的是具有极高认同价值和阐释价值的艺术内容。在展览中，现场演出的上海在地性历史与中国城市化进程紧密联系，建构了一代人的文化认同身份，同时，通过声音艺术文献和现场演出，将日常的生活感受力带入人们的感知系统中，现场成为"唯一"的价值生成者，艺术家和作品的价值在这里形成了一套"总体艺术"，成为人气和文化高地价值的凝聚者。又次，展览的建筑单元将建筑空间介入城市的公共空间，将艺术装置作品和徐汇区块的文化中心进行了某种意义上的对接。张永和在香港新闻发布会上曾指出，本次展览的主要意义在于构建西岸的公共性艺术空间，并有别于香港西九龙的文化模式，做到真正地带入公共性的城市理念。这次展览是以双年展的方式"反双年展"。因为,在2013年的时代背景下,国际大量的双年展已然成为社会资本运作下的文化符号,空洞的当代艺术议题和作品成为跨国文化消费的惯用模式。而本次展览则消解了以空洞艺术话题为理由的展览聚落,也不以艺术家和作品作为个体资本承载的艺术平台,干脆利落地将文化区域性发展及社会日常作为讨论和营造的对象,把展览的资本价值交换给政府的城市建设。展览很好地生产了城市建设背后的文化内容、意识问题及交流方式,这就形成了某种"社会力"。这个社会力通过策展的方式作用于展览事件当中,社会力的影响汇集成了城市化进程的资本价值,不断地影响着上海城市发展。总之,本次展览项目是将艺术力、政府政策、城市发展、资本集合形成合理的协调关系,各自在不同层面完成相关力推动作用,展览资本价值不是台前的第一诉求,是构建城市文化长期发展力量的根本目的。如今,上海的西岸,已然成了国内乃至世界当代艺术文化交流的重要平台。这里汇聚了大量的美术馆、艺术画廊、剧场和文化综合体,是文化艺术资本不可以摆脱的重要载体。

三、狂欢的小镇

时隔3年后,又一个值得关注的案例出现在策展实践历程中,同样是通过艺术策展的生产在在地文化旅游的推动上形成展览的资本价值,它就是乌镇国际当代艺术邀请展。2016年3月,由文化乌镇股份有限公司主办,公司董事长出任展览主席,冯博一、王晓松和刘钢策展的"乌托邦·异托邦——乌镇国际当代艺术邀请展"在乌镇开幕。这次展览是打造文化乌镇品牌一个重要环节,它和"乌镇戏剧节""乌镇春季戏剧展"等形成了乌镇文旅品牌的"三驾马车"。同时当代艺术展览从跨领域的角度呼应其筹办的"国际互联网大会",让乌镇成为具有国际知名度的中国地方性旅游城市。此次展览共展出55组(套)130件作品,涵盖装置、行为、雕塑、声音、影像、动画等多媒介方式，在40位（组）参展艺术家中，有13位（组）艺术家为展览提供了全新的方案，更有8位海外艺术家采取委托就地创作、就地展示的方式。国际著名艺术家如玛丽娜·阿布拉莫维奇（Marina Abramović）、艾未未、荒木经惟、奥拉维尔·埃利亚松（Olafur Eliasson）、安·汉密尔顿（Ann Hamilton）、达明安·赫斯特（Damien Hirst）、罗曼·西格纳（Roman Signer）等均参加了展览。展览艺术委员会成立，具有国际阵容的学术策展人加入了进来，如侯瀚如、乌利·希克、田霏宇、巫鸿、张子康等。总策展人冯博一对策展主题的理解是"人人都有乌托邦的理想，它是我们改变生存现状的动力之一，尽管在实现乌托邦的过程中会产生异托邦的变异，但我们仍然乐此不疲，这个展览是我们乌托邦的憧憬，也是我们异托邦的现实"。

可以说，和上海徐汇区西岸政府一样，如何让本地文化旅游业成为新的产业，激活城市发展是展览事件生产的前提课题。所以乌镇这样一个历史悠久，又具有中国江南传统文化底蕴的地方无疑对于善于"解构"的当代艺术来说是一个特别的遭遇。展览是事件，是策展行为后的一次文化生产，但是这次展览的目的非常明确地停留在如何构建展览的资本价值用以推动乌镇经济向前走上。首先，从展览庞大的艺术名单中可以看出，策展人几乎一网打尽了国内外知名的当代艺术家，他们的影响力、学术性以及带来的文化IP让乌镇立刻成了国际性艺术话题的焦点。在这样的"背书"下，艺术家成了展览的符号景观，已然构成了展览价值中的核心部分。冯博一认为，这次展览的国际性带来的是一次针对国内大众的当代艺术审美普及，通过文旅项目来达到某种艺术普适教育的目的。这往往也可能带来展览的资本价值性。其次是关于主题的设置，策展人并没有设置特别细致的问题意识，仅仅围绕"异托邦"和"乌托邦"的概念进行了简单的阐释。这种阐释一方面要以服务的姿态满足大量的艺术家个体和作品阐释，另一方面是在商业和学术之间，这个主题充满了可以相互妥协的可能。展览主题强调了时代下中国所特有的矛盾性，不仅是城市、空间、文化，更是个人、日常和生活，所以在这里，

第四章 超验的现实切入

策展人形成了具有通俗易懂、以感知为前提要求的主题,和观者建立认同做更好的铺垫。当然,对于国际艺术家来说,中国的文化对于他们来说更是一种"异"的概念,他们极力想要去了解,并参与展览的主题讨论。如著名波普艺术家安·汉密尔顿,作品《唧唧复唧唧》以织机、纺线、线轴为基础材料,把一台老式织机放到舞台上,线轴连着座椅,观众席和舞台靠绵绵的线联系起来,戏院变成了一个手工织布场景或一台大型织布机。波普艺术的社会日常与消费文化,在这里和第三世界的消费前端的生产日常与价值转换形成了很好的链接。展览的阐释系统在某种意义上获得了部分的实现,但这种国外艺术家对在地性文化的假想同样也是展览阐释失效的一种表现。从展览主题中,我们看到了对"逆城市化"进程的一种思考,一种对现实全球化和在地性的重要理解。这里提出的理解,其实是对乌镇政府城市规划发展形成的重要参考,而文化艺术在这次展览中往往形成的还是景观式的消费内容。但这无疑是时代背景下,文化旅游在地发展所需要的市场要求,即景观性的展示价值,从展示手段形式中获得资本价值的提升。其典型的策展事件更像是"德国明斯特公共艺术十年展"[1],通过日常社会空间和节日性的国际议题,形成文化上的碰撞,刺激地区性文化常态的展示。只有在乌镇的传统文化场域中新生与之对话的当代艺术景观,才能用矛盾的现实图像来唤起消费文化者的重要趣味。整个展览成为大众传播的展示事件,在娱乐媒体时代,策展人恰当地抓住了展览在建立展示价值过程中的资本价值,让大众传播成为展览构成的一部分。我们反过来看待一个问题,那就是从展览赞助人的投资动机出发,展览本身就具有极其强烈的资本目的。但是,策展人的行动便是从这个有限的框架内寻找到阐释价值和认同价值的可能。陈向宏认为未来的文旅在地性发展就是要利用历史的情景制造独有的文化文本,在阐释系统下生产关于认同群体的价值共同体。乌

---

[1] 1977年,仅有30多万人口的德国明斯特市开始每十年策划一次关于国际公共艺术讨论的展览。创始者是德国人孔尼格(Kasper Konig)。至今已经举办5届的展览成为国际上最为重要的城市发展与文化在地性讨论的重要艺术事件,也是国际公共艺术学术平台上值得研究的重要项目。

镇的特点就是传统性文脉、江南情境和人文生活。所以，当代艺术策展的出现就是在展览事件中形成认同价值和阐释价值的联合体系，可阅读的展览需要在这样的地域内找到情景关联，人们来到乌镇就是需要满足自己对乌镇的情境想象。冯博一找到了这次展览的真正的"乌托邦"性，对于观者的一种异类的补偿满足。所以，策展在这里始终在起到一种平衡作用，平衡的过程其实反作用于展览的资本价值，并且能够给投资者形成长久的文化品牌收益。2019年，第二届乌镇国际当代艺术展"时间开始了"在乌镇举办。相比较第一届展览，我们可以看到一些问题，比如展览过于景观化，展示价值逐步取代阐释性和认同性等。但策展人用分单元的形式强化了展览的问题意识，同时强调乌镇策展的不可复制性，突出特有的资本价值与可持续发展性。所以，当消极现象出现的时候，总会在与资本价值的博弈中找到某种合理的安排的可能，这样完全取决于策展实践者的智慧和方法。

当然，有策展人的应对往往能像之前的案例一样，将策展实践引导向合理正常的价值体系构建中发展。在资本价值统治展览的时代，我们可以看到的是各个策展人在理想和现实之间不断摇摆和尝试。当然，在景观策展的现实情况下，作为产品的展览，往往已经取消了策展人的设置，而是用布展人和执行人作为团队，犹如组成乐高玩具一样完成展览的生产。当代艺术进入到大众艺术的传播流体之中，在快速形成与消费、流行和淘汰间变成了不断实现交换价值的展示物。这样一类展览具有的就是商品价值，而没有其他特别的意义了。2015年我们从上海余德耀美术馆所展出的"雨屋"巨型装置当代艺术展览可以看到，展览的价值在于其整个展览的景观呈现、文化意义的消解，以及策展行为的抹去，让展览更加纯粹地实现资本价值。在这里，没有所谓好坏之分，而客观现实就是"文化的定义正在改变"。[1] 直到今天，大量的艺术展览都是被作为商业活动和营销目的所把持，大量民营美术馆和艺术中心同样

---

[1]　Lawrence Alloway. The arts and the mass media[J]. Architectural Design, 1958, 28(2): 84-85.

没有办法拒绝商业展览作为商业利益价值的载体，而对其追捧。展览是一个巨大的产业，一个消失策展人的产业，一个忘记策展时代的产业。

第五章
－ 从策展景观中解放 －

第五章 从策展景观中解放

针对前文的四个展览价值,国内的策展人给予的应对方法,基本形成了艺术"事件",完成自己对主要的展览价值体系的构建,从中我们也找到几个特点。首先,策展人将"当代"的概念抽离出历史时间的狭义理解,他们把当代看作一种思考方法,破除知识传统的分类边界,打通艺术传统展示概念的理解,形成超越线性时间、线性知识的"当代"思维。每一位策展人将四种价值体系作为整体性的策略,并不以单一的价值观去形成展览的表达。在构筑自身策展主要价值目标的同时,兼顾考虑与其他价值之间的策应关系。其次,策展实践在他们的眼中看来并不仅是结出展览这个唯一的"果实",相反,策展的行动过程以及其在展览结果延伸开的思想形状,更具有策展本身的价值意义。所以,他们的策展往往结合策展本体一起形成一个艺术事件,这种事件推演着他们所要讨论的价值不断发酵,从而获得一种新的社会思想。中国当代艺术的发展历程以"压缩饼干"的形貌让我们用40年的时间走完了现代主义到当代艺术的过程,多条发展轴线相互缠绕又独立,混乱之下策展生态从起势到危机,再到如何去面对这场危机。前文讨论面对如今被固化的展览价值体系,畸形的展示价值和资本价值的"肥大"发展,策展人基于前人的实践去坚守策展的本质,完成从景观化的"问题"策展,走向更为开放的策展行动。至此本章提出一些探索实践案例,围绕案例的策展新方法归纳梳理。这种探索应该建立在理论和实践并举的策展行为的本质之上,回归未来时代的前沿,完成两者相互支撑。

第一节 面对科技未来的策展视野

一、策展的"人工"智能

无论站在艺术史上的哪一个时间节点,艺术和技术之间的纠葛从未停歇过。无论是文艺复兴时期的湿壁画技术,还是19世纪的摄影术的发明,再到如今的人工智能与大数据技术在艺术中的运用,技术本体的进化带动社会变革,同时改变人类艺术格局。技术往往在协助我们改变社会变革的同时,也成为驯化和征服我们的工具。贝尔纳·斯蒂格勒(Bernard Stiegler,1952 — 2020)在《技术与时间》一书中明确提出,技术是"药"(pharmaka)[1],它具有两面性,一方面为人们带来了社会进步和发展,另一方面在某种意义上让人类个体知识不断退化。技术和艺术方向的"危机"也是一样,随着互联网时代到来,计算机的学习能力超乎人类想象,艺术家和策展人都在寻找新的能够带来艺术"安全感"的位置。这种位置从策展的角度看,就是一种不被取代,亦可和技术和谐相处的策展实践。从某种意义上说,大数据算法的技术,冲击了已有的策展"工业化"生产的模式。面对市场需求的展览产品由大数据算法及策展可以

---

[1] 详见顾学文.技术是解药,也是毒药——对话法国哲学家贝尔纳·斯蒂格勒[J].精神文明导刊,2018(7):3.

第五章　从策展景观中解放

完成。2010年，艺术史学者、策展人丽贝卡·乌吉尔（Rebecca Uchill）委托本·格拉尔德（Ben Guaradi）开发了一个名为"偷懒策展人"（Lazy Curator）的网页，可以根据词库随机生成貌似无比深邃、实则乏味至极的展览题目。去年，艺术家胡帅创建了一个叫做"海神策展人"（Curator Nereus）的人工智能策展人。只需要输入一个展览主题，它就能用大数据爬虫软件来组织艺术作品，在互联网上创建自己的展览。这种便捷的策展生产，无疑让很多并没有理解策展本质的策展人失去了饭碗。但是，从"药"的反面来看，这种算法式策展带来的却是景观策展的极速蔓延，夸大了展览的商品使用价值，而忘却了当代艺术作为交换价值的重要属性。打开了策展与"人工智能"之间的技术之门，策展的工业化反倒是更加严峻起来。如何让策展作为艺术行动与大数据时代的技术形成恰到好处的结合，在这里需要更为深度地理解策展对展览价值的把控。无论是科学技术作为生产展览的工具还是作为策展实践讨论的内容（比如讨论新媒体艺术创作），策展实践是否能够突破景观策展样式的根本还在于其策展动机，即在问题意识下，作为媒介的策展。我们不能永远以作为再现技术的目的成就展览，而是需要利用技术形成可能性地去排演展示。作为媒介的展览，策展人需要用技术的内核在观者和艺术之间建构一种智性的场域，参与和互动是在可能性清晰地指导下完成某种反思性的回答。这不是摆弄全景投影，贩卖绚丽图像的那种展览所能完成的。它基于观者对技术的趣味，逐步引入对艺术本质的迷恋和感悟。策展人必须开放原有对观者的定义。现在的新媒介时代内，展览的观者是生产者、不在场者、策展者、传递者、批判者，它通过技术无时无刻不以各种方式进入到展示事件内。重新给予他们互动的可能性，这就是拓展策展视野的重要的"药"。

回到策展实践本体讨论中来。关于技术的使用总有两个误区，第一个是某种"炫耀"式的展示，向观者自上而下地以技术认知不平等构筑某种权力，使得策展或艺术创作的作品成为一种自我表现的个体行为。观者利用技术参与展览展示，往往难以构成认同，仅仅是帮助语境的构筑者完成自身的快感，形成自我的新型阐释价值。另一种则是一种以"技术"为技术的感官翻译，策展人和艺术家共同组构了一次技术体验场景，观众的参与成了迪士尼式的娱乐模式。策展呈现为一种"编程"状态，进入消费逻辑。但策展实践是以人为主体，执行主观思考的行为，它本应该充满智慧，而不是某种基于资本掌握，在完全掌控社会人类消费诉求和欲望算法下形成的机械劳作。正如《关系美学》中提到的，"技术只能让艺术家将其效果形塑为视野，而不是让艺术家承担它作为意识形态的器具"。策展正是视野本身，是人工智能背后的"人工"。策展在新媒介技术到来的今天，越发要强调的是人为、人思和人工。贝丽尔·格雷厄姆（Beryl Graham）在其谈及新媒体后的策展方法中强调策展团队群体性的重要方式。[1] 在复杂的技术与观念面前，团队策展能够更好地建立高效的"自制化"工作方式，从设置技术框架到围合问题意识范围，再到实施专业知识、技能分享以及展示呈现。群体性策展给人工策展以内在关系建构的策展，这不是"算法"可以得来的景观。它需要在去除分类学意义下的新媒介时代不断寻找策展边界。

当然，作为不断实验中的当代艺术策展，新技术带来了新艺术的生产方式，比如近些年来出现并流行于艺术界的NFT（非同质化通证）、元宇宙等的概念，它们的到来间接使得策展实践需要有新的方式与其共同创造策展价值用于展示文化，但并不代表策展在社会具体现实空间以及传统艺术的生产模式被取代。多元混合世界只是开辟了面对世界的不同途径，这决然不是一个取代另一个的单一世界进化论。所以，关于策展的价值体系不会因为新技术的来临而有所变化。我们要保持一种客观谨慎的策展态度，敏锐地去适应技术给策展者带来的双向给予。我们的视野要保持在"面对当代艺术，而不是具体媒体的艺术"[2] 上。同时，策展人需要建构面对以科学技术为特征的策展对象和语言时，用新的阐释方

---

[1] 后文将详细讨论群体性策展及艺术创作。
[2] 详见贝丽尔·格雷厄姆,萨拉·库克.重思策展：新媒体后的艺术[M].龙星如,译.北京：清华大学出版社,2016:375.

法使得策展回到问题意识的论述中来，警惕被作为科普技术，和景观刺激所带来的"演"效果。在面对当代艺术本质之下，策展人同样需要转变其角色位置，从话语权的绝对掌控者，问题意识的引领者、发起者，蜕变成新技术下新媒介展示内容的合作者、组织者、管理者和引导者。策展已然模糊了艺术作品和策划之间的边界，在科学和技术注入当代艺术的现实之下，策展要从孤傲的状态走向自谦的参与状态，在群体中寻找新的策展价值。这让笔者想起了1989年艺术批评家黄专提道："一门艺术在希望自己承担那些超越自己本分的任务时，它总是难免陷于一种难堪的窘境……"[1] 对此，新到来的技术总是想在技术之外的世界寻找它的力量。但在策展实践作为艺术的创造性行为时，往往相反，当我们给予策展以界限的时候，那么"窘境"就会到来。在这里，我们相信要想彼此拯救，策展和新技术之间需要形成对"人工"的一种定义，让策展发挥其价值体系的多重平衡，确保主体智性的存在，从而以技术作为"药"的延伸，改变"窘境"的现实。

二、公共社交的策展沃土

从序言开始，本书一直在强调策展人的源起来自人类对"物"的迷恋，对收藏行为的痴迷。博物馆和美术馆基于收藏体系，提供策展人以更多艺术作品来激发他们的整理、归纳和研究。这种对个体内部的欲望需求，在资本社会价值体系中形成了向外实现交换欲望。公共空间正是孕育此价值的中介区域，人们可以在这里完成对"物"占有欲的某种补偿，策展看上去则是完成补偿价值的实践行为。在20世纪60年代，策展人协同艺术家们开始将艺术的展示与创作延伸到了社会日常，介入到当下生活情境中，与实时的社会情境发生碰撞。进入20世纪80年代末，

---

[1] 详见黄专. 艺术世界中的思想与行动[M]. 北京：北京大学出版社，2009,15.

尼古拉斯·伯瑞奥德同样也强调，当代艺术作为关系艺术，注定要在两个层面上产生共享意义，一个是作为特定时空下观看者参与的评论和感知，另一个则是在特定社会情境下的共生知识生产。这两者的前提就是要"夺回"被景观混凝土固化的公共空间，被切断抑或者被资本主义全球化垄断的公众社交媒介。策展的意义不再依托于物质体本身，而是在"去物质化"的过程中建立艺术的社会性、公共性。20世纪80年代，随着媒体艺术的发展，策展的方向又在潜移默化地改变。策展人面对媒体艺术的媒介属性，强调社会性下的公共互动，艺术家和策展人逐步隐身于媒体创作之后，社会参与性成为策展行为的主要方向。策展人不再待在办公桌前研究美术馆的收藏历史和作品，也不仅仅只和艺术家们单向地讨论强制于社会的单向表达。20世纪90年代，汉斯·奥布里斯特在自己的策展行动中创造了一系列公共性极强、设置于日常的展览。他将展览看作日常随时可以发生的事件，依托小型空间和个人的流动场景激活策划展览的"展示价值"的定义。例如他在德国杜塞尔多夫地铁站里用便携式小相框作为载体的"博物馆"[1]。围绕着类似的公共展示项目，奥布里斯特创建了纳米（微缩）博物馆的概念策展，这一类策展不需要任何展览的资本资助，不需要特定的展示空间，日常场域和流动性社交成为展览的根本属性。在这样的情况下，没有资本对策展行为的"挟持"，摆脱了"景观"策展的绑架，策展更像是行为艺术，策展的公共性加强，在展示价值和认同价值间找到了新方向，而策展人成为隐匿的发动者，在事件之外，观察着日常的一举一动。正如侯瀚如在回复奥布里斯特关于纳米博物馆的项目时提出的观点，巨大资本进入当代艺术领域，形成资本价值对策展系统的完整控制，当代艺术的生产面对两难的境地。在这时，我们需要找寻到一个中介地带，一方面不被资本所完全控制，一方面还能利用资本价值来构架展示系统中阐释、认同和展示的多维度内涵。日常的生活则是这样的"细胞"，能够为我们提供中介地带，是抵

---

[1] 侯瀚如,奥布里斯特.策展的挑战：侯瀚如与奥布里斯特的通信[M].顾灵,译.北京：金城出版社,2013:75.

第五章 从策展景观中解放

御景观化策展的有力阵地。

从这里我们回头看《关系美学》中所强调的展览本质,即构建一种自由的空间,建立日常范畴内可以为之相互关联的人际贸易。而在未来的微粒化社会中,我们更需要的是通过策展行动找到策展的"中介"[1]界面,在共同体的空间特殊性建构上去发挥重要作用。这也是在"作者之死"[2]的观点之后,策展人将策展本身看作媒介本体,让新媒体的技术铸造真正的公共空间,社会参与在社会行为的交互中,找到新的认同价值与展示价值,为新媒体艺术的魅力带来了不可回避的芬芳。我们不应完全抛弃"关系美学"给予当代艺术策展实践带来的思想馈赠,反而应该在时隔20年后,介于新的混合世界现实之下,重新调整在互联网4.0时代内,进行公共社交"事件"的策展工作。这不仅仅是某种新媒介信息化技术的植入就可以达到的升级,而是重新思考关于人、社会日常、多维空间、思想性、艺术语言的多维关系。在公共社交性的策展实践中,我们首先要强化社会公共参与,这种参与在当下一方面是通过和现实构筑共同群体,并让其能够在参与中形成艺术互动的创造。它不是一种狭义的互动肢体,以及单向的展示游戏。在展厅里那种简单的新媒体技术的感应以及单向的技术趣味,只能更加巩固公众的景观效益,适得其反。参与是一种主动的表达,一种由策展引发的受众群体的感应和思考。参与是将策划主体和客体统一在一起,让社会不断自行表达的艺术关联。在这里,我们需要强调的是互联网带来的多重世界之间个体多种身份的相互照应、相互穿插,以及相互参与。这带来的复杂性没有改变关系艺术作为策展实践的重要方法,只是在客体的层面上建构出了新的多维。另一个重要的实践则是表达出策展"事件"的传递性。这种传递性稍微不同于"关系美学"中所提到的艺术家通过作品的传递性来建构观看者与世界的关系。在笔者看来,突破景观式策展的方法所需要的传递性更

---

[1] 参见尼古拉斯·伯瑞奥德. 关系美学[M]. 黄建宏, 译. 北京: 金城出版社, 2013:8.
[2] "作者之死"理论是罗兰·巴特在1968年提出的观点, 收录于其文集《图像—音乐—文本》, 英译: "Stephen Heath"。其从本质上以理论和现实矛盾的角度, 强调资本主义生产方式和资本价值繁殖方法手段, 让艺术作者予以"死亡"。

应该是一种来自艺术外部的问题意识的感染内容，是如何激发观看者在策展人及艺术家的展示界面之后的一种对日常生活的批评惯性。同时，这种传递性还在于消解认同壁垒，建构更活跃的意识群体，传递"艺术共同"开放态度的可能。无论是传递性还是参与性，策展依托公共社交领域的实践，往往都是要反白盒子及常规艺术展示空间和语境。它需要在社会日常的时空中寻找策展作为关系的重要职责，这也是高士明教授提到的关于策展作为"媒介"的概念。未来，集中于公共社交的两大试验场将是互联网社区以及城市化社区。在这里，微观认同群体在不断被构建，调动他们和艺术之间的文化关联的，就是策展行为的对象。这些临时性的集体在展示事件时生成，在事件结束时带着事件的"基因"离散，等待下一次的文化聚合，这就是微粒化社会在去除标准性评估个体的特征下，所需求的社会塑造个体和群体关系的方式，也是新的认同价值构筑群体关系的方式。

三、策展的线上与"下线"

互联网信息时代带给策展的冲击是前所未有的。一方面它改变了策展的生产方式，另一方面策展实践的主体和客体也发生了剧烈变化，还有一方面，我们可以看到技术带来的将是策展对展览界面展示价值的深入拓展。目前，各大博物馆、美术馆都有自己的线上展示系统，不少艺术机构也通过互联网发起线上展览项目[1]。通常我们认为它是基于互联网虚拟模式，在线上网络社交平台形成的一种展示方式。有记录的最早的所谓线上展览可以说来自牛津科学史博物馆（Oxford Museum of History of Science），早在20世纪80年代初，它就用丰富的线上展览展出高分辨率的展品图片。这一类展览其主体强调的是基于博物馆自身的知识储备

---

[1] 近些年来，NFT艺术成为新的艺术交易内容，成为艺术界和金融资本相互合作的重要阵地。

第五章 从策展景观中解放

内容形成低成本、高效率的知识传播方式,但是从展示价值本身来说,并未做到如今互联网所提出的新的要求。随后,以互联网技术和平台作为生产媒介的艺术品不断生成,至90年代中后期,完整的数字艺术生态在当代艺术领域基本建成。国内的数字艺术展示介入较晚,2000年后,从新媒体艺术实验当中走出来的艺术家们开始受到国外数字艺术家的影响,策展人的策展方向也给予他们更多的信息来源。于是,国内迅速出现了大量的网络艺术和数字艺术家。他们的艺术作品一方面以影像的形式进行传播,另一方面则是在互联网上通过社交媒介平台得以展示。线上策展的一部分来自对一类艺术创作形式的展示价值建构,针对互联网的公共性和社交性进行当代艺术传播与表达的新途径的探索。另一部分则是在现实日常生活中,将当代艺术的知识生产、艺术创造力通过互联网媒介进行传播。

无论是哪一种方向,策展的线上实践往往被自我媒介化了,单纯认为线上展览的核心概念在于其对展示价值的绝对诉求,但实质还是策展生产展览的价值系统给予合理的展现。互联网线上艺术展示项目和实体线下艺术展示方式有截然不同的发展方向,在不同策展人持有的策展动机面前,展示出不同的特质,绝不能在简单意义上将线下的策展实践结果丝毫不动地搬到互联网上去,这是对策展"下线"的考验。艺术作品的唯一性体验,常常需要观者依托其展示空间的体验而实现。我们很难做到在网上观看超清质量的米开朗基罗的《创世记》之后去体会其"指尖"的神圣,而在西斯廷礼拜堂观看过这件作品的人,更是不屑于再从其他的渠道来欣赏这幅佳作。这种所谓身临其境的体验感,在互联网模式下的线上展览中很难实现。如果还在用模拟的使命及要求线上展览取代线下实体展示的思想去指导策划虚拟网络展览,就会显得有些强人所难了。瓦尔特·本雅明在《技术复制时代的艺术作品》中所强调的"灵晕"(Aura)[1],消失在了摄影复制的过程中。其实对于互联网展示系统

---

[1] 详见瓦尔特·本雅明.技术复制时代的艺术作品[M].胡不适,译.杭州:浙江文艺出版社,2005:100.

来说，对真实的虚拟，很难获得一种切身"灵晕"感的存在。

目前在国内外，有好几种线上展览的趋势，建立起新的策展思路。2015年，纽约巴德研究所（Bard Graduate Center）推出在线展览"视觉化19世纪的纽约"（Visualizing 19th-Century New York）。核心是将一幅19世纪的纸质地图数字化后，嵌入有关的信息线索，做出一套"19世纪的百度地图"。这种做法在旅游景区的实景导航中很常见，但在静态文物本体上的应用案例并不多见。同年，史密森国家航空航天博物馆（Smithsonian National Air and Space Museum）策划的"飞船之外：50年来的舱外活动"（Outside the Spacecraft: 50 Years of Extra-Vehicular Activity）（图5-1）在线展览使用了视差技术（parallax techniques），创建了一个流动的视觉体验，让人们得以想象太空行走是什么感觉。整个展览的核心互动是基于一套螺旋式手套架，观众可以透过屏幕旋转这个螺旋结构，更加详细地检查每只手套的特征，了解太空手套的沿革发展历程。这个过程很容易让人联想到在机场店里旋转售卖纪念品货架，或是在喇嘛庙里推着转经筒，唤醒了人们在现实世界探索未知物体的学习路径，是一种细腻的真实感模拟。从这两个案例看，虚拟线上展览给予我们的新关键词，那就是"互动参与"。

图 5-1 2015 年"飞船之外：50 年来的舱外活动"展览现场
（图片来源：美国史密森学会）

线下展览之所以不可能消失,是因为人们强调某种不可替代的艺术品感受力的一手性,线上展览需要反复抓住的就是通过模拟技术的开发,建立有效的人与展览的全面互动,从而让展览的展示性从平面走向多维。互动的发生建立在对展览知识体系的重新梳理和建构之中,观看者可以在互动中将原本在实体空间中因为成本及相关现实条件所不能达到的知识体验重新激活。观者自由地享受知识带来的感受力,也能够自主地创造新的艺术观点或者寻找到不同的艺术展示的面向。如果说互动是建立在对展示内容的梳理和重构上,那么展览内容生产上的疆域可能也将是线下展览不能与之相比拟的。实体空间中,全球化和在地性的问题仍然在实操层面上存在某种隔阂。由于地理性的限制,在组织艺术展示内容的时候,不能充分完整地通过艺术家作品、艺术素材、文献、实物等来诠释具体的展示概念。但在互联网媒介中,基于完善的版权制度及操作流程,在组织表达展览内涵的层面上,有更多的知识素材可以运用。这样海量的信息源,在策展人的策划过程当中,将起到关键的作用。

如果说线上展览的交互性是在展览展示性上证明自身价值,那么线上展览的知识拓延则改变了策展人的动机与思路,为展示价值的内核给予了高度证明。面向全球化的互联网,这个展览讨论的话题将面对全网络的信息资源进行重新排演。策展人对于线上展览的诉求不仅把线下实体空间的展示内容完全挪移到网络上,更重要的是,策展人的工作要重新启动思考,面对更为广泛的讯息资源来重新建立新的展览叙述体系,使其问题意识深化,建构更为庞大和具有深度的知识生产,重构了对展览阐释价值的理解。以互联网的优势来改变对策展完整性的要求,这种全球式的信息植入展览,也展示了用全球化的模式解决在地问题的方法。当然,这种层面的线上展览策划,需要明确前提是策划者应该遵循互联网版权的合法性,在积极遵循图像使用规则和方式的前提下,完成高质量的展览展示。2021年,杭州博物馆线上策展项目有了新的突破,名为"粮道山18号计划@人人都是策展人"。项目以互联网交互APP平台作为技术支持,博物馆提供大量的文物素材,根据观众自己的选择和问题思考,生成属于自己的策展展览。策展人以开放策展面对的知识材料以及策展方法,在交互性背后建立项目的认同价值,同时将展示价值的意义嫁接在公共性之上,使得线上策展的意义不仅是媒介本身,而且使策展背后的策展人,成为媒介语境的制造者。

  总之,线上策展实践的意义在于两个方面:第一,什么样的展览是线上策展本身应该重新界定的。如果说线下展览的策展在处理问题意识上的全球化与实操层面上的在地化之间有一种必然碰撞,那么,线上展览的策展更像是问题意识的在地化与实操层面的全球化之间的磨合。我们需要利用互联网信息的便利重新生成策展过程中所需要解决的问题。只有重新面对新的材料,重新思考,重新构建新的知识体验,才能让策展的有效行为延伸到"线上"时代。第二,讨论的另一个问题是策展行为与观者的关系,在这种关系中,虚拟展示平台的角色与方法需要在认同关系中不断生成。拥有展示性的艺术展览并不是策划者和艺术家们自娱自乐的知识生产,它需要和观众建立良好的参与秩序和方法。传统的线下展览中,观者的被动性常常被放大,策展人和艺术家们通过在展示议题范围内的知识优势来建立一种强势的体验压迫,使得艺术展览的展示区域狭隘。在技术的革新之下,观者的参与可以从策划之初贯彻到展示之末,良好的互动环节设置让观者的知识体验可以实现更为完整的建设。线上艺术展览的观看终端是一对一式的,不像线下展览,只有一个公共空间,每个人都需要建立某种和空间的共享妥协。在线上则不然,艺术展示的界面内容是可以根据唯一终端口的观者与之互动发生变化。这样一来,展览的展示将具有流动性、社交性和不确定性。不需要因为迎合所有人的诉求而折中呈现。展览真正地成了一种不断变化、不断生成知识的载体。它的可能性将会超出策展人的预设,观者的参与互动将使得其身份发生变化。一个全策划、全观看的互动模式正在线上展览策划的发展中得以实现。所以,策展人的线上策展实践,往往是要站在自身策展人身份的"下线"来完成,不在线的策展人不是不在场的服务,他应该是将认同价值背后的公共性、体验性、互动性变成阐释价值的内核，让互联网技术在展示价值上给予阐释意义上的准确。只有这样，线上展览的策展才有技术未来和社会性的新视野。

第二节 重塑"事件"的行动

一、策展与群体性创作

翻看策展在中国的历史,群体性组织成为策展个体实践的早期形式,推动20世纪80年代整个前卫艺术的演化,同时期的艺术创作也是以群落式的聚集呈现出来的。这是建立在集体主义价值观影响下的中国特殊年代的历史必然。但在此之后,强调个体思想、创作语言、策展意识、价值观构建等多方面因素,策展成了独立个体标志下的思想运动。进入2010年后,面对社会结构日益改变,网络信息化时代的不断升级,个体策展的能量显然无法跟上时代群体的细分化、社会个体的微粒化[1]。策展个体要面对的不再是一个总体社会问题,更多情况下,他需要建构的是群体意识及社会关切。与此同时,工业化复制性的特征结合信息化时代及消费社会的升级,要求快消化的艺术创造现实直接削弱艺术家个体感受力本身和创造力能量。扎根社会生活现实中的策展人,应对社会境遇的碎片化、颗粒化时,原有创作策略已经不得不发生改变。个人符号性语言在快消时代随时面临着信息化社会复制生产带来的危机。另

---

[1] 详见克里斯多夫·库克里克.微粒社会——数字化时代的社会模式[M].黄昆,夏柯,译.北京:中信出版社,2018.

第五章 从策展景观中解放

外,大数据下的信息时代将艺术创作个体的创造力转化为各种信息,共同流通于互联网世界之中。单纯的艺术家个体符号很难脱离这个共同体信息知识背景而完全存在。近些年来的景观化展览,以及模板化策展都是丧失语境、被资本架空的典型事实。经过资本洗礼下的艺术生产,商品化艺术能量的现实当下,这种固化的危机常常困扰着艺术家个体。当然,艺术家个体创作遇到的危机不止于此,另一个更大的危机来自资本消费社会带来的思想文化思考的扁平化,这是一个极为现实的存在。在全球化语境中,我们失去的不仅仅是某种在地性个体生活,还失去了多元的体验社会进程的日常。消费社会带来的是共同的趣味、标准化的欲望、网红般的梦想、一致性的利益。这是一种"集体"意识,是资本化社会带来的集体感受力的平层效应。我们的感受力不仅没有起伏,同时还不断被削弱。每个人的生活感知都是被"给予"的,主动思考的能力逐步丧失,个体的关注力正在被流量网络时代所收割。在这样的情景之下,思想动力的失效正让我们成为拥有同样人格的个体,世界将走向"集体"化的奴役。

在面对"问题"策展上,人们开始频繁从社交媒介开启,从编织共同体、创建认同群体开始。当下的社会进程告诉我们,人们个体化的生活已经无法从社会情境中独立出来。不仅仅是现实周遭的社会,更加真切的是这个结论还在于我们完全沦陷了全球化互联网社交媒介生活之中。在互联网媒体的社会之中,被给予的虚拟场景来自社交媒介、网络游戏、购物体验、音乐共享等等,情境的设置让青年群体的网络生活形成了互联网社区。通过各自被"训练"出来的趣味、爱好、习惯、认知等特质完成建立共同体的方式,他们之间形成的社群,通过网络与技术创造的新环境勾勒出新的艺术创作可能性,在虚拟社群中交流、生活和工作。这种感受力不同于现实世界的,而他们的协作能力在互联网技术的背景下得到巨大支持。群体之中,甚至已经不断出现人和人工智能、大数据网络库主体等形成创作群体的现象。在网络—技术的支持下,通过社交媒介的社区群体,仍然具有高度创造力的生产水平。随着大数据智能化时代的到来,每个人的社会生活界面都走向了"微粒化"。每个人的感受力都被网络化社会的日常行为切分为若干个体，人们需要相互紧密连接才能完成某种拼图式的创造性。所以，群体性艺术创作会走向某种必然，将是如今社会进程下保留感受力、延绵创造力的某种应对方式。

群体性艺术实践从合理构建的本质上说，其实是技术和思想的多维度拓展，反对其形成个体的固化。长期的个体性创作容易出现的问题就是形成某种僵化的艺术生产模式。如今，知识的更迭速度及融合速度都已超出原有的人们对知识的理解。这种知识流变转换的新形式，向策展人和艺术家创作提出了新的挑战。新的图像和媒介系统更新，不断生产新的感知界面，观念更新和形式语言结合的新技术手段，让原本的知识变得多样复杂，在让我们的感受力丰富的同时，对于组合、研究、整理、创造新知识的能力提出了更高要求。第一，不断促成跨知识领域的共同协作与创造。不同实践个体带来不同的知识能力，在同一目标情境下完成碰撞和融合，这就是混合现实下需要形成的"交换价值"特性。就策展意义来看，它不是简单的策展人与策展人之间分裂的个体交流，而是更为紧密的如小组一般的工作机制。这促使他们带来同一问题意识下的不同认知，在同和异中完成知识生产。第二，专业化能力分工与多元化感受融合。前者是在当下的知识流体时代，希望打破传统知识专业性分类的壁垒，让学科知识之间能够通过不同的问题意识得到打通，让知识重新得以激活。在这样的层面上，要求建立于知识之上的各个行业领域也能够跨界完成协作，创造新的社会知识和消费内容。个体符号的艺术创作方式正在走向多人多群体的创作协作模式，这需要怀有共同意愿和共识的团体通过不同个体承载的知识背景形成身后的跨知识创作。第三，在这样的语境之下，个体策展实践和艺术创作通过坚实的专业能力形成和其他个体之间的协作可能，在更宽广的感受力下，达成最终的创造力合成。第四，在"作者之死"成为现实的今天，艺术家和策展人需要创建更加具有活力的展示价值，让观众参与创作的同时，在创作主体内部也要形成平权的生产机制。这样能让制作主体更有效率地工作，并且可以抵制资本景观带来的个体膜拜性。第五，要吸纳非艺术领域的艺术爱好者进入实践群体，在他们的纯粹"力比多"（libido）[1]能量的视角下，带来突破"问题"策展的方法。这也是来自贝尔纳·斯蒂格勒先生为当代艺术带来的谏言，即回归当代艺术本质性，在解构和建构中去不断磨砺阐释价值的多重意义，确保包括策展在内的艺术实践以精神活力。

群体性实践与策展在后工业时代的模式发展将在很长一段时间内影响未来艺术面貌发展的方向。其本质意义在于其有助于提升展览的高效的群体价值以及多维度的阐释价值。群体性创作，无论在策展实践中还是在艺术创作中，其个体都将会从中吸收更为有效的思想内容从而进入不断更新升级自我的艺术状态。一个"分享""转发"的时代，每一个人需要接受一个群体交互的现实。虽然我们聚集思想和知识的机会不断被消费时代天花乱坠的内容所侵占，但是，每一次聚集都能让我们个体的智性走向群体性的创造。与此同时，个体面对资本社会驯化的抵抗正在走向群体性的防御。而他们所编写的艺术代码，看似一样由"0"和"1"组成，但可以想象他们之间所特有的差别才是这个代码活力存在的理由。这种活力是某种自由，是艺术刺破幻象世界的重要力量。

二、重回日常的艺术事件

策展景观化的重要"武器"就是在于通过经验"绑架"公众的感受力。当我们走进展览的现场，"美好"不断扑面而来，被设定好的情境和场域不需要观众过多的思考，而仅仅是需要他们从整个消费社会的信息植入中找到信服的理由，切换自己的认知和感受，从而被景观化的展览进行感知收编。消费时代有自己的资本法则为大众提供对艺术的同一认知标准，资本的扩张需要统一各种价值观以便于它们实现以最大利益化和

---

[1] 参见陆兴华.让我们施秘并自制未来——三论斯蒂格勒的技术思想[Z].中国美术学院跨媒体艺术学院网络媒体研究所,2017:14.

最快流动速度完成无限复制财富的可能。所以在文化消费中,观众的统一感受力促成了来自"图像"时代的媒介、艺术符号性的膜拜以及景观场景的封闭。"图像"作为媒介其本身已然在这个娱乐时代成了膜拜的价值,其烙印深度捆绑了社会价值观的去向。艺术的符号性也曾作为被大众消费的内容之一,它本身是一种消费的理由,约定俗成产生在消费行为之前、资本诉求之中。我们往往感受到的策展景观,是观众在图像展示的氛围里,在艺术标签化的说服下,被景观幻想隔绝在非日常的场景里,切断了与日常的经验联系,这是景观策展方法中常见的手段。如何击破这种"套路",解放观者的感受力,其实还在于如何保持策展行为与过程和现实日常的联系,让艺术回归事件。

当代艺术的策展往往不是把展览作为一个目的,而是把前展示状态作为阐释价值的载体提供给观众进行阅读。策展人首先需要解放的是传统对策展结果的定式,去解放策展的时间性与空间性,即不以最终的实体展示空间为目标,不以展览展示时间为限制。摆脱这两点,我们才可能回到策展的本质行为里去生产。脱离展览时间性和空间性的狭义界定,其实也是造成脱离当下景观策展的可能方法之一,因为它们极其依赖工业生产的模板,合理的空间和有限的展示时间成为景观策展的坐标轴。策展不在"盒子里"就有很大可能失去了其被幻觉化、景观化的可能,日常社会的生长才能进入到观众的视野里。在这里,我们并不是反对艺术机构的权威性空间展示的可能,而是希望在全球资本化景观时代中,通过让策展走入日常,来闪躲被其迅速资本化的可能,找到策展对公共性文化更多的可能。要做到这些往往需要策展人不去迷恋所谓"高科技""高知识""高文化"的策展方向,而是回到日常阶层,减少从对乌托邦式讨论的"观念"出发,破除认知壁垒,自下而上地不断滋生出展览的事件性意义。策展作为事件绝不是某种自娱自乐的类似孔雀炫耀羽毛的故事,而是某种吟游诗人般,在日常中游历,寻找故事和传递故事,制造故事的过程。换句话说,策展需要的是突破某种自身的样式主义,以平视的视角还原展示价值的

第五章 从策展景观中解放

真正意义,让阐释价值回到策展人和参与者之间,去建构认同关系,建立展示文化自身健康的资本价值体系。

要完成这一点,我们需要将策展事件作为一种目的、去物化的展览定义,让"非物质性"[1]的探索走向对当代艺术理解的深处。那么完成"事件"的生产,重要的一点来自对艺术参与式的体制构建。我们往往将展览中"互动"(Acting upon each other)、"参与"(To have a share in or take part in)、"合作"(Working jointly with)[2]三个概念弄得模糊不清。"互动"往往指的是观者与艺术品、艺术家、观者间不断产生的某种"反应"(reaction)。这是观者生理和经验上对待展览内容的即时感知,是相互起作用的现象。而"参与"讨论的是观者以某种主体性的加入,它将改变的是艺术家的创作内容甚至策展的某种语境。"合作"则是在观者和策展主体及艺术家展示内容间产生认同的前提下,建构共同意识,完成一致性的作用。这三者对于展览的观看者来说,提出了递进式的状态要求。当下景观式的展览大多以作品的经验轰炸来完成某种"互动"的参与,观者往往获得的是趣味性的快感,但也很容易获得满足,并受到景观策展的意图控制。本节标题所谓的"重回事件",是指通过观众改变展示的内容、语境和状态,使展览成为动态事件。在这个基础上,更高的一点要求则是当代艺术策展作为"事件"让观看者与策展人一同完成"合作"。这就需要策展人突破固有的策展物质空间的思维,回到社会关系重塑的讨论中来,让策展的主体在参与者和主谋者(策展人)的合力之下,使策展不凝结成为水泥墙体,而是不断经历流淌的过程走向多元价值的终端。当然,作为事件的策展,同样需要更为强大的策展能力,去控制不可控的条件因素,如参与者的行为、意识形态的审核、过激的矛盾等。但这是一种制约,当然也是一种挑战,策展从来都是在挑战中获得新意义的。

---

[1] Lawrence Alloway. The arts and the mass media[J]. Architectural Design, 1958, 28(2): 84-85.
[2] 详见贝丽尔·格雷厄姆,萨拉·库克.重思策展:新媒体后的艺术[M].龙星如,译.北京:清华大学出版社,2016:142.

第三节　叙事的新逻辑

一、讲故事的人

2013 年，美国博物馆联盟以"故事的力量"（The Power of Story）作为年会主题，探讨新的博物馆策展方法，这是一次策展界重要的视野转向。面对2000年后整个社会对故事概念的重新理解，策展界也开始注意到叙事的魅力，进而面对景观策展的问题，寻找突破方法。当代艺术策展中"策展叙事"的概念，往往指如何将问题意识以言语述说的方式表达出来。从日常的角度看，我们总把策展看作"讲故事"，策展人就是讲故事的人。从严格意义上说，叙事是由两部分组成。[1] 一部分为故事（story），是内容和情节的存在。另一部分叫做话语（discourse），强调依托内容的传播方法和表达。学者们对于叙事相关的研究颇多，也持有不同的态度。波特·阿伯特（Porter Abbott）认为，再现一个事件是叙事的本质。罗兰·巴特（Roland Barthes）则相信叙事是一前一后两个事件形成的完整关系。米克·巴尔（Mieke Bal）则认为两个事件之间的因果关系成为叙事的关键。从叙事要素来看，基本理论的共识是，叙事需要

---

[1]　许捷.叙事展览的结构与建构研究[D].杭州：浙江大学,2018:19.

第五章 从策展景观中解放

达成双重时间性（double temporality）和一个叙事主体（narrative agency）的存在。让·米歇尔·亚当（Jean Michel Adam）更加具体地提出叙事的结构：第一，叙事需要可持续发生的事件；第二，叙事在主题上的统一；第三，叙事要转变谓语；第四，过程行动需要完整；第五，情节结构上的因果链接；第六，在内部或外部有一个最终评价。产生于艺术创作语言中的叙事要求，在策展中却有着至关重要的意义。其一，展览中的叙事是将叙事的内容作为展览的结构。其二，围绕艺术作品和主题关系进行阐释。其三，以叙事内在逻辑驱动战略的核心认同关系。展览中往往围绕三个方向形成叙事语法、叙事情境、叙事时间、叙事功能。可以说，依托文本的策展常常是另一种形态的写作，一种空间维度的书写。策展人强调通过问题意识的研究构建，在叙事内容和方法内部完成其展示性的传达。

反观景观式策展，其薄弱之处往往在于对叙事内容的生产之上。它们在形成展览的方法中，采取更为标准版的策划方法，以艺术空间和作品的奇观化、视觉的幻觉化作为展示的主要内容，这失去了策展方法中叙事性的优势。观者在展览空间内的体验时常停留在经验感知层面，并没有给予展览以较好的"阅读性"，景观式的展览更像是一次性可消费的产品，对于观众来说就是"快消式"的"身体收藏"。这使得要想突破"问题"策展的现实，策展人在策展实践中所要完成的就是对叙事性的升级，从叙事带来的展览价值中，将阐释价值与展示价值进行紧密的结合，形成新的"总体价值"，只有这样，才能更好地面对艺术市场和学术意义，寻找策展行为和展览界面的资本价值。

传统的策展叙事在当代艺术中的体现可以视作某种比喻。在常规写作中，我们往往根据文体来确定写作风格和方式，如说明文、议论文、散文、诗歌、传记、小说等，这些体例的特征经常在策展叙事中得以进行空间写作式的呼应。例如许多大型的双年展策展中，社会议题往往成为策展人发起的议论观点，策展叙事在这个观点中找寻论点支撑，形成策展叙事板块。在艺术家个展中，策展人常以艺术史书写的纪传体方式来研究艺术家对创作的思考和观念的流变。许多针对艺术风格研究和流派展现的展览常常又以说明文的形式叙述策展人的观点及阐释艺术作品的梳理。所以,我们总是看到策展背后的写作与叙事的方法不可拆解。从另一个角度看,当代艺术策展中常常将叙事置于显性和隐性之中。在显性叙事里,策展人常利用虚构的文本来串联展览的问题意识,链接艺术作品。还有的策展人更加喜欢用真实的文本,不限体例和内容地建构一个空间性的剧场,用艺术语言诠释文本叙事的内容。还有一种则是在虚实文本之间游走,不断地在现实理解和虚构叙事中来回穿梭,构成展览的特殊叙事。在策展的叙事中,"讲故事的人"一方面要利用叙事性的结构将艺术品作为情节和"描述"编写成章,层次多维,而另一方面如龙迪勇的《空间叙事学》[1]所提到的展示空间的叙事属性,也成了策展人需要融入叙事的重要维度。社会景观往往承载的是社会角色、集体记忆等。空间的叙事带来的是将艺术作品从观念阐释中走向展示理解的重要过程,叙事的双向交叉带来的是观众体验的整体性、展览内容的凝聚力。所以,故事的外部内容和内部的阐释不可分离。在2013年上海举办的"西岸2013:建筑与当代艺术双年展"中,策展人托依西岸的文化历史背景,和当下与未来的虚构遭遇,形成特殊的叙事文本,将策展空间和艺术作品及城市问题融合在了一起,是一次特别的策展总体叙事的案例。在隐性叙事中,策展叙事方法又不一样了。策展人常以强调主题性的思路,以问题论述作为核心来构成展览隐藏的叙事性。此外,策展叙事有时也隐藏在艺术作品和空间的创造之间,在主题和叙事间形成多线叙事的可能。我们常常可以在大型的双年展分板块的策展方式中体会到隐性叙事的方法。它们和作品之间的关系若即若离,暗藏阐释。此外,策展人面对艺术家个人创作的时候,往往以其故事化的个案叙事作为立足点,讲"故事"。我们需要利用人类对故事的本能欲望来促成他们对一个艺术个体对象的深入理解。与此同时,我们需要调动的还有观者的

---

[1] 龙迪勇.空间叙事学[M].北京:生活.读书.新知三联书店,2015.

参与，让他们走进叙事写作中来，这颇有近些年来十分火热的娱乐游戏"剧本杀"的意味，但不可否认的是其抓住了参与者的心理，即从被动的给予、视觉的震撼走向了对游戏主体的主导。所以，在这一点上，我们更要去学习景观时代某些可以为策展所用的方法，讲好故事的策展人某种意义上是向荷马致敬，与游吟诗人同在。被叙事带慢了感知的人们将会从"八卦"走向"冥思"，策展的意义在此刻被激活了。

二、总体艺术的架构

上节提到，在充斥着景观化展览的时代，大众的感受力经验已经被视觉化的奇观所消解。这对策展的叙事文本提出了更高的要求。早在19世纪初，就有人提供了更好的解决思路。他就是威廉·理查德·瓦格纳（Wilhelm Richard Wagner）。这位著名的音乐家将剧场看成是"总体艺术"的发生地，"在剧场里总合绘画、建筑、音乐、表演、布景、语词等各种形式，形成一种综合展示，观众通过汇集不同的知觉感受达到一个总体的艺术经验。"[1] 当代策展无论是空间叙事还是文本叙事都与瓦格纳的"剧场空间"有极为相似的结构，都应是一个多维与递进的文化体验空间，包括从视觉和物质空间、非视觉感官的知觉空间到主体活动和感受体验的经验空间。法国哲学家让-弗朗索瓦·利奥塔（Jean-François Lyotard）1985年在蓬皮杜中心策划展览"非物质"（Les Immatériaux）时讲了一句话——"展览是一部后现代戏剧"。一方面，这种戏剧性向我们展示了一种可能，即像利奥塔[更不用说雅克·德里达（Jacques Derrida）和布鲁诺·拉图尔（Bruno Latour）]这样的哲学家策划出来的主题展览，可以提出我们这个时代的关键问题，另一方面，其又很容易走向表演性的另一个极端。一位艺术大师和一位当代理论家同时希望艺术和策展走向

---

[1] 巫鸿. "空间"的美术史[M]. 钱文逸，译. 上海：上海人民出版社, 2018:159-160.

以总体艺术为策展叙事方法的剧场（戏剧）。这样的结构让本就因为其语言多样性、跨界性的策展彻底地消解了艺术门类、感知经验的便捷，形成以叙事作为逻辑的总体艺术概念。观众一方面接收到的是阅读展览的多层次、多感官、多维度，另一方面策展给予观者全景式的阅读，调动他们参与展览的共同写作。在这个叙事剧场里，策展人是导演，艺术家们是演员，观者不仅是观众，更有可能是干预剧本、参与表演和导演的特殊群体。在总体艺术里，叙事的内容不再确定，讲故事的主体不再是唯一，展览的参与者已经蔓延到了策展者的彼岸，在观看者手中。面对只能"坐以待毙"的策展景观，总体艺术作为叙事方法的新策展，将让拥有表达欲望和决断欲望的观者切实地进入到叙事逻辑的互动中，让原本"脱口秀"般的策展人成为"互动故事会"的组织者。总而言之，总体艺术的叙事在策展中就是要建立具有高度凝聚力的话语空间，在多重时间、空间的概念上，以一切可能的手段来完成话语阐释价值和展示价值的高度统一。

这里有个颇为有趣的案例，2019年由MD The Art Lab举办的"戏游2:无界之宴"将在上海东岸民生艺术码头为公众带来奇妙的艺术体验，在这近十万平方米的空间，由16位国际顶尖知名艺术家构建的情景中开展一场120分钟的"开放式剧本"演出，将创作与现场彻底开放给观众们。策展人崔晓红在这里已经转变成为剧场导演，16位艺术家则是编导和演员，展览的形态已然成为戏剧的形态，观众在参与和观看之间寻找自己的位置。展览分为四幕，叙事中层层递进，大的叙事背景下虚拟的故事和真实的世界相互穿插，让观看者调动自己的知识背景和生活场域完成在现场的观看感知。叙事的主动权在展览中部分地留给了观众自己，而策展人和艺术作品所构成的隐性叙事将话语空间填满。装置艺术、行为表演、影像艺术、新媒体艺术等都在这里被化解成为总体艺术的一部分，服务于展览的叙事结构。策展人和展览编剧不仅进行了开创式的写作，并以"留白"给观看者的新思路带来了策展新模式。当然，这次展览确实建立了良好的新模式，即展示价值、认同价值与资本价值之间的结构。但可以说，在商业资本的运作下，这次尝试的意义是有限的，其对于叙事内容的研究还存在可以探讨的地方。策展不仅要带来叙事体验，也要带来叙事之后的价值所得。在本次展览中，总体艺术带来的景观化仍然强烈干预了观者的知识习得方式，总体艺术的创作需要在不断摸索中找到最为合理的结构。"讲好故事"的人还需要让策展本质——问题意识做到更有力量的发声。从这个案例中，我们可以看到，策展人构建的是一个关于具体空间的经验情境，是一个综合各种艺术语言的艺术形式，观众的参与和互动以及对叙事的理解有了不少主动权。这是当下对策展实践提出的新要求，即当今社会不再是让艺术家和策展人建构某种中国20世纪90年代前后乌托邦式的艺术语境，而是需要用一切艺术手段构建新的生活场景，形成具体空间的日常情境。这种空间可以是虚构的，也可以是具体的。[1] 如今，前文提及的全国"剧本杀"文化迅猛发展正是一个很好的侧面暗示，不仅有故事的消费，而且还构筑某种最为简单的总体艺术方式，将策展的某种权力移交给了观众。参与者既是观众又是艺术家，还是策展人。像这样的时代，人们急迫地需要去消费新的场景，代入式地去模糊生活和艺术的边界，正如瓦格纳所想象的那样，一场综合的艺术排演往往是发生在全球资本化之中，又成为带领人们走出幻觉包围的重要方法。

---

[1] 关于建构"生活模式"的论述参见尼古拉斯.伯瑞奥德.关系美学[M].黄建宏，译.北京：金城出版社,2013:54.

第四节 合并"同类"项

一、建构混合现实

策展人高士明在2019年中国国际青年艺术周的座谈中，提到"现在的世界是一个混合现实的世界"。这个准确的判断，让我们明白当下社会中的世界构成不但是一个现实的日常，它有可能连接到平行的虚拟世界，从那里通往过往的历史世界以及未来的未知世界。每个人的个体世界其构成都不一样，世界混合的现实结果也不一样。时间和空间的常规理解如今可以通过平行关系进行任意的拼贴组合，这就是信息网络时代的魅惑，也是它强大不可逆的存在。这决定了策展创造场域不再是20世纪60年代那样的社会现实、生活日常，更多时候它要面对的是混合世界多维空间。

策展走向时空当中的立体性，而策展方法也需要构筑新的支撑。首先，策展的时间性被打破，可以在平行现实世界里的时间线索中策划"第二人生"的时刻展示。其次，可以讲历史的各种可能性作为虚构的发生，形成对现实世界的理解，联通历史和当下的情境。再次，在虚构的叙述中，未来的形状可以通过当下和虚拟的世界共同完成描述。时间被打破，空间被打开，策展的实验性彻底被激活。在这里，我们需要看两

第五章 从策展景观中解放

个案例，代表构建混合现实的不同内容，却以再现虚构的现实作为场域来反思文化与生活的问题。

2015年5月7日，美国纽约大都会艺术博物馆举办了"中国：镜花水月"（China: Through The Looking Glass）的展览（图5-2）。展览以著名设计师通过中国元素设计创作的140多件作品为主要展示内容，并联合大都会馆藏的多件中国文物共同构筑了一个现实与历史共存的展览世界。电影导演王家卫被邀请作为展览的艺术总监，并为展览选择了多部具有中国元素的电影配合展览在展厅中播放。整个展览到结束时创造了73.5万人的参观数据，影响当时整个纽约文化圈。策展人安德鲁·博尔顿（Andrew Bolton）希望在这样的语境下构筑一个幻想，那就是西方人对中国的假想，一个幻觉的世界。

图5-2 2015年"中国：镜花水月"展览现场
（图片来源：美国《纽约时报》2015年5月7日报道）

历史文物、当代设计、电影影像，其实在展览中用时间坐标构成了三重不同的世界。在这三重世界中，策展人都无法将本次策展问题意识中的争议部分隐藏起来。在整个展览中，策展人强调的"假象"中的中国，仍然从展品、设计元素中可以看出后殖民主义文化霸权的影子，强烈的东西方文化本体的意识冲突仍然不可消退。单从策展方法上看，本次展览不可回避它的绝妙之处。在三重世界里，我们穿梭去理解"中国性"，无论是西方人眼中的中国、中国人眼中的中国，还是中国人迎合西方人眼中的中国，它都成立在不同的个体中。混合现实给我们提供的是不可逃避的意识形态问题，但混合现实的本质是全球文化同一性带来的危机。当我们在展览中为"中国元素"所吸引之时，其背后的逻辑往往是被"拜物"欲望所控制，对时尚奢侈品的追求。文化冲突在消费时代中被用于障眼法去作为"事件"的引子。冲突本身也随着消费的内容进入了混合世界的每一个角落。此外，我们在展览的三个世界里，不断被提醒，我们是如何理解文化符号形状的，中国元素作为一种文化符号，不再是单一不变的想象，它是在消费社会、美育社会、政治社会等多维状态下使用的。无论是古代还是当下，还是在被想象的世界，它都有可能成为人类的"遗产"为世人所刻画。策展构建混合现实的最终目的是制造阐释价值的厚度，使这次展览生产的展示语言丰满，用展览资本价值的力量思考资本社会的问题。混合世界也让这个展览成了艺术事件，争议在不同的世界里对话。

另外一个案例则来自混合世界的另一个方向。2020年3月，任天堂在其主机平台Switch上发行了游戏《集合啦！动物森友会》。这是一款有丰富剧情的游戏，玩家首先登陆在一座简单的无人岛上，从学会岛上的生存技巧开始，逐步完成自己理想中的完美世界。游戏公司以艺术的名义在游戏世界中植入现实世界中的当代艺术家的创作作品。策展人徐怡琛在这个"第二人生"的世界里，成为自己构筑的岛屿（自己取名：Shiny Art）的主人，她策划了如同现实世界里的"越后妻有"一样的"动森艺术祭"。玩家和艺术家可以通过虚拟世界的游戏平台，乘坐"飞机"前往展览地布置展览，观看作品。虚拟世界和现实时空在这里被混合在一起，公共艺术的维度也被颠覆，游戏世界不仅成为策展的新视野，也让我们面对公共性和社交性的新语境。展览基于游戏玩法展开的观看体验,编写了新的作品生效方式。"看"在策展的谋划下成为"玩"。目前为止,整个舆论对于这次展览的理解还完全停留在一种新奇的阶段。游戏和当代艺术的跨界合作在国内外来说,并不多见。此外,像加拿大的蒙特利尔国际数字双年展是为数不多在国外长期利用互联网的平台进行创作展示的平台。反观国内,前年兴起的大量的NFT艺术展,却没有能够影响艺术创作的本质,仅仅从观看渠道和金融资本之间的关系来建立"虚拟世界"的艺术生活。但是,像"动森艺术祭"这样切实能作为身体的延伸,即让虚拟世界的日常生活进入策展公共生活,其实已经触及策展对展示价值的重要理解。同时,它也是建立认同群体的重要方式。这让火热的"元宇宙"讨论重新找到了策展延伸的方向。无论混合现实如何组合,策展的价值体系依旧没有发生变化,而是希望策展人依托策展材料,组织案例的体系结构。

二、博物馆@当代艺术

从前文我们可以明白,在西方艺术领域完成如"中国:镜花水月"这样的策展实践是更加容易的,因为在西方策展史中,当代艺术的孕育以及后期的独立发展,都是从传统的博物馆知识理论与实践体系中产生的。所以它们不存在有策展背景知识的明显切割,以及认知体系上的强烈冲突。虽然它们可能在传统博物馆和现代艺术美术馆之间的策展理念上有传统保守或实验开放这两种态度,但是基于文化艺术脉络,策展研究作为创新再造的支点,展览价值作为清晰目的,策划知识的公共性主旨等都是完整统一的。更重要的是,无论是当代艺术策展还是博物馆策展,重在知识生产的共同方向是不变的。

1906年,著名艺术史家罗杰·弗莱(Roger Fry)就曾是美国大都会艺术博物馆油画部负责人,这位对现代艺术理论提出重要思想的人,也是博物馆策展研究中的核心人物。所以,不可分割的策展领域就基于他

图 5-3
2018 年"女神的装备·当代艺术
@博物馆"跨界系列艺术项目海报
（图片来源：梵耘艺术空间）

图 5-4
2020 年"永远有多远——博物馆
@当代艺术跨界系列项目Ⅱ"海报
（图片来源：杭州工艺美术博物馆）

们共同对策展行为的本质定义。但是，在中国情况则完全不同，独自发展起来的博物馆学策展，其基于的主要方式还是在于对传统博物馆学的学科理解。首先，在官方体制多年的发展下，策展的目的和动机并不是作为创新性研究的方法，而是作为基于文物价值的知识阐释以及展示。所以，往往带来的现象是，博物馆策展中，单向知识传递的展览界面以及策展的思维定式不可避免。其次，博物馆的策展在中国基于的学科基础主要是艺术史学、博物馆学、考古学，当代艺术策展的学科基础涵盖的却是各个领域。而艺术语言仅仅只是策展中阐释性环节中的一部分，学科间的边界清晰不可逾越，造成了当代艺术策展和博物馆展览策划直接的区分。此外，中国的博物馆在体制管理上也和西方不同。博物馆的管理与策划的自由度严格受到体制规范和考核，模板式的展览方法，让策展的结果形成强势的阐释价值，并在大多数时候摈弃了认同价值与资本价值。不流动的思维方法和断裂的艺术开发性让博物馆策展在中国和当代艺术的实验性策展形成了截然不同的两派景象。

但无论是博物馆策划还是当代艺术策展,面对当下展示消费时代的到来,都需要重新接受新的挑战。所以从让"文物活起来"[1]到让"思想成为行动"[2]都需要在这个信息社会下的互联网情境与景观社会中寻找到解放的可能。我们必须从同源的文化知识体系的割裂状态走向重新合并,让原来细分化的工业社会"标准"走向融会贯通,形成相互打通的可能,让知识流动起来。所以,2018年9月,"女神的装备·当代艺术@博物馆"(下文简称"女神展",图5-3)以及2020年9月,"永远有多远——博物馆@当代艺术跨界系列项目II"(下文简称"永远展",图5-4)在杭州的策划,带来了国内策展实践当中的新探索。

在策展之前,策展团队面对两个领域的展览理论知识构建和展示问题做了一次梳理和研究。其结论是:作为传统的博物馆策展,过于依赖形成套路的博物馆知识生产方法,这有点像20世纪60年代的美国博物馆[3]。策展叙事的线性结构,以及单一的历史观,使得博物馆的文物形成了被"物化"的意义。文物的文化价值被固定在了简单的历史价值之中。博物馆的策展脱离了其社会性的价值,铸造了一种被捆绑、单向知识教条的展览语言,人们走入博物馆总是被"无知"、被"被动"的感受围绕。文物的意义永远停留在展签的八股式文字缝隙之间。这样的体验让博物馆展览失去了公共性,也丧失了知识的多样性和体验的丰满性。

从另一端看,当代艺术策展的问题恰恰有些相反。以问题为出发点,带来的跨领域不同知识内容结构的展示,策展人的阐释和艺术家创作语言的介入,让展览从论述到展示形成了多重不确定的阐释价值。这种价值需要观者通过认同和展示价值的双重互动来获得。但在当代艺术

---

[1] 党的十九届五中全会强调:"丰富全社会历史文化滋养,要利用好博物馆这个宝库,加强文物价值的挖掘阐释和传播利用,让文物活起来。"
[2] 高士明. 行动的书:关于策展写作[M]. 北京:金诚出版社,2012.
[3] Mathieu Viau - Courville. Museums Without (Scholar -) Curators: Exhibition - Making in Times of Managerial Curatorship[J]. Museum International, 2016, 68(3-4):11-32.

展览里，认同的建立和阐释的理解都不得不面对艰难的体验过程。

　　这种艰难的体验一方面来自对策展人形而上的策展问题的理解，另一方面来自以经验感受力为途径的艺术作品。两者在感知上的流动性以及理论上的不确定性让知识的传达虽然是双向互动的，却缺少落地的理解线索。很多人进入当代艺术展览中都会被"无知"和"迷惑"所围绕，缺乏实际的阐释引导以及形而下的知识建构，是策展的一大缺陷。是否存在一种策展方法，沿着两者方法论的边界形成融合中的互补，刺激两个展览生产系统形成新的价值。从"中国：镜花水月"中可以看到国外策展的新趋势，一种历史观通过当代语境重新塑造。那么在国内，这种方向上的探索也要开始从博物馆体系内逐步展开。于是，两位策展人在2018年"女神展"项目中提出自己的策展尝试，本次展览在杭州工艺美术博物馆展出，这是一家以中国工艺美术收藏为主要方向的博物馆，其对艺术和文物有特殊的视角。展览以"女神的装备"为主题，讨论在后现代主义语境下，以"女性"为中心问题的一切讨论其实就是讨论后现代文化结构本身，从历史中找寻关于人类经济结构之下的文化语境的搭建。通过展览，策展人想直面"女性"问题成一种娱乐景观化内容的今天，反复为时代的消费性所利用。当下人们需要从对"性语境""社会认同""权力平等"等迷恋中摆脱出来，重新面向历史，寻找宽广的问题视野，找寻"女性"意识的客观表达。展览以"女神"——消费符号的词语，"装备"——游戏化的术语，串联了人与物、个体与社会的关系，也暗示了博物馆的文物与当代的立场之间微妙的联系。在策展中，采取"并置"作为思考的逻辑，根据展览主题出发，层层深究，形成策展关键话语的图谱，在图谱中的各个层面构筑当代艺术家和博物馆文物之间的互译。来自当代艺术家及作品的提问性反思和从历史性中所寻找的文化相呼应，承载着历史性记忆的属性不断和当代的"物"共振。与此同时，在平行与语言梳理之外，又以互联网信息时代作为背景，图谱结构为内核，建构了关于女神概念下的海量图像，形成一个视像图腾，铺开整个讨论语境的范围。展览中，当代艺术作品和文物之间，形成隐匿背后的语境关系，让我们获得对"女神"进行思考的多种渠道。博物馆中的"物"，仿佛是这些提问者的"侧写师"[1]，从时间长轴下找到回应的可能。策展的问题意识围绕"女神"的"政治性/身份""进化中的伦理""知识和品格""权力美学"等概念进行讨论，同时也走向对"自悦/自恋""消费主义""拜物""经验美学"等概念的思考，在历史中对"女神"叙述的生产，就在这些概念的组合中相互碰撞而完成。回头看，策展理念的核心是构造当代艺术和博物馆间的"虚"和"实"，交给观者一同论述展览的核心价值。"女神展"的呈现，突破了传统当代艺术展览的展示价值和阐释系统，同时也建构了博物馆展览的叙事方式与知识生产结构。观者在这里获得的不再是固定不变的文物知识，也不是似懂非懂的当代理念，更多的是通过多重阅读体验带来的思想共鸣。

如果第一次进行博物馆与当代艺术跨界展览实践的尝试仅仅是实验排演，那么它仅仅只是在排演中还没能形成方法的一段过程。展览在国内唯有尝试者的前提下，遇到了许多问题。展览中"并置"与归纳的策展思路，仿佛是一条捷径，让两个不同知识系统下的展示巧妙地联系在了一起，却并没有有效地深入展示文化的核心之中。一场有效的展览需要的是将"知识"搬运和重组，让它的外延得到拓展，无论是对研究这个领域的人还是对于观看者都要做到有效提示，这样在展览的阐释生产上才不会出现单薄的结果。在第一次跨界展览中，策展人的知识排演与展示总是假设了观看者的认知"默认"，相信他们应该能够进入到自己的策划理念之中。这种假设最终在一些反馈当中显得过于失效，展览认同价值并未清晰地呈现出来。所以面对策展实践，两位策展人于2020年策划了"永远展"。这次展览的主题主要回应的就是近几年出现的策展热门问题，即科学技术下人类的未来去向。在这里，策展人希望将这样具有未来性的话题投掷在历史观语

---

[1] 侧写师为一种职业，开始于20世纪70年代，是一种经过专业训练的特殊职业。侧写师通过对作案手法、现场布置、犯罪特征等的分析，勾画案犯的犯罪心态。

境下的博物馆策展中,让"对立"反而成为思考拓展的新方式。这一点可以弥补当代艺术策展中,面对未来谈"未来"的时效性,其问题意识的内涵往往被科学技术下的艺术形式所掩盖,无法有效地进行思考,可以从历史中寻找人类永生的答案。大量的文物背后都有述说不尽的知识文本,在当代艺术的发问中,可以获得更有效的阅读方式,让我们从另一个维度看待"永生"的主题。策展人一方面规避掉过于形而上学的研究策展,另一方面也具体将两个知识领域的东西更好地串联起来。他们归纳各自领域关于主题上现阶段可以给到的思考方法。例如当代艺术目前对人类永生思考的方法路径集中在"精神永生、异体替代、基因改造、虚拟世界"这四个方向,它们却不谋而合地和历史当中人们追求永生的"世俗祈求、飞升上天、地下世界、修炼成仙"这四个方式紧密对应。也就是说,我们人类对于生命观和延续生命的追求,从方法路径上看,一直没有多大的区别。将历史和未来的方法对接,在四个主题的板块下,相互形成诠释,而不是和原来女神展那样,以关键词下的具体作品对应。抽象化了空间,让整个展览成为四个方法论的呈现,展览就是完整地抒写四个方式。为了解决女神展时期出现的策展叙事单薄,与观者认同价值的失效,这次展览上策展人虚构了一个文本来串联整个展览策展内容,并且让观者能够在一定框架下协助他们去理解展览动机。他在阅读所有参展艺术作品和文物之后,通过书写类似但丁《神曲》游历地狱的内容,串联起所有的参展文物和艺术作品。观者如果说更为理性地去观看展览之物,那么从虚构文本叙事出发,来阅读展览,则是从一种更为感性的角度去思考人类永生的话题。策展人希望观者和文本之间有一种开放关系,甚至有某种误读关系。展览四个展厅和策展的文本叙事形成了空间呼应体验。空间分割、色彩、灯光的关系和文本的主基调都较之于首次跨界展做得更加深入,空间部分也有独立的策展人专门负责。在景观时代的策展中,将体验式的展示返回到景观之外的情境中,空间展示与文本研究形成了相辅相成的合理关系,艺术品和文物之间也有了阅读

第五章　从策展景观中解放

和体验的相互衬托。

在这两次展览发生之间，国内还有一位著名艺术家在2019年策划了一次博物馆与当代艺术的"共谋"，这就是策展人巫鸿在苏州博物馆策划的"画屏：传统与未来"。此次展出的核心学术研究落在屏风文化之上，国内外14家博物馆的艺术收藏品和9位当代艺术家作品在这个屏风元素研究中形成展示叙事、多"屏"的感官窗口。同年，"画屏：关于展览的展览"在巫鸿的推动下，在芝加哥大学北京中心开幕。展出了三组作品：周文矩《重屏会棋图》、宋冬《窗门屏》以及彭薇的《七个夜晚》系列中的三件。以古今对话为主题，让周文矩的《重屏会棋图》，当代艺术家宋冬的《窗门屏》和彭薇三组绘画《七个夜晚》有了超越时间的对话。策展人在选择博物馆文物和当代艺术结合的时候，其问题意识聚焦在"画屏"这个具有"三位一体"[1]的特殊古代物品上。其阐释方法是通过特殊文物的使用价值、媒介价值到展示价值之上，层层递进。在这三个层次中，当代艺术家的创作主要集中在后两者的内容中。当代艺术家们的作品从古代屏风绘画文物中延展开来，区别于图像上诠释的作用，它们独立地存在于展览现场，艺术品和文物独立存在，并举地阐释中国东方人的画屏文化。值得一提的是，本次展览在苏州博物馆举行，其展览空间的特殊性为当代艺术作品的呈现展示以及空间阐释意义提供了极大的优势。参展艺术家杨福东的作品《善恶的彼岸——第一章》将创作趣味放在苏州博物馆的楠木厅上，这个具有特殊建筑结构和历史文脉的空间，被艺术家的实验影像的到来，生产出了具有统一东方文脉却在不同时空间回响的艺术意境。观看者可以在有古代建筑气质的空间里感受到古今碰撞的深邃与快感。这也让观众更加理解屏风媒介在东方世界观里的空间属性，以及直至今天都被留存的艺术价值。这次展览可以

---

[1]　所谓"三位一体"，是批评家李喆根据巫鸿老师对画屏的解释提炼于专题讲座上。1.屏风是一件"实物"，放在室内用来协助构建室内外空间，是大家看得见摸得着的，显示出多种材质、设计和装饰。2.它同时是一种"媒材"，也即视觉艺术的载体、平台，可以在上面绘画、题诗，组合成为可独立欣赏的立体艺术品；3.最后它还是一个"图像"，被不同时代的画家用来构造图画中的空间、组织叙事程序和表现人物之间的关系，变作绘画的一个元素。

说也是找寻国内关于博物馆知识生产和当代艺术实验间的交叉写作，是策展在中国面对社会生活的进一步思考。策展从阐释的新角度给予了展览新的知识点，激发了可以从历史延伸到日常的体验价值。在当下的文化生活中建立起新的认同群体。此外，依托空间而策展的巫鸿，将本身就以当代与传统相结合的贝聿铭的作品，再次进行诠释，"画屏"主题的空间性得以展示，展览本身的展示价值和艺术作品的展示价值都得以提升。

在此，在国内，博物馆策展与当代艺术策展产生了再次相遇的意义。第一，在消费社会中展览景观化和同质化严重的今天，博物馆策展需要和当代艺术结合来重新生产知识，这是需要松动两者之间的阐释系统而得来的。策展人要在不同学科间依托历史情境和当下问题寻找交叉点，让策展的文本获得新的力量，用以面对如今景观展览中空洞的知识内涵。第二，策展进入社会日常，承担社会意识。当代艺术展览长期把展览作为艺术事件和批评行为，展览不是目的也不是结果，需要用阐释价值和认同价值来实现社会性参与。博物馆的策展则是以展览为社会存在，以公共性作为根本，长期介入社会文化生产。一个因为无形式而有力量，一个是因形式而有力量。两者在目前僵化的社会景观策展的狭隘现实面前，需要建立起两个方向上的"合谋"，一种拓展观者日常的两种不同生活场景的加持。第三，面对博物馆和美术馆这样的情境化文化机构，当代艺术和博物馆在知识体系上的合作能够带来展示价值上的新表达，从当代艺术策展中对展示空间、展示语境的要求，到策展主题与艺术家创作间的合作，都将改变传统博物馆的策展呈现方式。反之，规整而有条理的博物馆展示方法，在某种意义上同样能够将流动不确定的当代艺术展示里的随机性、无效性进行修正。两者的相互合作让观者在阅读展览的情境中获得不同的体验，挑战他们对传统当代艺术美术馆和历史博物馆之间的想象与认知。第四，共同发掘新的叙事方法。传统博物馆的文本叙事优势，以及当代艺术多理论体系构建下的叙事方式之间存在可以混合表达的新方向。历史陈述不是唯一可能，宏观的视角和微观的感受都能在两者的合作中得到观者体会。这就使得在越来越倚重叙事的文化大环境下,艺术策展实践成为挑战景观展览的最佳方法之一。马丁·海德格尔(Martin Heidegger)总结了现代社会的五个基本特征:科学的兴起、技术的统治、艺术被归结为体验、用文化来理解人类生活、去神圣化。[1]策展可以突破景观重围的方向就是用文化的问题意识结合技术的手段,用营造体验的方式去指引人们理解生活,建构消失的精神神圣。在这一点上,博物馆的策展语境提供了文化意识、生活日常和神圣象征,当代艺术策展语境则要提供文化问题、社会日常、科学技术与体验途径。

---

[1] 马丁·海德格尔.林中路[M].孙周兴,译.北京:商务印书馆,2018:83-84.

- 后记 -

后记

行文至此,意犹未尽,但不得不下结论以作为笔者研究的歇脚处,为后续长久的学问之路建立一个立足点。以当代艺术理论和实践为写作对象,它的难点在于,这是一场和时间平行的观察"游戏",是一次和历史赛跑的"此在"回眸,是与日常生活来回推演感受的即刻"日记"。所以,我们往往看到了"当代"这个概念的汪洋大海,但内在丰富的知识与无界形成的学科带来了从历史到未来看不到底的可能性。"当代"是不同时代的人们在此刻共同在场,是研究者和知识的排演者在时代下形成的智识。所以,本书仅在不可善尽视野和知识维度的前提下,形成了对策展在中国30多年间的某种研究立场以及暂时有效的结论。

本书不断证明笔者所强调的关于中国当代艺术策展发展过程中对展览价值体系的建构,以及价值体系内部不断发生变化的结构关系。在这个关系的演变过程中,展览已然从文化艺术的事件性转向了如今的景观性的现实,而在这个不可逆转的前提下,不同阶段的策展实践者如何采取自身的策展理论方法来完成展览作为"事件"抑或是某种"景观"生产的过程。第一章对策展在西方语境下出现到发展的梳理,看似从历史观的角度为后文国内当代艺术策展讨论进行材料和概念的准备,并且我们可以从策展行为、策展人职业和展览事件演变的时间线索中,寻找到作为资本主义文化展示性诉求的本质;策展实践的起点从资本逻辑走向反资本化,再到被资本化的现状,这过程中被磨灭的是社会文化意志的创造力,并不断在和资本博弈中形成相互依存的双面关系。这也预示着在中国,策展实践在当代艺术领域讨论的客观本质。第二章梳理了关于中国策展概念的兴起,以及从20世纪80年代至今的发展历程。在这里,我们还是基于史料的充分展示,寻找关于策展行为作为一个外来"艺术方法",如何具有在地性的意义。在不同阶段的策展实践者们,从如何理解这样的一种文化知识的创造性方法去推动整个当代艺术领域非官方认可,到整个国家文化艺术兴盛的语言形式。在反复和西方文化语境对抗和共生的复杂关系中,策展实践在国内逐步形成了其对于事件性的客观要求,同时也在形成以阐释价值、认同价值、展示价值和资本价值为主的多重内在价值系统。这些价值并不会为策展人的策展行为所显性向外，而是在当代艺术整个的循环链条中，在和非展览事件的环节形成关系中得到价值的实现。然而仅仅40年的策展实践历史，无疑给中国的策展人提出了苛刻的要求。他们无法像西方近几百年的展示文化策划者那样拥有厚重的历史经验和健全的策展机制，唯有寻找到适合中国的文化策展身份和方法才有可能在资本和时间的挤压下寻找策展未来的出路。所以，这正是本书要抒写的某种观察和研究。

第三章将重点从理论的立论转向了阐释，对文章最重要的四个价值概念做具体的探讨。关于阐释价值的理解，我们往往基于对解释学的迷恋。阐释的行为过程需要通过话语的生成，形成一种新的语境系统，完成一种相对内在可以被循环的"阐释—理解"的过程。这个行为的前提是要存在独特的社会情境，而不是孤立的对象意义。所以，在当代艺术展览的阐释价值中，策展人很多时候在生产意义的过程中强调阐释的"说明性"而非"阐释性"。阐释价值没有基于社会公共的"言语系统"以及特殊的社会情境。这使得很多时候展览的阐释价值往往形成不了和认同价值之间的衔接。阐释本身走向了某种"意义"塑形的孤立状态。这在国内策展实践早期呈现出较为明显的特点。而到如今，阐释性带来展览的价值建构又往往缺失了其真正的言语内容。景观性展览对于阐释意义的表达视而不见，策展从言语塑造走向了景观塑形。关于认同价值的讨论相对更加复杂。因为这个概念牵扯到的是多个层面的认同关系的理解。在这里大致可以分为中西当代艺术身份的认同价值、国内艺术本体价值的认同价值，展示机制下策展主体和观者的认同价值等。所以，关于这个板块的讨论，我们要分别得出不同的结论。前两者可以说成了中国早期策展实践的重要认同价值塑造的层面。本书强调了关于社会认同心理学构成的"群内外"概念，将两者划分为可以被讨论的概念象征，从而可以讨论在2008年之前的国内策展实践中完成对结论的显影。对于象征群体性认同外部的中西文化身份认同的问题，不同的实践者如栗宪庭、高名潞、侯瀚如等，他们有不同的态度和立场，但最终这个认同价

后记

值的讨论都归结于高士明教授在"和后殖民说再见"的展览之上，认同的结局与认同关系本身的无效性有本质联系。最终全球资本成为文化身份认同背后的真正"对手"。在群内性认同关系的建构上，不少策展人如邱志杰、吕澎、张尕等，他们选择了艺术本体知识性生产的方法，以策展问题意识作为内部的核心动力，寻找艺术态度和方法的价值认同。但在2010年之后，这种认同关系的讨论往往在没有得出结果的同时已然转向了讨论策展和观者认同价值的建构之中了。即策展的公共性强调经验者和策划者之间的角色关系，希望其成为文化事件的有效参与模式。但事实是，这种讨论往往进入了景观式策展的现象中，而认同关系往往单一地成为奇观展示的某种表达。这就牵扯出展览的展示价值语境的讨论。在展示价值的概念中，本书希望锁定艺术的展示性本质，在本雅明的展示价值概念之后，将策展的展示目的性从艺术品的个体展示拉入艺术时刻的展示价值中来，也就是强调艺术品所成立的关键在于策展人对艺术家和艺术品语境展示的塑造之上。一方面，策展人对展览事件的展示多样性的把持工作是展示意义的关键。另一方面，展览的展示方法和可阅读性又从技术环节的意义上补充了展示价值作为认同价值渠道的根本关系。在国内的当代艺术策展实践历史中，往往在前期以事件性展示价值本体的生产，走向了后期以技术和景观刺激的狭义展示价值。这样一来，虽然给观者和策展主体间认同价值带来了紧密性，但同时也削弱了展示价值多样性和阐释价值内在性。这形成了某种尴尬的现实，让我们很难在策展实践中去寻找展示性的具体形状。当然，在这个四个概念中，最好理解但又最难讨论的无非是资本价值在展览价值体系中的位置。在这里，我们基本将资本价值讨论放在对于展览本体以及展览内部所生产的内容这两者之间。后者就包括了关于早期中国当代艺术展览将艺术家和艺术品资本价值作为塑造的内在对象这一实时内容。在这里，我们可以看到，策展人将展览事件的资本价值从事件的媒介性转向了景观策展中的商品性，即策展本身作为资本商品成为不断被交易、被塑造价值的"物"。所以，当下社会中，策展实践总是在资本社会过程中所形成的文化消费场域里完成其行为的构造。这是被资本化的策展职业，是中性和客观的策展属性，但这也是值得策展作为事件制造者，保证其创造性思想发展的某种反面。

在确认了对四个概念的结论以及其演变之后，第四章进入以历史策展事件为主要讨论内容的案例分析中来。这些案例都来自30年间，中国策展人对于展览价值塑造过程中的实践应对。他们从我们前文的概念性笼统的讨论中走出来进行落地。这些实案同样也彰显了中国策展人在策展历程中的不同面貌，以及对策展行为思考的多维路径。他们的立场、态度和方法，支撑了我们对阐释、认同、展示、资本的具体理解，也找到了他们在30年间躲藏在展览背后的某种结构逻辑。这种逻辑看似是策展人个人的选择，但大多数时候，却逃离不了时代性情境的历史必然。这也应验了我们对"当代"的理解，一种历史在当下，个体和社会之间的时势命脉。最后一章，是对前面四章的补充，也是本书从历史到未来、从理论到实践的重要着力点。在这章里，我们可以看到关于本书讨论话题，即从"事件"到"景观"，在中国当代艺术策展事件内的展览价值演变与策展应对中，面对实时的策展问题，作为策展实践者需要提出的方法以及正在实践探索中的案例及问题。在这里，我们找到了拓展策展，反击"景观"展览，保持策展思想性和问题意识的重要手段。这些方法的探索，主要目的是调整四个展览价值在策展生产中的建构问题，保持四个价值概念在展览作为事件性界面中的合理关系。无论是新媒介技术的加入还是突破博物馆和当代艺术策展边界，价值总是摆在了展览的最前端思考之中。而策展人的价值就在于保持策展创造力的流动，对社会现实景象的思辨。笔者始终相信，景观展示时代的到来并不一定是某种文化上的衰退，或许在中国，这是文化进入新阶段无法逃离的过程，但或许之后，策展理论与实践的整理和再出发，将会带着新的未来走向某种文化的复兴。

在此，我们回到本书第一章的开始，那看似和策展无关的故事。一个是西方神圣罗马帝国皇帝马克西米利安一世委托阿尔布雷特·丢勒完

后记

成的凯旋门版画。一个是来自东方的，北宋驸马都尉王诜所带来的"西园雅集"。很难想象，他们对于文化的展示有什么共同之处。他们有着对公共性的不同理解，有着对文化阶级的不同态度，有着对权力想象的不同立场。但是，他们都希望有一种方法，让他们内在的世界模样走向这个世界本身，走出他们心中澎湃的家园。他们需要建立共鸣，建立展示的价值，在没有展览的年代，展示仍然存在，它是一种日常生活，是一种文化传播的手段，是突破策展职业身份的行为，是存在于每个人内心表达欲望深处的动力。所以，我们策展的本质不应该是东西方的狭义话语博弈，也不是生产话语权力的谋略，也不是建筑艺术奇观的图绘，更不是精神奢侈品的广告语。它是普普通通个人和社会、社会与社会、个人与个人间的文化链接、思想表达、经验排演、未来想象。我们不期望马克西米利安一世和王诜之间能有多大可能的对话，但值得期许的是，他们将没有策展的策展作为了可以流传的艺术事件，让展示行为成为艺术价值的凝结。他们对艺术的信仰让地理的国界、文化的差异、时空的隔阂化为乌有。而在全球化的当下，我们正是需要某种对艺术的信仰寻找让无地理国界、无文化差异、无时空隔阂的资本消费时代的魔幻景观社会留有一刹那共同的真实，让这种真实带给每个人展示自我差异性的可能，寻找到自我存在的价值。这转瞬即逝的时刻，是一个艺术时刻，是策展事件重回魅力真实的时刻。

参考文献

中文书籍

[1] 曹意强. 美术博物馆学导论[M]. 杭州: 中国美术学院出版社, 2008.

[2] 成都当代美术馆, 王洋. 历史之路: 威尼斯双年展与中国当代艺术20年[M]. 北京: 中国青年出版社, 2013.

[3] 高士明, 萨拉·马哈拉吉, 张颂仁, 等. 与后殖民说再见——第三届广州三年展 读本3[M]. 北京: 文化艺术出版社, 2013.

[4] 高士明. 行动的书: 关于策展写作[M]. 北京: 金城出版社, 2012.

[5] 广东美术馆, 罗一平, 高岭. 第四届广州三年展项目展第二回: 第三自然——中国再造[M]. 广州: 广东美术馆, 2012.

[6] 广东美术馆, 罗一平, 高岭. 第四届广州三年展项目展第三回: 维度——三个案例的分析[M]. 广州: 广东美术馆, 2012.

[7] 广东美术馆, 罗一平, 高岭. 第四届广州三年展项目展第一回: 去魅中国想象 中国当代艺术作品展[M]. 广州: 广东美术馆, 2012.

[8] 广东美术馆. 第二届广州三年展——别样: 一个特殊的现代化实验空间 三角洲实验室[M]. 广州: 岭南美术出版社, 2005.

[9] 广东美术馆. 第四届广州三年展启动展——元问题 回到美术馆[M]. 广州: 岭南美术出版社, 2011.

[10] 广东美术馆. 见所未见: 第四届广州三年主题展[M]. 广州: 岭南美术出版社, 2012.

[11] 广东美术馆. 亚洲时间——首届亚洲双年展暨第五届广州三年展[M]. 广州: 广东美术馆, 2015.

[12] 高名潞: 解密89 中国现代艺术展[M]// 新京报. 追寻80年代. 北京: 中信出版社, 2006: 178-182.

[13] 黄光男. 美术馆行政[M]. 台北: 艺术家出版社, 1997.

[14] 黄专. 艺术世界中的思想与行动[M]. 北京: 北京大学出版社, 2010.

[15] 李文儒, 国家文物局, 中国文物报社. 全球化下的中国博物馆[M]. 北

[16] 李振华. 文本[M]. 北京: 金城出版社,2006.
[17] 凌玉建. 论艺术生产的产业化转向——在《资本论》的视野[M]. 北京: 中国社会科学出版社 ,2012.
[18] 龙迪勇. 空间叙事学[M]. 北京: 生活. 读书. 新知三联书店,2015.
[19] 陆蓉之. "策展人"最早的翻译者[M]// 赵文民. 中美策展人访谈录. 北京: 中国文联出版社,2015.
[20] 陆兴华. 艺术展示导论[M]. 北京: 商务印书馆,2019.
[21] 陆兴华. 让我们施秘并自制未来——三论斯蒂格勒的技术思想[Z]. 中国美术学院跨媒体艺术学院网络媒体研究所,2017:14.
[22] 吕澎. "广州双年展"中国广州·首届90年代艺术双年展（油画部分）20周年文献集[M]. 成都: 四川美术出版社,2013.
[23] 吕澎 中国当代艺术史2000 — 2010[M]. 上海: 上海人民出版社,2014.
[24] 吕佩怡. 台湾当代艺术策展二十年[M]. 台北: 典藏艺术家庭股份有限公司,2015.
[25] 马钦忠. 中国上海2000年双年展及外围展文献[M]. 武汉: 湖北美术出版社,2002.
[26] 青文出版社. 全球化风潮下的展览策划与城市行销[M]. 台北: 青文出版社,2008.
[27] 邱志杰. 给我一个面具[M]. 北京: 中国人民大学出版社,2003.
[28] 王宏钧. 中国博物馆学基础（修订本）[M]. 上海: 上海古籍出版社,2001.
[29] 王璜生, 广东美术馆. 第三届广州三年展读本[M]. 澳门: 澳门出版社有限公司,2008.
[30] 王璜生. 作为知识生产的美术馆[M]. 北京: 中央编译出版社,2012.
[31] 王婉如. 第一届全球华人美术策展人会议文集[C] 台中: 台湾美术馆,1998.
[32] 巫鸿. "空间"的美术史[M]. 钱文逸,译. 上海: 上海人民出版社,2018.
[33] 巫鸿. 首届广州当代艺术三年展重新解读——中国实验艺术十年（1990—2000）[M]. 澳门: 澳门出版社,2002.
[34] 中国美术家协会策展委员会,中华世纪坛艺术馆. 策展学丛: 第二辑[M]. 桂林: 广西师范大学出版社,2020.
[35] 周思中, 彭倩帼, 邓小慧, 田迈修. 交易场域: 珠江三角洲的当代艺术与文化想象[M]. 香港: 香港艺术中心香港艺术学院,2007.
[36] [法]尼古拉斯·伯瑞奥德. 关系美学[M]. 黄建宏,译. 北京: 金城出版社,2013.
[37] [古巴]赫拉尔多·莫斯克拉. 无界之岛: 艺术、文化与全球化[M]. 孙越,译. 北京: 金城出版社,2014.
[38] [美]阿尔君·阿帕杜莱. 消散的现代性: 全球化的文化维度[M]. 刘冉,译. 上海:上海三联书店,2012.
[39] [美]爱德华·W. 萨义德. 东方学[M]. 王宇根,译. 北京: 生活·读书·新知三联书店,1999.
[40] [美]保罗·奥尼尔. 策展话题[M]. 蔡影茜,译. 北京: 中国青年出版社,2014.
[41] [美]克里斯蒂安·拉特梅尔: 最重要的是有激情[M]// 赵文民. 中美策展人访谈录. 北京: 中国文联出版社,2015.
[42] [美]罗伯特·戈德华特. 现代艺术

[43] [美]迈克尔·A.豪斯,多米尼克·阿布拉姆斯.社会认同过程[M].高明华,译.北京:中国人民大学出版社,2011.

[44] [美]桑迪·霍琦兹.自恋[M].蒋晓鸣,译.北京:中国轻工业出版社,2009.

[45] [日]南条史生.艺术与城市——独立策展人十五年的轨迹[M].台北:田园城市出版社,2004.

[46] [日]三浦展.第4消费时代[M].马奈,译.北京:东方出版社,2014.

[47] [瑞士]汉斯·乌尔里希·奥布里斯特.策展简史[M].任西娜,尹晟,译.北京:金城出版社,2012.

[48] [瑞士]汉斯·乌尔里希·奥布里斯特.关于策展的一切[M].任爱凡,译.北京:金城出版社,2013.

[49] [英]贝丽尔·格雷厄姆,萨拉·库克.重思策展:新媒体后的艺术[M].龙星如,译.北京:清华大学出版社,2016.

[50] [英]朱迪斯·鲁格,米歇尔·塞奇威克.当代艺术策展问题与现状[M].查红梅,译.北京:中国青年出版社,2019.

[51] [德]哈特穆特·罗萨.新异化的诞生[M].郑作彧,译.上海:上海人民出版社,2018.

[52] [德]汉斯-格奥尔格·伽达默尔.诠释学I:真理与方法——哲学诠释学的基本特征[M].洪汉鼎,译.北京:商务印书馆,2011.

[53] [德]卡尔·马克思.资本论(第一卷)[M].中共中央马克思恩格斯列宁斯大林著作编译局,译.北京:人民出版社,1975.

[54] [德]克里斯多夫·库克里克.微粒社会——数字化时代的社会模式[M].黄昆,夏柯,译.北京:中信出版社,2018.

[55] [德]马丁·海德格尔.林中路[M].孙周兴,译.北京:商务印书馆,2018.

[56] [德]瓦尔特·本雅明.技术复制时代的艺术作品[M].胡不适,译.杭州:浙江文艺出版社.2005.

[57] [法]侯瀚如,[瑞士]奥布里斯特.策展的挑战:侯瀚如与奥布里斯特的通信[M].北京:金城出版社,2013.

[58] [法]侯瀚如.在中间地带[M].北京:金城出版社,2013.

[59] [意]阿基莱·伯尼托·奥利瓦.艺术的基本方位(上)[J].易英,译.世界美术,1994(3):49-52.

中文期刊、论文

[60] 艾兰.美国博物馆常设策展人的角色定位及对策展人制度的启示[J].民博论丛,2019(1):152-160.

[61] 曹惠娣,行者孔,Imagesource.伊德莎·亨德莱斯:从策展人到独立艺术家[J].城市地理,2021(1):131-133.

[62] 陈晶,乔琪."物与叙事:2020年度策展研究与实践"研讨会综述[J].艺术与民俗,2021(1):17-21.

[63] 陈萌萌.温和的革命[D].北京:中国艺术研究院,2007.

[64] 迟昭.日本美术博物馆学艺员制度研究[D].北京:中央美术学

参考文献

院,2017.

[65] 段文玄.瓦格纳"整体艺术"观形成与发展研究[D].长沙:湖南师范大学,2013.

[66] 方增先,张鑫.上海首开双年展先河[J].世纪,2020(5):4-10.

[67] 付朗.从艺术中来,到公众中去:第18届悉尼双年展案例研究[D].北京:中央美术学院,2014.

[68] 高艺玮.杜尚的麻线:"超现实主义首批文件展"[J].传媒论坛,2018(11):154.

[69] 高名潞.疯狂的一九八九——"中国现代艺术展"始末[J].倾向,1999(12):43-76.

[70] 顾学文.技术是解药,也是毒药——对话法国哲学家贝尔纳·斯蒂格勒[J].精神文明导刊,2018(7):3.

[71] 何桂彦.期待新批判话语的建立——兼论如何建立评价2000—2009年中国当代艺术的价值尺度问题[J].东方艺术,2010(3):89.

[72] 洪汉鼎.论哲学诠释学的阐释概念[J].中国社会科学,2021(7):114-139.

[73] [法]侯瀚如,于渺.我与"运动中的城市"(1997—2000)[J].画刊,2021(3):29.

[74] 金穗子.英国策展教育与实践带来的启迪与创新[D].南京:南京艺术学院,2016.

[75] 李文敬.2019年中国"艺术博览会"综述[J].艺术工作,2020(3):38-41.

[76] 李依濛.把展览变成实验室——小汉斯策展观念探索与研究[D].北京:中央美术学院,2014.

[77] 林春田,张海涛.20世纪60年代中西的革命冲动及其艺术后果[J].粤海风,2005(6):55-59.

[78] 刘沙.阐释人类学视野下的博物馆展览研究[J].东南文化,2020(5):161-166.

[79] 刘雨茚.策展之维——策展人在艺术生态中的维度研究[D].北京:中央美术学院,2020.

[80] 罗栎鋆.浅析策展人在美术馆展览策划中的作用[J].文化产业,2020(36):116-117.

[81] 吕澎."广州双年展"后的反省与问题[EB/OL].[2009-11-04].https://www.artda.cn/wenxiandangan-c-2443.html.

[82] 卢杰,邱志杰.长征:一个行走中的视觉展示[J].艺术当代,2002(4):39-43.

[83] [尼日利亚]奥奎·恩维佐.卡塞尔文献展[DB/OL].http://documenta.cafa.com.cn/documenta11.

[84] 钱雯雯.交织语境下的卡塞尔文献展视觉系统解读[D].南京:南京艺术学院,2019.

[85] 邱志杰.后感性的缘起和任务[J].美苑,2001(5):2-5.

[86] 屈平.后现代主义的解释学向度[J].湖北社会科学,2012(1):118-122.

[87] 王檬檬.1989—2000:策展推动下的中国当代艺术[D].西安:西安美术学院,2017.

[88] [英]维多利亚·D.亚历山大.展览中的图像:博物馆和艺术陈列中的冲突压力[J].徐进毅,译.美术大观,2020(6):105-115.

[89] 魏强.理解与认识、理解与欣赏——解释学与哲学、美学研究对象之审视[J].社会科学辑刊,2013(4):18.

[90] 吴迪.建构与展示——A.H.巴尔的现代艺术史叙事模式研究[D].南京:南京艺术学院,2017.

[91] 项苙苹.上海双年展之路[J].艺术当代,2016,15(8):52-55.

[92] 谢璞玉.尼古拉·布里欧策展观念研究（1996—2019）[D].重庆：四川美术学院,2020.

[93] 熊云皓.以艺术策展来应对激荡的文化生态转型[J].艺术市场,2021(1):74-75.

[94] 修亚男.探寻"痴迷"——哈罗德·史泽曼早期策展实践研究[D].杭州：中国美术学院.2018.

[95] 徐志君.后批评时代的策展——2019中国当代艺术策展综述[J].艺术工作,2020(5):24-32.

[96] 许捷.叙事展览的结构与建构研究[D].杭州：浙江大学,2018.

[97] 许潇笑.让文物"活起来"：策展再塑博物馆的社会表达方式[J].东南文化,2020(3):151-156.

[98] 薛颖.元祐文人集团文化精神的传播——以《西园雅集图》的考察为中心[J].美术观察,2009(8):97-100.

[99] 严峻峰.民主展示——中国当代艺术展览的展示设计与理念研究[D].南京：南京艺术学院,2018.

[100] 杨卫.策展在中国[J].艺术工作,2020(3):28-30.

[101] 姚珊珊.策展的内在逻辑——当代艺术博物馆展览策划的内在机制研究[D].北京：中央美术学院,2017.

[102] 余可飞.第十一届卡塞尔文献展研究[D].北京：中央美术学院,2016.

[103] 余露璐.当代中国"艺术策展人"生态研究[D].南京：东南大学,2017.

[104] 余雨航.策展人与美术展览策划探析[J].大众文艺,2021(3):84-85.

[105] 张瀚予.20世纪初美国艺术博物馆的理念与实践——以大都会艺术博物馆为例(1900—1910)[J].世界美术,2020(4):93-98.

[106] 张蕊.关于博物馆策展人的身份识别与策展人制度的探索实践[J].文化月刊,2020(11):136-137.

[107] 张蕊.关于策展人在艺术市场中的角色变迁和思考实践[J].艺术市场,2020(12):110-111.

[108] 赵佳.跨文化语境下的本土化策展实践与探索[J].艺术管理(中英文),2020(4):40-50.

[109] 哲洛.理论及伦理的症状[J].艺术与设计,2020,1(11):160-163.

[110] 朱青生.中国现代艺术大展20年[J].当代艺术与投资,2009(3):6-29.

[111] 周婧景.博物馆现象的内在逻辑及其研究价值初探——从《博物馆策展》一书谈起[J].博物馆管理,2020(2):45-55.

[112] 邹广文,宁全荣.马克思生产与消费理论及其当代境遇[J].河北学刊,2013(4):7-33.

[113] Alexander Alberro. Conceptual art and the

外文书籍

politics of publicity[M]. Cambridge: MIT Press, 2003.

[114] Benard Stiegler. Pharmacologie du Front National: Suivi

du Vocabulaire d'Ars Industrialis[M]. Paris: Flammarion, 2013.
[115] Bruce Altshuler. Biennials and Beyond: Exhibitions that made art history[M]. London: Phaidon, 2013.
[116] Bruce Altshuler. Salon to Biennial: Exhibitions that made art history[M]. London: Phaidon, 2008.
[117] Christian Rattemeyer.ed. Exhibiting the new art:'Op Losse Schroeven'and'When attitudes become form' 1969[M]. London: Afterall, 2010.
[118] Eileen Hooper-Greenhill.Museums and the Shaping of Knowledge[M]. New York: Routledge Press,1992.
[119] Elena Filipovic, Marieke van Hal, Solveig Ovstebo. The Biennial Reader[M]. Bergen: Bergen Kunsthall,2010.
[120] Ervin Panofsky. The life and art of Albrecht Dürer[M]. New York: Princeton University Press, 2023.
[121] Gilles Deleuze, Félix Guattari. What is philosophy?[M]. New York: Columbia University Press, 1996.
[122] Gilles Deleuze. Negotiations, 1972-1990[M]. New York: Columbia University Press, 1997.
[123] Henri Tajfel. Differentiation between social groups: Studies in the social psychology of intergroup relations[M]. London: Academic Press, 1978.
[124] Henri Tajfel. The social dimension2[M]. Cambridge: Cambridge University Press, 1984.
[125] Robert Harry Lowie. An Introduction to Cultural Anthropology[M]. New York: Farrar & Rinehart Publishing, 1934.
[126] Robert Hullot-Kentor. Things beyond resemblance: Collected Essays on Theodor W. Adorno[M]. New York: Columbia University Press, 2006.
[127] Sigmund Freud.The Standard Edition of the Complete Psychological Works of Sigmund Freud.[M].United Kingdom: Hogarth Press, 1961.
[128] Walter Benjamin. The

work of art in the age of its technological reproducibility, and other writings on media[M]. Cambridge: Harvard University Press, 2008.

[129] William Bloom. Personal identity, national identity and international relations[M]. Cambridge: Cambridge University Press, 1990.

[130] Homi Bhabha. Of mimicry and man: The ambivalence of colonial discourse[J]. October,1984(28):125-133.

[131] Lucy R. Lippard, John Chandler. The dematerialization of art[J]. Art international, 1968, 12(2): 31-36.

[132] Lawrence Alloway. The arts and the mass media[J]. Architectural Design, 1958, 28(2): 84-85.

[133] Mathieu Viau-Courville. Museums Without (Scholar-) Curators: Exhibition-Making in Times of Managerial Curatorship[J]. Museum International, 2016, 68(3-4): 11-32.

[134] Philippe Pirotte. 'Useful Life': Reflection Among Exhibition Frenzy (Shanghai, 2000) [J]. Afterall: A Journal of Art, Context and Enquiry, 2012(29): 95-104.

外文期刊

版权所有，请勿翻印、转载。

图书在版编目（CIP）数据

事件与景观：中国当代策展的价值体系 / 宋振熙著. 长沙：湖南美术出版社，2025. 1. -- ISBN 978-7-5746-0466-7

Ⅰ. G245

中国国家版本馆CIP数据核字第20247X353F号

事件与景观——中国当代策展的价值体系

SHIJIAN YU JINGGUAN——ZHONGGUO DANGDAI CEZHAN DE JIAZHI TIXI

出 版 人：黄　啸

著　　者：宋振熙

责任编辑：莫宇红　杨佳燕

特约编辑：胡　斌　纪泽宇　马思琦

整体设计：林建嘉

责任校对：王玉蓉

出版发行：湖南美术出版社（长沙市东二环一段622号）

印　　刷：浙江影天印业有限公司

开　　本：1092mm×787mm 1/32

印　　张：10

字　　数：220千字

版　　次：2025年1月第1版

印　　次：2025年1月第1次印刷

定　　价：128.00元